はじめに

　強制動員真相究明ネットワーク（真相究明ネット）は 2005 年に結成されました。現在も活動を継続しています。真相究明ネットは、以下の活動をするために作られました。

１）日本政府に、政府および公的機関、そして企業の保有する強制動員関係の資料の提示を促進することを求める活動をする。
２）日本における強制動員の真相究明のための活動を通し、日本の世論が強制動員問題に関心を向けるようにする。
３）韓国で構成される被害者団体を含む「市民ネット」と連帯し、交流や可能な行事を行う。
４）日本における真相究明法である「恒久平和調査局設置法案」の制定運動に協力する。
５）ネットワークで集約された資料を保管・展示する空間を作る。

　会員が情報を共有し、さらに活動内容を広く知っていただくためにニュースを発行しています。2025年４月の段階で、25 号まで発行していますが、そのニュースを２冊の合本として発行することにしました。

第１分冊　１号（2006 年 2 月 12 日）～１０号（2018 年 2 月 2 日）
第２分冊　１１号（2018 年 5 月 26 日）～２０号（2022 年 6 月 2 日）

　本冊がその第２分冊です。この冊子が、活動の記録となり、更に運動がひろがる糧となることを願っています。

　　　　　　　2025 年 4 月 10 日　強制動員真相究明ネットワーク　共同代表　庵逧由香　飛田雄一
　　　　　〒657-0051 神戸市灘区八幡町 4-9-22　神戸学生青年センター内
　　　　　　　TEL 078-891-3018 FAX 078-891-3019
　　　　　　ホームページ　https://ksyc.jp/sinsou-net/　e-mail　shinsoukyumei@gmail.com

　＜　目　次　＞　（頁）
・１１号、2018 年 5 月 26 日　（２）
・１２号、2018 年 11 月 29 日　（２４）
・１３号、2019 年 2 月 18 日　（５０）
・１４号、2019 年 7 月 8 日　（７３）
・１５号、2019 年 12 月 21 日　（９６）
・１６号、2020 年 3 月 16 日　（１２０）
・１７号、2020 年 9 月 30 日　（１３１）
・１８号、2021 年 4 月 9 日　（１５０）
・１９号、2021 年 11 月 17 日　（１７３）
・２０号、2022 年 6 月 2 日　（１９５）

強制動員真相究明

ネットワークニュース No.11 2018年5月26日

編集・発行：強制動員真相究明ネットワーク

（共同代表／飛田雄一、庵逧由香　事務局長／中田光信　事務局次長／小林久公）
〒657-0064 神戸市灘区山田町 3-1-1 (公財)神戸学生青年センター内
ホームページ：http://www.ksyc.jp/sinsou-net/　E-mail：mitsunobu100@gmail.com（中田）
TEL 078-851-2760 FAX 078-821-5878（飛田）
郵便振替＜00930−9−297182　真相究明ネット＞

＜目次＞
＜特集＞「第11回強制動員真相究明全国研究集会・沖縄」

・研究集会　南部フィールドワーク　＋久米島を歩く	
強制動員真相究明ネットワーク会員　竹内康人さん	-2-
・３月の沖縄は、あつかった！ むくげ通信287号 (2018年3月24日) より	
強制動員真相究明ネットワーク共同代表　飛田雄一さん	-7-
・全国研究集会・沖縄の意義とこれから課題	
沖縄恨之碑の会　共同代表　安里英子さん	-9-
・朝鮮人軍人・軍属の動員の実態とその被害	
在日朝鮮人運動史研究会　塚﨑昌之さん	-11-
・沖縄戦の朝鮮人部隊—特設水上勤務隊—について	
沖縄恨之碑の会　沖本富貴子さん	-13-
・集会・フィールドワークに参加して	
立教女学院短期大学講師　高橋舞さん	-15-

・日本政府の「明治産業革命遺産」の保全報告書に対するICOMOSへの
　　　　　　　　　　　日韓共同意見書送付について　　　-16-
・明治日本の産業革命遺産　製鉄・製鋼、造船、石炭産業」に関する
　　　　　　日本政府の保全報告書に対する日韓市民団体の意見書　-17-
・パンフレット『「明治日本の産業革命遺産」と強制労働』の紹介　-22-
・２０１８年度会費納入のお願い　-25-

強制動員真相究明ネットワーク
ニュース合本 第二分冊
11号（2018年5月26日）～20号（2022年6月2日）

研究集会　南部フィールドワーク　＋久米島を歩く

強制動員真相究明ネットワーク会員　竹内康人

2018年3月17日、沖縄大学で第11回強制動員真相究明全国研究集会が開催され、150人が参加した。集会での報告は、石原昌家「天皇制を守る戦闘だった沖縄戦」、塚崎昌之「朝鮮人軍人・軍属の動員の実態とその被害」、沖本富貴子「沖縄戦で軍人軍属に動員された朝鮮の若者」、具志堅隆松「沖縄戦遺骨収集ボランティア・ガマフヤー」、高里鈴代「なぜ沖縄にこれほどの「慰安所」ができたのか」、渡辺泰子「朝鮮料理店・産業「慰安所」と朝鮮の女性たち」、竹内「明治日本の産業革命遺産　三池・高島など九州の炭鉱への朝鮮人動員数」である。

石原さんは、沖縄戦が軍官民共生共死の一体化をねらう戦争動員であり、防諜の下、軍とともに死ぬように住民が洗脳・強制されたという認識が重要であるとした。また、米軍の降伏文書を私有するものをスパイとみなし、銃殺と記された久米島の鹿山隊の文書をあげ、当時の軍の方針と姿勢、住民への監視と動員の状況を示した。

塚崎さんは、朝鮮人志願兵・徴兵の実態を示し、動員数は37万人以上であるとした。また、行方不明が死者として扱われないなど、被害が過少に示されている実態を示し、死亡者数は公表の2万2000人よりも多いとした。そして、死者の未通知、南方での戦死・飢死、軍での奴隷的扱いなどの例を示し、日本政府が史料の公開をすすめ、動員状況を明らかにすること、動員被害者の痛みを知ることが大切と話した。

沖本さんは、沖縄戦での朝鮮人軍人軍属の動員について、朝鮮人学徒兵の言葉を紹介しつつ、朝鮮人が数多く在籍した特設水上勤務隊、防衛築城隊、野戦航空修理廠、海軍設営隊などの動員状態について説明した。特に特設水上勤務隊についての動員と沖縄戦への投入結果を分析し、102・104中隊の壊滅状況を示した。そして、死亡・行方不明の詳細な調査、靖国合祀の取り消し、供託金の返還、平和の礎への追加刻銘などの課題を示した。

具志堅さんは、骨をみつけて国家に渡すだけでいいのか、火葬し収納しさえすればいいのかと問いかけた。また、遺骨は、戦没者墓苑ではなく、DNA鑑定をおこなって遺族の元に返すことが大切である、戦争は国家による犯罪であり、人を殺すこと、自分で自分を殺すことはまちがいであると訴えた。さらに、サイパンや沖縄で家族を亡くした例などをあげ、追悼は国ではなく、地域や家族がするものと話した。

高里さんは、沖縄の145か所に慰安所ができた理由を、軍による性の統制があり、慰安所が軍の後方施設とされ、転戦してきた部隊が中国で慰安所をもっていたことなどをあげた。また、沖縄への11万の部隊の移動に伴い、軍が慰安所を開設させ、監視したこと、慰安所が民家を接収するなど設置されたこと、慰安婦と住民との交流証言などを示した。そして、新たな暴力を許さず、歴史の真実を知り、記憶することを呼びかけた。

渡辺さんは、産業慰安所・朝鮮料理店について夕張、函館、いわき、松代、天理、高島、飯塚などでフィールドワークをおこない、高麗博物館で展示を開催した経過を報告した。動員された本人の証言はないものの、周囲住民にはみたという証言が多数あり、委託経営による炭鉱用の慰安婦が存在したことは事実である。高麗博物館での展示は好評であったが、今後も調査を続けるとした。

竹内は、明治産業革命遺産をめぐる歴史の歪曲の動きを指摘し、ガイドブックの作成と映像の制作について報告した。また、石炭統制会「支部管内炭鉱現況調査表」での「集団移入」の現在数・移入数・解雇数などの記載から1942年4月から45年1月までの約20か月分の、九州・山口の59の炭鉱と3つの統制組合での月ごと、炭鉱ごとの集団移入数が判明するとした。そして、明治産業革命遺産関連で三池、高島、二瀬の炭鉱での動員状況を示した。

　討論では、日本政府による法的解決済み論の批判、中島飛行機武蔵工場とその周辺での朝鮮女性、壱岐・対馬の遺骨問題の解決、沖縄での遺骨収集とDNA鑑定、日韓両政府の遺骨返還への姿勢の問題、朝鮮戦争の死者のDNA安定同位体の調査の現状、震災犠牲者へのDNA鑑定の実施の状況、沖縄での慰安婦問題での関心状況と追悼の現状、チビチリガマの破壊事件とその修復状況、天皇制護持のための沖縄戦と松代大本営建設との関係、戦争の記憶についての意見や質問が出された。

　集会後の交流会がもたれ、全国からの参加者の挨拶、沖縄の海勢頭豊さん、知花昌一さんの歌、沖縄の実行委の「いまこそ起ちあがれ」、韓国からの参加者の「アチミスル」の歌などが歌われ、盛会だった。

上　海勢頭豊さん　金城実さん「ゲタ踊り」
右　知花一昌さんの三線

●沖縄戦と朝鮮人動員のフィールドワーク

　翌日の3月18日には沖縄本島南部での沖縄戦での朝鮮人の動員の実態を追究するフィールドワークがもたれた。

　フィールドワークでは最初に、旧喜屋武村の山城（やまぐすく）地区を歩いた。ここは朝鮮人が動員された部隊のひとつ、特設水上勤務第102・104中隊が壊滅した地点である。
　山城の構築壕口まで行き、具志堅隆松さんが、軍用スコップ、ナタ、髭剃り、箸入れ、兵のボタン、砲弾の破片など当時の遺品を示し、遺骨を収集した経過を話した。この付近では親子を含む遺骨が収集されている。
　第62師団輜重隊の山城付近戦闘経過要図には、「水勤102中隊」の文字が記され、6月20日に山城の全陣地が占領され、21・22日と米軍が軽油投下と火炎放射により山城高地一帯を焼き尽くし、守兵の大部分が焼死したと記されている。
第32軍残務司令部の記録では、102中隊が6月19日に最後の弾薬輸送をおこない、20日、山城の陣地に帰るが、洞窟が戦車の攻撃を受け、20・21日で中隊は壊滅したとする。
102中隊の留守名簿では死者は106人、うち山城で死者65人と処理しているが、死亡認定は一部のまま今に至る。

　続いて山城の東方の旧摩文仁村米須（こめす）地区に移動した。米須のアガリンガマでは、住民が日本軍とともに全滅した。女性1人が生き残った。日本軍は住民の脱出を許さずに戦闘したのである。その跡には、追悼碑があり、そこで当時の状況を聞いた。
アガリンガマ、ウムニーガマ、カミントウ壕の3つのガマで米須住民の288人が亡くなった。米須は激戦地であり、住民の半数が死亡した。294世帯のうち半数以上が死亡した世帯は128世帯、一家全滅は62世帯という。

米須では、大城弘明さんの案内で、一家全滅となり、今では空き地となった場所を数カ所、見学した。3月末の沖縄は20度を超え、うりずんとよばれる初夏、無住の土地にもキンレンカやアカバナが咲いていた。

米須には魂魄の塔がある。死亡した人びとは、放置されたままであったが、戦後に収集された。1946年、当初500体の遺骨が集められ、塔が建てられた。その後、南部から3万人余の遺骨が収められた。そこには、朝鮮人軍人軍属などの遺骨も含まれていたとみられる。遺骨の多くは1979年に摩文仁の沖縄戦没者墓苑に移されたという。

米須の南は小渡（ウドゥ、いまは大度という）の浜である。海岸には浸食されてできたガマやサンゴ礁に囲まれた浅瀬であるイノーがある。礁池であり、青色の澄んだ海水に小魚やサンゴ、藻が生息する。青色や黒白の熱帯魚が泳ぎ、人影に向かって集まってくる。陽光が海に色彩を与える。ここから旧日本軍の司令部壕があった摩文仁はすぐ近くだ。

沖縄南部の喜屋武岬、荒崎海岸、摩文仁は日本軍と住民が追いつめられた場所であり、死者も多い。この摩文仁の丘に、沖縄戦の追悼碑である平和の礎があるが、近くに、韓国人の慰霊塔がある。この碑は1975年に建立され、韓国人1万人余が動員され、死を強いられたことが記されている。碑は墳墓の形をとり、韓国各道から運ばれた石で覆われている。沖縄の朝鮮人関係の追悼碑はほかに嘉数の青丘の塔、読谷の恨の碑などがある。

フィールドワークでは最後に平和の礎を訪れた。平和の礎は波状に広がっているが、その左方に朝鮮人の名が刻まれた一角がある。2017年末現在、朝鮮人の死亡者は462人分が刻まれている。2017年になり、朝鮮人名はあらたに15人が刻まれた。遺族と市民団体の要請により、沖縄県は朝鮮人について、死亡証明がなくても死亡を確認できる資料があれば、刻銘するようになった。しかし、まだ462人でしかない。平和の礎の朝鮮人用の壁面で刻銘された場所は一部である。刻銘を待つ面が広く残る。

日本政府は戦後、朝鮮人動員者に関して、きちんとした死亡認定をおこなわず、死亡推定・不明のまま放置してきた。102中隊だけで700人ほどの朝鮮人が配属されていた。102・104中隊は壊滅したのであり、生存者はほんのわずかとみられる。この2つの中隊の死者だけで1000人を超えるだろう。今からでも遅くはない。死亡認定作業を韓国政府とともにすすめるべきだ。

朝鮮人動員者の多くが生死の別が認定されないまま放置され、刻銘されることもできない。それは植民地主義の継続を示している。沖縄戦を植民地支配、皇民化、戦争動員の視点でとらえ直し、失われた死者の名を探し、刻銘する。遺骨があれば、遺族の下に返還する。死者の名を明らかにし、その尊厳を基礎に、その名を刻むことは、植民地主義の克服の第1歩である。

フィールドワークは、沖縄戦を、創氏名とされ、その生死の確認さえ放置され、刻銘さえできない朝鮮人動員者、その遺族の視点でみることを呼びかけるものだった。

沖縄平和記念公園にある韓国人慰霊塔の前で

●集会参加者の声（集会・フィールドワーク後のインタビュー）

・朝鮮人強制動員に焦点を合わせて企画され、集会、フィールドワークともよかった。
・沖縄で5団体が後援し、全国からと沖縄からの半々で150人の参加者があった
・沖縄に動員された朝鮮人を中心に、具体的に分析がなされていた。
・沖縄で作ったパネルが充実していた。
・沖縄南部、山城での水上勤務隊の全滅状況を歩いて考えることができた。
・軍民共生共死の戦争の結果の朝鮮人の死者の名は、いまも記されていない。
・遺骨は遺族に返すべきという点が明確に出されたことが良かった。
・沖縄戦での沖縄の加害の面が示された。それをふまえ、東アジアの連帯を考えたい
・沖縄での植民地支配、皇民化、強制動員の視点で、沖縄をとらえ直すという提起があった。
・沖縄戦とは、朝鮮人動員とは、遺骨はどうするか、など、考えた。
・韓国からの参加者の意見をもう少し聞きたかった。
・南部で一家全滅によって無住の箇所が点在している姿をしることができた。
・沖縄戦の実態を、現場を歩いて知ることができた。
・国家は遺骨や魂を靖国に奪うことはできない。
・6.23の32軍司令官の自死の背景には、バックナー中将の死亡と松代大本営の完成予定とが関係しているとみられる。
・交流会の際、沖縄でペポンギさんを支えた在日の声を聞けて良かった。
・沖縄の強制動員について冊子を作りたい。

※詳細については、研究集会の資料集を参照してほしい。また、集会での参考資料に
沖本富貴子「沖縄戦に動員された朝鮮人に関する一考察　ー特設水上勤務隊を中心にー」
（沖縄大学地域研究所『地域研究第20号』2017年12月）がある。

久米島を歩く！

フィールドワークの後、1日をとり、久米島を歩いた。
沖縄戦にあたり米軍は慶良間を制圧し、慶良間と久米島の間を通り、沖縄本島に上陸した。久米島では直接の戦闘はなかった。久米島には海軍の電波探信隊が配置されていたが、この部隊が住民の虐殺事件をおこした。沖縄戦のなか、日本の海軍部隊が米軍と関係したとみなしたものや朝鮮人の一家をスパイとして処刑したのである。

飛行場の近く、北原地区では浜に上陸した米軍偵察部隊が情報を得ようと住民を拉致した。日本軍は拉致され、帰還した住民を家族ごとスパイとして虐殺した。有線電話保守係が日本軍の陣地で殺された。これらの事件は6・23後に起きた。また、沖縄戦で米軍の捕虜となり、艦砲射撃を止めるよう求め、久米島で投降を呼びかけた青年の一家も虐殺された。8・15後のことである。さらに沖縄女性と久米島で生活していた朝鮮人具仲會ら一家が、0歳児も含め、皆殺しにされた。

久米島の鳥島地区の農地のなかに墓地があり、その一角にこれらの虐殺事件の追悼碑「痛恨の碑」が建ある。痛恨の碑の文字の上に「天皇の軍隊に虐殺された久米島の住民・久米島在朝鮮人」と刻まれ、下部には、安里正二郎氏、北原区長小橋川共晃氏、警防団長糸数盛保氏、宮城栄明氏一家3名、比嘉亀氏一家4名、仲村渠明勇氏一家4人、谷川昇（具仲會）一家7名と犠牲者が刻まれている。

陸軍は久米島をはじめ沖縄の島々に陸軍中野学校や同二俣分校で訓練した残置諜報員を派遣し、ゲリラ戦を準備した。久米島には学校の訓導や青年学校の指導員として、二人が派遣された。かれらは、その素性を隠し、偽名で生活し、現地で女性と結婚し、住民の監視と戦時の遊撃隊動員をねらった。この残置諜報員についての調査も求められる。

久米島の上江州（うえず）、大岳小学校の近くには、久米島町による追悼碑があり、1931年から45年にかけての久米島出身者の戦争死者の氏名が刻まれている。その数は1100人にも及ぶ。直接戦場にならなくても、沖縄本島など各地の戦場に軍人や軍属として動員される、あるいは他の島に移民するなかで死を強いられた人びとが数多かったことがわかる。

沖縄戦とは天皇の政府を防衛するためのものであったが、言い換えれば、それは沖縄の大地と民衆を捨て去るものであり、民衆が生命を奪われることだった。植民地支配と皇民化政策による戦争への強制動員は、民衆の多数の死をもたらした。集団死や住民虐殺も起きた。久米島での住民虐殺はそのひとつである。

久米島の北部の山に宇江城の城跡が残っている。15世紀の石積のグスク（城）である。ここからは慶良間、粟国が遠望できる。久米島の宇江城は支配の拠点であり、交易の監視の場でもある。米軍統治期はこの城に入る道が封鎖された、城に行けなかったという。

北部には石灰岩と凝灰角礫岩が浸食され、ミーフガー（女岩）と呼ばれる岩や艦船のような形状となった岩がある。ミーフガーは浸食されて穴があいている。その形状が子宝信仰を生んでいる場所であるが、近くの砂浜をみると、サンゴが凝固した岩の下には溶岩があり、多数の岩が溶け込んでいる。ここの砂は白色と黒色の砂が混じったものである。この島が火山活動で形成され、その上にサンゴ礁ができ、それが隆起して大地となり、その上に人間の生活が営まれてきたことがわかる。

人びとはその命を育む海と太陽を大切にし、ニライカナイを信仰してきた。サンゴは満月の夜に産卵し、命を伝える。そのサンゴの上に生きる人びとも月日のなかで命を育む。戦争はそのような命を破壊する。人殺しを正当化する言葉が流されるが、それに抗う人びともいる。

今、日本政府は、与那国、石垣、宮古など沖縄の島々に新たにミサイル基地を含む軍事基地の強化をすすめている。沖縄本島の辺野古ではアメリカの軍事基地建設が強行されている。沖縄の空はアメリカの管制下にあり、そのすきまを日本の民間機が利用している。海も同様だ。沖縄での軍による植民地主義は形を変えて継続し、旧植民地支配での戦時動員の問題は放置され、未解決のままである。

3月の沖縄は、あつかった！
―第11回強制動員真相究明全国研究集会、などなど―　　　飛田雄一

久しぶりの沖縄だ。強制動員真相究明ネットワーク（共同代表、庵逧由香、飛田）の集会だ。本番は、3月17日～19日、前日の打ち合わせのために16日沖縄でよかったのだが、15日（木）、私は休みの日なので出発した。ちょうど古本市スタートの日、朝からプロの古本屋さんはじめ約20名のお客さんがきてくださっていた。

午後、神戸空港からANAで出発。神戸空港は建設に反対していたが、最近よく利用する。便利なのだ・・・。さっそく夜は、沖縄のM牧師とSCM生野・釜ヶ崎現場研修の元スタッフSさんと3人で飲んだ。お二人とも関西学院大学卒業、初対面だったが3人で話が弾んだ。

翌16日、自転車を借りてサイクリングの予定だった。が、朝から雨だ。風も強い。映画に行くことにした。あこがれの桜坂劇場だ。中島みゆき劇場版LIVEセレクションA「歌旅」を観た。2500円、映画にしては高いがコンサート（なかなかチケットを入手できない）にしては安い。よかった。もう一本観た。「5％の奇跡―嘘から始まる素敵な人生」、これもよかった。前々から観たかったのだが神戸では時間がとれなかった。桜坂劇場はいい映画をしていて、「密偵（ソン・ガンホ）」、「劇場版、岩合光昭の世界ネコ歩き」、「米軍が最も恐れた男、その名はカメジロー（瀬長亀次郎）」も観たかったが断念した。夜は事前打ち合わせを少しし、前夜祭を、だいぶした。

●

3月17日（土）、午後1時から6時まで「第11回強制動員真相究明全国研究集会・沖縄」、会場は、沖縄大学同窓会館。主催は、強制動員真相究明ネットワークと沖縄恨（ハン）之碑の会、協賛が、沖縄・韓国民衆連帯、沖縄戦遺骨収集ボランティア「ガマフヤー」、沖縄平和ネットワーク、基地・軍隊を許さない行動する女たちの会、平和ガイドの会だ。

内容は充実していた。講演／報告は以下のとおり。よく5時間でできたものだし、よく5時間もしたものだ。（休憩はちゃんとありました。ロビー展示も充実）むくげの会関係者としては堀内夫妻、近藤とみお夫妻、足立龍枝さん、北原道子さんも参加した。
＜基調講演①＞「天皇制を守る戦闘だった沖縄戦」沖縄国際大学名誉教授 石原昌家／＜基調講演②＞「軍人・軍属の動員の実態とその被害」在日朝鮮人運動史研究会 塚崎昌之
＜沖縄からの報告＞「沖縄戦で軍人軍属に動員された朝鮮の若者」沖縄恨（ハン）之碑の会 沖本富貴子／「なぜ沖縄にこれほどの「慰安所」ができたのか？」基地・軍隊を許さない行動する女たちの会 高里鈴代／「沖縄戦における戦争犠牲者の遺骨収集について」ガマフヤー 具志堅隆松
＜地域からの報告＞「「朝鮮料理店・産業「慰安所」と朝鮮の女性たち～埋もれた記憶に光を」を開催して」高麗博物館朝鮮女性史研究会 渡辺素子／「「明治日本の産業革命遺産と強制労働」三池・高島など九州の炭坑への朝鮮人動員数―石炭統制会福岡支部管内炭礦現況調査票から」強制動員真相究明ネットワーク 竹内康人（他に＜紙上報告＞「「法的解決済み」論の構造と日本の過去清算」強制動員真相究明ネットワーク 小林久公）（当日配布の資料集A4、68頁を販売しています。希望者は送料込700円を郵便振替＜00930－9－297182　真相究明ネット＞でご送金ください。入金確認後にお送りします）

講演／報告はいずれも内容の濃いもので、それぞれにタイムキーパーと格闘しながらの報告だった。

夜は懇親会。80名の参加があり、海勢頭豊さん、知花昌一さんの歌、金城実さんのゲダ踊りもありおおいに盛り上がった。（記事は、琉球新報2018.3.18）

●

翌18日（日）は、フィールドワークだ。バス一台をチャータした。補助席まで満席の58名、あと数名が自家用車で追いかけた。南部マラソン大会と重なっていたが、訪問順序変更などによって交通渋滞をクリアーし、その日の飛行機便の人は那覇空港

で、その他の人は沖縄県庁前で解散となった。
　山城地区では、具志堅隆松さんの案内でフィールドワークした。ここは朝鮮人軍属部隊である「水勤102中隊」が斬り込み攻撃に動員され全滅したところだ

中央の青いヤッケが具志堅さん

　次に訪ねた米須地区は写真家の大城弘明さんが案内してくださった。自然壕のアガリンガマとウムニーガマがある。そこに住民の避難壕だったが米軍に追われた日本軍が入ってきた。米軍の投稿呼びかけに日本軍は応じず住民の投稿も許さなかったので、ガソリンやガス弾が投げ込まれ全員が死亡した。アガリンガマでは50家族159名、ウムリーバマでは28家族71名が犠牲になった。逆に別のガマでは日本軍が来なかったので住民が助かったガマ（同じ糸満市潮平権現壕）もあったという。大城さんは地域の住民を調査し、詳細な犠牲者地図を作っている。その地図に感銘をうけた。

米須地区の忠霊の塔、犠牲者の名前が刻まれている

同地区の祠、一家全滅となり祠だけが残っている

　大度海岸には日本軍や住民が隠れたガマがそのまま残っている。とてもきれいな海岸で、リーフ、イノー（サンゴ礁に囲まれた浅いおだやかな海）、礁池（潮が引いたときにできる池）がある。礁池でたくさんの熱帯魚をみてみんな興奮した。（この感動を動画でうつして飛田Facebook「飛田雄一」で検索）にはりました。前日の金城さんのゲダ踊りもアップ。

大度海岸の自然壕

　そのほか、韓国人慰霊の塔、平和の礎（いしじ）を訪問した。平和の礎では、朝鮮人、韓国人の刻銘について現地平和ガイドによる詳細な説明があった。新しい研究により判明した事実も教えてくださったが、ここではその内容は紙面の都合で紹介できない。必要な方にはPDFファイルで送ります。メールhida@ksyc.jpをくだい。

韓国人慰霊の塔／平和の礎

●

　19日（月）は、公式フィールドワーク②「辺野古座込み連帯行動」だ。が、私は、オプションの読谷ツアーにでかけた。メンバーは3名、それに平和ガイド2名と特別ガイド知花昌一さんと金城実さんがつくという豪華ツアーだった。金城さんのアトリエでは、金城さん制作の「神戸電鉄・朝鮮人労働者の像」の本物と対面した。さらに翌20日、国際市場をうろうろして神戸空港にもどったのでありました。充実の沖縄6日間でした。

全国研究集会・沖縄の意義とこれからの課題

沖縄恨之碑の会　共同代表　安里英子

はじめに・朝鮮戦争終結を願う

南北朝鮮の対話が大きく進展し、誰もが待ち望んでいた朝鮮戦争の終結が今、実現されようとしている。朝鮮戦争は、あらたな「冷戦」を生み出し東アジアの不幸をうみだした。不幸とは、日米の軍事同盟の強化であり、日本政府の右傾化、そのことによる在日の人々への差別の増大、沖縄の米軍基地・自衛隊基地の強化である。しかし、この原稿を書いている今も、朝鮮半島をめぐる世界の動きは刻刻進展していくだろう。日本のマスコミは、この状況にいたっても、北朝鮮を揶揄してやまないが、一番の辛苦をなめてきたのは、日本の植民地を経てなお、戦後は分断された南北の人々である。それを受け止めることのできない、日本のマスコミの目は濁ってしまっている。日本政府は、アメリカありきの手前、トランプ大統領の発言や決断に戸惑いを見せるばかりである。本来、朝鮮戦争の終結に至る平和協定への道筋には、日本が労を取らなければならない立場のはずなのに、今だ植民地政策の反省と責任を果すことができないでいる。これは日本の市民にも責任があり、市民の意識変革が大きく迫られることになるだろう。

交流で多くを学ぶ

さて、なによりも、3月17日の全国集会・沖縄開催の大変な責務の一旦を無事果すことができたと安堵している。そして準備や当日の会の進行についても、「沖縄の流儀」を大目に受け入れてくださった全国ネットワークのみなさんに、お礼を申しあげたい。そして沖縄の協賛団体や多くの協力者のみなさんにも同様である。

当初「沖縄開催のお誘い」を受けたとき、協賛くらいならという気持でいた。ところが、松本集会に参加して、事務局長の上間と私は大きく心を動かされた。沖縄の事情しか知らない「井の中の蛙」である私たちは、全国のみなさんの報告を聞いて感動し、長時間にもかかわらず、疲れを感じなかった。それは会の進行がリズミカルで、深刻な内容にもかかわらず、穏やかな雰囲気に見えたせいでもある。それはネットワークの長年築いてきた信頼関係によるものだろう。懇親会では気分も盛り上がり、「沖縄開催（共催）受入れ」の宣言をしてしまった。

集会は沖縄大学の協力もあり、沖縄戦に関する写真展示、「慰安婦」「軍夫」など強制連行に関するパネル展示など広い空間を思いきり使うことができた。参加者も予想を上回る150人で資料が不足するほどだった。協賛団体である「基地軍隊を許さない行動する女たちの会」「沖縄・韓国民衆連帯」「沖縄戦遺骨収集ボランティア・ガマフヤー」「沖縄平和ネットワーク」とは、日ごろから共有できることも多く、今

後も連係してやっていきたい。

沖縄戦研究の空白と継承問題

　ところで、2017年に「沖縄県史・各論編6　沖縄戦」の新版が刊行された。旧版は1963年から77年にかけて沖縄戦を含む24巻が刊行されている。新版で特筆すべきは、はじめて「慰安婦」問題と「軍夫」問題が取り上げられたことである。これまでも証言の中に一部記述されることはあったが、独立した項目でとりあげられるのは初めてである。また、「各論編8　女性史」でも「慰安婦」問題が同様に記載された。とは言え「軍夫」の項目ではわずかなページしか与えられず、とても記述できる状態ではなく、最終的にページをふやしてもらった経過がある（執筆は安里）。沖縄戦の研究・調査が進んでいる沖縄でさえ、行政のレベルでは「強制連行」に関する研究はあまりなされてこなかったといえる。沖縄住民被害があまりに過酷だったことにもよる。しかし、アジア・太平洋戦争である以上、沖縄戦が当時の植民地を巻き込んだ戦争であることは事実であり、そのことの実態の解明がなされないかぎり、沖縄戦の研究はまだ、全容を見るにいたっていないことになる。

　上記にふれたのは他でもない。ようやく、「県史」に登場した「強制連行」の記述であるが、一般的にはまだ理解が十分でないように思われた。そのため集会の「慰安婦」問題に関する報告者がなかなか決まらなかった。若手の「県史」の書き手であるNさんに依頼したが、勤め先の職場の理解が得られずやむなく本人が辞退することとなった。務め先が沖縄戦に関する「資料館」にもかかわらず、右翼からの攻撃をおそれてのことであろう。ぎりぎりになって、高里鈴代さんに登場してもらうことになった。それでもNさんは、資料展示その他で協力してくれた。

　あと若手の沖縄戦継承者（平和ガイドなど）の報告も得ることができずじまいだった。地域史の担い手もいるが、年度末で多忙だということで断られた。全体的に沖縄戦の経験者が少なくなっている現状の中で、次世代へのリレーがそれほどうまくいってないということを思い知らされた。

問題を掘り下げる

　沖縄恨之碑の会では、多くの課題を抱えている。その一つは我会論客の沖本冨貴子が問題提起した「軍夫」という呼称に対する疑問である。沖本は「軍夫」とは軍隊による差別用語であるから、使うべきでないとする。しかし、これについてはまだ会の中でも議論されてない。集会の合間にお二人の先生に意見を伺ったが「軍夫」という呼称は残すべきという意見もいただいた。しかし、「慰安婦」という呼称が多くの議論のすえカッコ付で使用されているが「軍夫」についても一度、みんなで議論すべきだと思う。全国集会では、欲をいえばこのような議論のできる場がほしかった。

　また、準備段階の全国事務局会議では、集会の大テーマが必要ではないかとの意見もでたが、目の前の細かい作業に追われて、忘れてしまった。それぞれの地域で課題は違うかもしれないが、今、東アジアは大きく変わろうとしている。私たちは何をすべきだろうか。

　今年も5月26日にはポンソナ講座と総会がある。講座では金城実氏が「済州4．3事件とチビチリガマ」と題して講演する。6月16日には読谷村文化センターで追悼会が行われる。追悼会には祈り、音楽、踊りがあり、沖縄伝統の重箱料理もふるまわれる。毎年ここで私たちは被害と加害の問題を考え、新しいエネルギーを創造し、爆発させている。みなさんもぜひ一度は参加してほしいと願う。

朝鮮人軍人・軍属の動員の実態とその被害

在日朝鮮人運動史研究会　塚崎昌之

　朝鮮人軍人・軍属の全体像を把握することは難しい。陸軍・海軍で役割が異なるだけではない。軍人は「志願」でも、「志願」兵と学徒「志願」兵があり、徴兵においても現役徴集兵と第一補充兵で果させられた役割は違った。軍属も土木労働者、軍需工廠工員、俘虜収容所監視員、船員と役割は多岐にわたった。

　朝鮮人軍人・軍属への動員が始まったのは、日中戦争が始まって間もない 1938 年 2 月の陸軍特別志願兵令である。1938 年こそ 7.3 倍の倍率であったが、年々「志願」者は増え、1942 年には、何と 62.4 倍を記録した。「皇民化」させられた朝鮮人青年がいたことも確かだが、生活上の実利主義的な面から半自主的に「志願」した人や、村の役人や警察官からの半強制で「志願」せざるを得ないという人が多かった。この見せかけの倍率の高さは帝国議会でも問題になった。「志願」兵は、ほとんどが歩兵や輜重兵に配属され、戦車や飛行機などの高額な武器を扱う部隊には配属されなかった。1 万 7 千名弱が入隊したが、激戦地であった南方戦線に送られた者も多く、その死者は 3,500 名を超える。ニューギニア戦線など、死亡率が 90％を超える部隊も多かった。学徒「志願」兵は、日本人大学生への学徒出陣が決まった直後の 1943 年 10 月に定められた制度であり、これも多くの強制が伴った。「反乱」計画を立てた者や中国戦線で独立軍に脱走した者も多くいた。

　「志願」兵制を導入した頃は、徴兵が可能となるのは遥か先の 1960 年前後と考えられていた。ところが、陸軍では強い軍隊を求める根強い反対があったにも関わらず、日本人ばかりに犠牲が出るのに朝鮮人は得だという日本社会の反発が大きな理由の一つとなって、1942 年に徴兵制が導入されることが決まった。徴兵適齢の若者に対して特別錬成所で日本語と日本精神の徹底的な注入が行われた上で、第 1 回徴兵検査が 1944 年 4〜8 月に行われた。20 歳の青年約 22 万人が受検し、7 万 5 千名が甲種合格した。9 月から入営が始まったが、現役徴集されたのは 5 万 5 千名であった。現役徴集されなかった 2 万人は、訓練しても日本語の理解能力が付かなかった人々であり、第 1 乙種の人とともに第 1 補充兵とされた。1945 年 2 月からの第 2 回徴兵検査が始まる前の 1944 年 12 月中旬に第 1 補充兵の召集が開始された。彼らを徴兵しないとなると、日本語がわからないふりをすれば徴兵忌避ができるためである。彼らを前線部隊で使うわけにはいかないので、この頃始まった「本土決戦」準備の労働力として使用することにした。物資の運搬・保管を行う野戦勤務隊、航空特攻のためのアルコール生産を主目的としたサツマイモ栽培を行う農耕勤務隊、軍の食糧生産を行う自活隊などが設けられ、全体で 7 万名以上が召集され、そのうち約 4 万 5 千名以上が日本に送られた。これらの部隊は朝鮮人が 80％を占めたが、武器は日本人にしか渡されず、日本人兵士に監視されて働く奴隷的労働者に過ぎなかった。第 2 回徴兵で現役徴集された者には対ソ戦に巻き込まれた者がいたが、その死者・シベリア抑留者のことなども明らか

になっていない

海軍軍人は、1943年に始まった「志願」兵も1944年以降の徴兵も、南方の激戦地に送る航路が途絶えていたので、戦死者は少なく、犠牲者の大半は移動中の海没であった。

陸軍軍属は、1942年5月に陸軍の俘虜収容所監視員としての募集から始まった。彼らの中には戦後に捕虜虐待を問われ、BC級戦犯にされた者も多くおり、死刑になった人もいた。他の陸軍軍属では、海上輸送大隊、船舶工兵、特設水上勤務中隊などに徴用された。海軍軍属は、アジア太平洋戦争が始まった1941年12月に海軍作業愛国団への軍属から始まり、36,000名が集められた。多くが南方戦線の飛行場建設などの土木工事に動員され、13,000名を超える犠牲者を出した。戦死者もいたが、栄養失調・餓死で亡くなった者も多かった。中には日本人兵士が朝鮮人の「人肉」を食した疑いから、朝鮮人が蜂起したため、56人の朝鮮人軍属が日本人兵士に殺害されたチェルボン島事件もあった。また、兵器工場である日本内の海軍工廠に動員された人もおり、空襲で亡くなった方も多かった。

陸海軍はともに船員も軍属として徴用した。米軍は徹底して輸送船を狙ったため、船員の死亡率は43％と、陸軍兵士の20％、海軍兵士の17％を遥かに上回った。船員全体の死亡者66,000名の内、朝鮮人は2,614名を数えた。また、移動途中に海没した軍人・軍属も多かった。中には朝鮮人軍属476名が全滅した八郎潟丸事件などもあったが、この事件をはじめ、今まで全く語られていない事件も多い。

生き残った人々や死亡者の遺族は、戦後も厳しい立場が続いた。多大な被害を被ったのに、日本政府は国籍条項を盾に軍人恩給や障害年金、遺族年金の支給を拒否した。「志願」兵・軍属などでは、応募した事情を故郷でわかってもらえず、大日本帝国に協力した「親日派」と白眼視され、障害を負った人々の中には日本で過ごさざるをえない人たちもいた。

1962年の第6次日韓会談で、日本政府は朝鮮人軍人・軍属の総数を、厚生省の所有名簿を根拠に24万人と主張した。このとき、韓国政府は36万5千人を主張したが、日本政府は主張の根拠を被害者であり、資料を持たない韓国政府に求めた。実は日本側統計でも、1955年の法務省統計では364,186名、翌1956年の外務省統計では約37万7千名としていた。24万人統計は戦争末期に徴兵、徴用された部隊の名簿が多く抜け落ちていることは明白であるにも関わらず、韓国側が証明できないことを承知の上で、この会談のために作った過小な数字である24万人で押し切ってしまった。また、軍人・軍属の犠牲者数についても、1962年厚生省統計では22,182名とした。総人数ほどの誤差はないにしても、沖縄戦での朝鮮人死者数からもわかるように、実数よりかなり少ないと推測できる。死亡者を一方で靖国合祀をしながら、朝鮮の遺族に通知されなかったことも多くあった。

このような交渉の上に結ばれた1965年の日韓基本条約は大きな問題を抱えている。日本政府は、朴正煕政権に無償3億ドル、有償2億ドルを支払ったのだから、個人補償はその中から韓国政府が支払うべきで、日本側が応じる必要はないと主張する。だが、軍人・軍属問題でいえば、日本政府は資料も出さずに、意図的に被害を少なく見せるという欺瞞に満ちた態度であった。また、問題としたのは数字だけであり、一人一人の実態を捉え、戦中・戦後の苦痛により添うような姿勢は全くなかった。つまり、日韓会談で日本政府は韓国政府に対して、戦前の植民地の時期と同じような帝国主義的態度で接したのである。

沖縄戦の朝鮮人部隊－特設水上勤務隊について

沖縄恨之碑の会　　沖本富貴子

　1945年2月、日本の敗戦は必至とする「近衛上奏」に、天皇はもう一度戦果を上げてからでないと国体護持は難しいと天皇制維持を第一義とした。その結果戦争は継続され、沖縄戦では20万人余の人々が死に、広島と長崎に原爆が投下された。死ななくて済んだ多くの命が失われ、死んでも朝鮮の故郷に帰れなかった数万の強制動員犠牲者が生み出された。沖縄戦にも植民地朝鮮から多くの女性と若者が連行され差別と蔑みの中で無念の死を遂げて行ったが、彼らの存在は見捨てられたまま救済の道さえ開かれていない。

　沖縄戦で特設水上勤務隊(以下水勤隊)は最大の朝鮮人部隊であった。慶尚北道の20代前半の若者約2800名がわずか1週間で強引に集められ、軍属として4個中隊(101～104中隊)に分けられ沖縄に送られて行った。いかに意に反した動員であったか、沖縄に来るまでに58人(2個中隊で)が逃亡している。逃亡に失敗して凄惨な暴力が加えられたという証言も残されている。1944年8月、彼らは灼熱の沖縄に到着するやすぐに港湾の荷揚げ作業をさせられた。おりしも32軍の各師団や部隊が中国大陸及び日本各地から沖縄に到着するピーク時であり、人員の配備と同時に膨大な軍事物資、即ち武器、弾薬、ガソリン、陣地構築資材、機材、医薬品、衣服、食糧、馬糧等ありとあらゆるものが海上から輸送されてきた。水勤隊はこれら物資を沖合に停泊した輸送船から小型舟艇に移し替え、陸にあげる作業要員として送られたのであった。

　那覇港をはじめ、読谷村の渡具知港、本部の渡久地港、宮古島の平良港、石垣島の石垣港等、(一時奄美大島の古仁屋港でも)各地で過酷な作業がはじまった。那覇港は昼夜敢行しても荷がさばけず滞るほど「ただならぬ量」であり、炎天下、長時間（平均11時間とも）の力仕事、絶えずどやされ些細なことでも殴り倒され、時には鞭でたたかれた。「まるで牛馬のよう」、「奴隷のようだった」、「大の男が泣きじゃくっていた姿は忘れられない」といった住民の証言が各地で残されている。水を飲むのもままならず食事はわずか、飯盒の蓋ほどのご飯を三人で分けて食べたという。一番きつかったのはひもじさに耐えること、重い荷物を運んだことと異口同音に証言する。「体力消耗し動けないものが出ている」と陣中日誌に特記される程で、作業に影響がでないよう、時にはぶっとおし働かされた。本部の渡久地港にいた104中隊の場合、9月から12月までの三ヶ月間でわずか2日の休日、雨の日を入れても5日しか休めなかった。

　当時3中生だった具志堅均さんは運天港で荷揚げする朝鮮人の監視に時々つくことがあった。「怠けたらすぐ叩いていいからと、（日本兵に）6尺の棒を渡された。」「4、5人集まって何か話をするとすぐに散らすことをよくやった。」「僕たちには当たり前に奴隷みたいな意識があった、三等国民だし、日本軍の下働きをするのは当然という意識はあった。」「彼らは教育を受けてないから、普通の扱いではわからんからしっかり教えろと言われた」((名護市史『語りつぐ戦争第2集』)朝鮮人を無学文盲、三等国民とする差別と蔑視、奴隷視がこのように下級兵にまで徹底していた。水勤隊は理不尽さと過酷な労働に耐えるしかなかった。

　この後、港湾作業についていた水勤隊は徐々に陣地構築の方に軸足を移していった。日本はすでに制海・空権を失い輸送船の入港は徐々に遠のいていた。本部半島では国頭支隊の陣地構築を手伝い、名護や川田村では坑木伐採、運搬などに就いた。1945年2月になると慶良間諸島にいた海上挺進基地大隊が独立歩兵隊として本島に移動し、代わりに水勤隊（103中隊と104中隊の第1小隊、計約900人）が慶良間諸島に移動して行った。3月、米軍の沖縄上陸を間近にし、本島に残っていた102中隊と、104中隊の第2、第3小隊（合計約1,150人）は戦闘部隊として、特設第6連隊に組み込まれ、訓

練も受けないまま、地上戦に突入させられていくことになった。米軍が沖縄に上陸（1945年3月26日、慶良間諸島に上陸）したとき水勤隊は慶良間諸島と沖縄本島、そして宮古・石垣地域（101中隊）の3カ所に分散していた。

　宮古・八重山地域は米軍の上陸がなかったが、空からの攻撃がとどまることなく続き、そのため自給自足が進まず、島全体が飢餓とマラリヤに襲われた。日本軍も半数以上がマラリヤにかかり戦死より病死が多かった。また水勤隊は3月1日平良港に入港した船で作業中、米軍機の攻撃で56人が死亡するという大きな出来事があった。攻撃がはっきりと予想されていたにもかかわらず、物資の陸揚げが優先され、そのため朝鮮人が無理な作業を強いられた結果だった。朝鮮人は使い捨てにされた。宮古・石垣島地域にいた朝鮮人は101中隊以外の部隊も含めて約850人と推定されるが、帰還できたのは日本軍や米軍の記録から660人前後である。確認されている死亡者は全体で90人（内マラリヤなどの病死が19人）なので、残り約100人についてはどうなったのか不明の状態である。

　慶良間諸島に移動して行った水勤隊は、当初特攻艇の泛水作業の予定だったが、米軍が直接空からの攻撃を開始、次いで26日上陸したために特攻艇は出撃できず、地上戦に回された。水勤隊は上陸当日夜、戦闘訓練なしにいきなり斬り込みを命じられた。29日までの戦闘で阿嘉島では24人、渡嘉敷島では8人が少なくとも犠牲になった。31日米軍は慶良間諸島占領宣言を出し、座間味島に駐屯した。各島の日本軍は山に逃げ込み、朝鮮人、住民らを統制し支配した。島では食料が途絶え餓死者が出るまでになり、いくら食糧統制をしても食糧探しと投降が止まらなかったため、日本軍は見せしめのため朝鮮人をつかまえ処刑した。阿嘉では最低12人、渡嘉敷島では最低6人が殺されたと推定される。日本軍の恐怖支配は遂に阿嘉島で朝鮮人が監禁壕に閉じ込められるまでに至った（5月末〜6月21日住民解放命令が出されるまで）。一方座間味島では梅澤戦隊長が負傷し、組織的戦闘は不可能として各隊独自行動令が出された。その結果水勤隊も2週間ほどで投降できた。慶良間諸島では朝鮮人が日本軍全体の44%を占めていたためにその扱いに苦慮したとみられる。阿嘉島と渡嘉敷島では迫害と弾圧を加える力の支配に終始し、阿嘉島では監禁壕にまで至った。またその裏返しとして座間味島の梅澤戦隊長は戦後以下のように証言している。「（朝鮮人は所詮）異民族だから日本人の戦力になってくれと言っても無理。面倒見切れない。（ここに彼らがいれば）かえって（僕らが）大変なことになる、だから自由にして米軍に行かせた。（『アリランのうた』朴壽南編集）

　一方、本島にいた水勤隊は文字通り爆弾の降りしきる戦場で、前線への弾薬運搬、患者の後送に当たった。104中隊の場合は32軍司令部のあった首里山川に移動し、「首里及びその付近の戦闘に参加」した。少なくとも8人の死亡が確認されている。102中隊は3月末宜次に移動したがその時「竹やりで殺せ、全員戦って死ぬのだ」と言う訓示を受けた。後方部隊として動員されて来たにもかかわらず、水勤隊はいきなり戦場に投げ出されたのである。102中隊は弾薬運搬中、外間（宜次隣接地域）で爆撃にあい、「5〜60人の死体が転がっていた」という証言がある。

　5月22日になると32軍の摩文仁撤退が決まり水勤隊も南部に移動して行った。その時102中隊は物資の後送に当たっている。記録的な豪雨の中、夜通し何往復もの運搬、爆撃で死亡した者、負傷、衰弱で脱落していくものが増えて行ったという。最後は山城で米軍の馬乗り攻撃にあって20, 21日部隊は全滅した。全体で106人の死亡が確認されているが、留守名簿には「大部分死亡か」というメモ書きがあり、氏名の欄外に死亡推定の印鑑が一律押されている。104中隊は真栄平に移動し、新垣、真栄平、山城の戦闘に参加、6月22日全員最後の斬り込みを決行した。中隊全体では74人の死亡が確認されているが、内49人が新垣で犠牲になっている。104中隊の留守名簿には生死不明の⑯の印鑑が氏名の下に一律押されている。このようにして沖縄本島にいた水勤隊は戦場で相当な犠牲にあったと思われるが確認されている死亡者はわずかだ。

　日本は植民地朝鮮から多数の若者を沖縄の戦争に強制動員し、多くの犠牲を強いた。にもかかわらず戦後はその生死すら確認せずそのまま放置し切り捨てた。「平和の礎」に刻銘されている朝鮮人は462人に過ぎない。戦場の中にあっても朝鮮人は差別され続けた。上等兵も下級兵士と一緒の雑用に回され、戦闘中に朝鮮人が壕から閉め出されたこともあった。爆弾が落ちたのは朝鮮人のせいとなじられたこともあった。差別の中で死んでいった朝鮮の人々の恨はいかばかりか。恨がとけていくために、私たちに課せられた課題は多い。犠牲者の確認、遺骨の返還、靖国神社合祀取り消し、供託金返還、補償の確立、そして何よりも真摯な謝罪。いまだ解決の道は茨と言わなければならないが、責任を放棄するわけにはいかない。

立教女学院短期大学講師

高橋　舞

　私は教育学の立ち位置から、沖縄や韓国をフィールドとし、「戦争の記憶」継承の在り方の研究を行っている者です。今回、自分が研究をさせていただいている沖縄恨（ハン）之碑の会経由でこちらを知ることができ、初めて、強制動員真相究明全国研究集会に参加させていただきました。3日目はポスターには表示されませんでした裏メニューの読谷村を巡るツアーに参加いたしましたが、3月17日に行われた初日の研究集会、18日、19日の2日に渡ったフィールドワークの全行程に参加いたしました。

　初日は、自分が研究を進める中で最もわからなく、知りたいと思ってきた、まさにその部分を追究している方々より最新情報をお教えいただき、お知り合いにもなれたという感動と興奮の1日でしたが、2日目・3日目のフィールドワークツアーに至っては、そのエキスパートの方々と戦跡を巡ることができるという、さらに贅沢の極みを味わわせていただきました。韓国人慰霊の塔、平和の礎、読谷の恨の碑、チビチリガマなど、これまで通いなれた所でも、新しい見方、気づかなかった視点を得ることができました。中でも、米須地区にあります「忠霊の塔」を、ガイドの大城弘明さんに説明いただいた際に、大きな気づきをいただきました。

　「忠霊の塔」は、日本軍によって投降が許されないという状況下、米軍によるガソリンやガス弾の投げ込みによってガマが焼き尽くされ、50家族159人が全滅を強いられたガマの入り口がコンクリートで埋め立てられた上にたっている慰霊塔でした。慰霊塔には、そこで亡くなった村民の名前が記銘されてあります。・・・と、そこまではよかったのですが、この一帯で亡くなられた方のうち、村民のみが記銘されています、といった説明が付け加えられた時に、初めてそのことに思い至りました。・・・この一帯のいたるところで、亡くなった方がおられるのに、その方たちの塔は？名前はどこに残されているのだろう？と、疑問に思えなかった自分が、そこにおりました。そして、先ほどには朝鮮人軍属部隊である水勤102中隊が切り込みに動員され全滅した山城地区を見たにも関わらず、彼らの慰霊塔の存在と、そこにお一人お一人の名前が刻まれているのか（あるいはなぜ刻まれていないのか）、という疑問を持つことすらできていなかった自分にも気づきました。

　私はこれまで韓国人慰霊塔に慰霊されている1万余名という数字と、平和の礎に名前が記銘されている462人（2017年現在）という数字の間にあるものを問題視し、9500人、9600人の「戦争の記憶」を思い出し継承する方法を探ってまいりました。まさにこの点を問題にしてきたはずですのに、自分が身に着けていなければならない、もっとも大切な視点を、自分自身がまだまだ欠いていたことに気づかせていただきました。

　学校教育では、「戦争の記憶」継承に関わる教材は、国語や道徳の時間などで展開される「1つの花」や「おかあさんの木」、原爆被害をテーマとした「貞子の折り鶴」など、祖父母や総祖父母世代が経験した戦争の記憶、言い換えれば「われわれ」の戦争被害の記憶が題材とされがちであるという傾向を持っております。しかしこうした教材のみで「戦争の記憶」継承のための教育がなされるとしたら、後進の世代の「戦争の記憶」とは、知らず知らずに、「われわれ」という一方向の記憶、被害経験、被害者意識を通した「戦争の記憶」継承という、偏りをもつことになります。そしてこの偏りは、小林よしのりの『ゴーマニズム宣言』に典型を見るように、容易に「敵」を創出し、「仇討ち」的な発想をもたらしかねず、2度と戦争が起きないために学ばれるべき「戦争の記憶」が、逆効果をもたらす危険性があると考えております。

　今後とも、「継承」が被害者と加害者、われわれと彼らを繋ぐ、共に分かち持つ「共生」実践そのものであるような、皆様の埋もれ忘れられている記憶を取り戻すための実践的活動に学ばせていただき、共生実践としての「継承」の在り方を探ってまいりたいと存じます。

日本政府の「明治産業革命遺産」の保全報告書に対する
ICOMOS（国際記念物遺跡会議）への日韓共同意見書の送付について

　「明治日本の産業革命遺産　製鉄・製鋼、造船、石炭産業」（以下「明治産業革命遺産」と略す）の問題については、ネットワークとして過去二度の声明を発表し、昨年は韓国の市民団体と日本の市民団体との共同声明（イコモス意見書参照）を発するなどの取り組みを行ってきました。
　日本政府は、昨年11月30日付でユネスコに明治産業革命遺産についての「保全状況報告書」を提出しました。しかしこの報告書には登録時の「日本は，1940年代にいくつかのサイトにおいて，その意思に反して連れて来られ，厳しい環境の下で働かされた多くの朝鮮半島出身者等がいたこと，また，第二次世界大戦中に日本政府としても徴用政策を実施していたことについて理解できるような措置を講じる所存である。日本はインフォメーションセンターの設置など，犠牲者を記憶にとどめるために適切な措置を説明戦略に盛り込む所存である。」と約束しましたがそれが果たされないばかりか、「約束違反」とも言える大きな問題を含んでいました。この報告書については今年6月～7月にかけて開催される第42回ユネスコ世界遺産委員会で審議される予定ですが、それに先立ちネットワークとして韓国の市民団体と共同でICOMSへ意見書（別紙）を送付することとしました。

　そもそも「明治産業革命遺産」は、2009年に「九州・山口の近代化産業遺産群―非西洋社会における近代化の先駆け」として暫定リストに登録され、その後「明治日本の産業革命遺産―九州・山口と関連地域」とその名称や構成資産の変更を経て最終的に2015年の第39回ユネスコ世界遺産委員会において「明治産業革命遺産　製鉄・製鋼、造船、石炭産業」として登録が承認されました。
　当初の申請は、「九州・山口」地域に限定されていたものが静岡県、岩手県の資産が加えられ、6県11市にまたがる当初の22資産のうち最後まで残って登録された資産は13資産であり、最終的に登録された資産は8県11市またがる23資産となりました。これは、当初から確定した遺産群をシリアルノミネーションとして登録を目指したのではなく、日本の明治期の近代化が西洋からの技術を独自に取り込んだ「類まれなる」ものであったとの「価値観」に見合う九州・山口地域に存在する産業遺産以外の資産も含めて申請をした結果、最終的に構成資産の変更や「コンセプト」の変更（九州・山口という地域性を外し、製鉄・製鋼、造船、石炭産業発展に関係するものに限定）を行い登録に至ったものです。また登録された資産は、すでに使用されていないもの、近年まで稼働していたもの、あるいは現在も稼働している資産によって構成され、中には「端島炭坑（軍艦島）」のように対象とされる時期の建造物がごくわずかしか残されていない資産や「対象期間」後に加工が加えられて当時の姿が十分残されていない資産もあります。また明治期の産業遺産は「製鉄・製鋼、造船、石炭」産業に限られるものではなく、すでに登録されている「富岡製糸場と絹産業遺産群」に代表される繊維産業なども重要な地位を占めていましたし、石炭産業は、九州だけでなく北海道でも炭鉱開発が進められました。
　日本の明治の近代化を賛美しようとする視点から出発した結果このような登録になったと言わざるをせません。
　幕末から明治にかけての日本の近代化の最大の特徴は「脱亜入欧」と「富国強兵」という2つの言葉に代表される西洋技術の移転による急速な産業の近代化と西欧の帝国主義国家による植民地分割競争に参入するための軍事体制の整備にありました。それは一方で近隣アジア諸国との軋轢を引き起こし、日本の朝鮮の植民地支配や中国大陸への侵略の歴史に繋がりました。日本が西洋からの産業技術の移転によって急速な産業発展を果たしたことも歴史的な事実ですが、明治の産業発展がその後の日本の第二次世界大戦の敗北につながる周辺諸国への侵略の「基礎づくり」でもあったことも説明しなければ「歴史全体」を説明したことにはなりません。
　世界遺産も二度と戦争の惨禍を繰り返さないというユネスコの設立精神に沿うものでなければなりません。明治の一時期だけを切り取るのではなく産業発展に付随する労働者の犠牲や一部の資産に含まれている強制労働の歴史などの負の側面も含めた「全体の歴史」が語られなければ「顕著な普遍的価値」を有するものとして次世代に受け継ぐはできないのではないでしょうか。

（事務局　中田）

「明治日本の産業革命遺産　製鉄・製鋼、造船、石炭産業」に関する 日本政府の保全報告書に対する日韓市民団体の意見書

2018年5月18日

強制動員真相究明ネットワーク・民族問題研究所

去る2017年11月30日、日本政府は、2015年7月5日にユネスコ世界遺産に登録された「日本の明治産業革命遺産　製鉄・製鋼、造船、石炭産業」に関する『保全状況報告書』を世界遺産センターに提出した[1]。この報告書は、世界遺産委員会の登録決定（Decision:39 COM 8B.14）に盛り込まれた勧告事項の履行に関するものである。私たちは、日本政府がこの勧告をどれほど忠実に履行しているのかに対して、強い疑問と憂慮を表明したい。

私たちは、日本の当該施設の世界遺産登録を前後して、日本の登録への試みが、とりわけ侵略戦争と強制労働を隠蔽し、近代化の歴史を美化するものであると批判した[2]。2017年末には、世界遺産ガイドブック『「明治日本の産業革命遺産」と強制労働』を発刊した[3]。2015年の登録決定文4（g）は、「各構成資産がいかに顕著な普遍的価値（Outstanding Universal Value）に寄与し、日本の産業化の一つまたはそれ以上の段階を反映しているのかを特に強調し、また各サイトの歴史全体（full history、または全体歴史）を理解できるようにする説明（presentation）のための解釈戦略（interpretive strategy）を樹立」するよう要求している。このような遺産の歴史全体に対する解釈戦略樹立義務とともに、登録決定文4（g）の脚注に掲げられた日本政府代表の約束も重要である。日本政府は、「日本は、1940年代に一部施設において、数多くの朝鮮人とその他の国民が、その意思に反して動員され、厳しい条件の下で強制的に労役し、第二次世界大戦当時、日本政府も徴用政策を施行したという事実について理解できるよう措置を講じる準備ができている」としつつ、「日本は、インフォメーションセンターの設置など、被害者を記憶にとどめるための適切な措置を説明戦略に盛り込む準備ができている」[4]と述べた。こうした日本政府代表の約束自体は、歓迎すべきものである。しかしながら、日本政府のこれまでの勧告履行状況は、世界平和と人類共同の遺産保存のためのユネスコの目的と活動に逆行するものであり、ユネスコの存在理由まで疑わせるものである。

第一に、日本解釈戦略には、2015年7月5日に日本政府が公約した「意思に反して連れて来られ（brought against their will）」と「働かされた（forced to work）」の説明が全くない。「働かされた（forced to work）」が「支えた（supported）」に変更され、「歴史の全体」ではない半分の歴史しか説明されていない。

2015年の登録当時、日本政府は「強制的に労役」した事実と徴用政策に言及したが、依然として「強制労働」の存在を強く否定している。しかし、国際労働機関（ILO）の「条約勧告適用専門家委員会」は、1995年以来、日本軍「慰安婦」問題と朝鮮人、中国人の徴用

---

[1] Cabinet Secretatriat, Japan, "State of Conservation Report · Sites of Japan's Meiji Industrial Revolution: Iron and Steel, Shipbuilding, and Coal Mining (Japan) (ID: 14 84), http://www.cas.go.jp/jp/sangyousekaiisan/pdf/state_of_conservation_report.pdf.

[2] 添付資料「日韓共同声明書」（2017年7月5日）を参照のこと。

[3] https://www.minjok.or.kr/wp-content/uploads/2017/11/2017_Guide_eng.pdf

[4] UNESCO, World Heritage Committee, Thirty-ninth session, Bonn, Germany, 28 June – 8 July 2015, Summary Records, WHC-15/39.COM.INF.19, p. 130 과 220.

労働者問題は強制労働に関する条約に違反するものだとしている[5]。

第二に、日本が説明するべき強制労働の歴史は、いま、隠蔽を越え、一方的な歪曲の道へと進んでいる。保全報告書によれば、日本政府は、「明治日本の産業革命遺産」などで行われた「労働」と「徴用」について調査し、研究する方針を立てたという。しかし、この方針は民族差別や強制労働がなかったという主張を強化するためのものである。報告書は、特に、「3）OUV（顕著な普遍的価値）に焦点を当てることを前提に、産業労働者のストーリーの解釈は、OUV期間における日本の産業労働者に焦点を当てつつ、OUV期間以外の産業労働者については、第二次世界大戦中に日本政府が国家総動員法の下で労働者の徴用政策を実施したという事実と、戦前・戦中・戦後に日本の産業を支えた（supported）多くの朝鮮半島出身の労働者がいたという事実を理解できるようにする」（51ページ）としている。強制労働被害者が産業を支えた者に変貌させられているのである。さらに、このような調査と研究の責任を担う産業遺産国民会議は徹底的に官主導で運営されており、関連する市民団体や資料館などの活動家・専門家と批判的な見解を有している研究者の参加は排除されている。2017年10月、この団体がウェブサイトにアップした「世界遺産軍艦島は地獄島ではありません」という動画は、日本政府がどのような姿勢で「歴史全体」に臨んでいるのかをよく示している。また、東京に「世界遺産情報センター」を設置するという計画は、該当の世界遺産から非常に遠く離れているだけでなく、被害者を記憶にとどめるための目的とどのような関連があるのか、理解できないものであり、不適切である。

さらに、「産業革命遺産」にとうてい分類されえない施設、とりわけ侵略戦争を正当化するイデオロギーを伝播した私塾がどのように人類の「顕著な普遍的価値」に寄与するのかについて説明することは、そもそも不可能なことである。自国中心の、軍国主義の歴史を賛美する歴史認識は、ユネスコの理念である世界平和と人権に正面から挑戦するものである。

この他にも、保全報告書は、解釈戦略に関連して技術的な問題ばかりに焦点を当てており、今後、該当する遺産において何を教育し、習得させるのかが明確でないなど、多くの問題点が含まれている。

私たちはまた、日本政府がユネスコおよび世界遺産協約の目的はもちろん、これまで国際社会が発展させてきた解釈戦略に関する基準を十分に考慮、実践していないことを、現地調査を通して確認した。その基準とは、1964年の「記念物と遺跡の保存と修復に関する国際憲章」（ヴェニス憲章）[6]、2006年の「産業遺産ニジニータギル憲章」[7]、2008年の「文化遺産サイトのインタープリテーション及びプレゼンテーションに関するイコモス憲章」[8]、2010年の「産業へリテージを継承する場所、構造物、地域及び景観の保存に関するICOMOS—TICCIH共同原則」[9]などである。「明治日本の産業革命遺産」が真の人類の共

---

[5] 例えば、International Labour Conference 83rd Session 1996, Report III (Part 1A), pp. 127-131; Observation (CEACR) – adopted 1998, published 87th ILC session (1999): Forced Labour Convention, 1930 (No. 29) - Japan (Ratification: 1932), para. 12, http://www.ilo.org/dyn/normlex/en/f?p=1000:13100:0::NO:13100:P13100_COMMENT_ID:2172187.

[6] The ICOMOS Venice Charter for the Conservation and Restoration of Monuments and Sites, 1964, https://www.icomos.org/charters/venice_e.pdf.

[7] The Nizhny Tagil Charter for the Industrial Heritage, https://www.icomos.org/18thapril/2006/nizhny-tagil-charter-e.pdf.

[8] The ICOMOS Charter for the Interpretation and Presentation of Cultural Heritage Sites, http://icip.icomos.org/downloads/ICOMOS_Interpretation_Charter_ENG_04_10_08.pdf.

[9] Joint ICOMOS - TICCIH Principles for the conservation of industrial heritage sites, structure, areas and landscapes, https://www.icomos.org/Paris2011/GA2011_ICOMOS_TICCIH_joint_principles_EN_FR_final_20120110.pdf.

同資産となるためには、日本政府がこのような国際基準にしたがって歴史全体についての解釈戦略を樹立し、公衆（the public）に説明する義務を果たさなければならない。つまり、公的な疎通（public communication）を通じ、これらの遺産が歴史と不可分の関係にあるということ認め、各遺産の真正性を完全かつ豊富に（the full richness）伝達しなければならない。2008年のイコモス憲章が「何を、どのように保存し、どのように公衆に伝達（present）するのかについての選択はすべて遺跡解釈の要素である」としたことからも分かるように、世界遺産委員会が日本政府に「歴史全体」についての解釈戦略を要求することは、世界遺産登録制度において必要不可欠なことだったのである。

　このように、「明治日本の産業革命遺産」は、登録過程においてはもちろん、その後の履行過程において多くの問題点が見られる。私たちは、世界遺産委員会に対して、次の事項と合わせて、日本政府が公約を守り、これらの問題を解決するよう強く促すことを決定するか、報告書の再提出を求めることを求める。

１．ユネスコ世界遺産委員会は、日本政府が提出した保全報告書を、委員会の決定と国際社会に明らかにした日本政府の約束、遺蹟解釈に関する国際基準に鑑み、持続的かつ徹底的に審査し、監視すること。

２．日本政府が明らかにした現在の解釈戦略では、「歴史全体」を忠実に伝達（present）し得ないことを明確に示すこと。

３．朝鮮人、中国人、連合軍捕虜の強制労働を産業遺産の「歴史全体」に盛り込ませること。

４．「明治日本の産業革命遺産」が第二世界大戦、つまりアジアと太平洋地域における侵略戦争において遂行した役割を「歴史全体」に盛り込み、示させること。

５．日本政府の解釈戦略事業の透明性を確保し、強制動員関連民間団体と専門家の参与を確保すること。

６．日本政府が世界遺産委員会の決定と日本政府の約束を履行するために必要具体的な措置を国際基準に見合った形でとるよう促すこと。

[団体紹介]

強制動員真相究明ネットワーク
韓国の「日帝強占下強制動員被害真相糾明委員会」の活動を支援するために、2005年7月全国各地から数多くの市民が参加し結成。これまで全国的な強制動員被害者の遺骨に関する調査や、未払賃金の供託問題、郵便貯金の問題など韓国の委員会と協力・連携しながらその実態の解明や情報公開などを日本政府に求める活動を展開。「明治日本の産業革命遺産」の登録に際して二度の声明を発表。

民族問題研究所
韓国近現代史の争点と課題を解明し、韓日の過去清算を通じて屈折した歴史を改めていくために、1991年2月市民の力で韓国ソウルに設立。『親日人名事典』、『日帝植民統治機構事典』など事典の編纂と発刊、強制動員被害者・遺族への聴き取り調査、裁判支援、証言集の発刊、資料収集・展示、歴史教科書国定化阻止運動など、学術研究と実践運動を同時に展開。現在、ソウルにて「植民地歴史博物館」の建設運動を推進中。

［添付資料］

日韓共同声明

明治日本の産業施設の世界遺産登録2年を迎えて
「強制労働の現場にしみ込んだ被害者の血と汗、涙の歴史を記録せよ！」

　2年前、私たちは、「明治日本の産業革命遺産」という美名の下にアジア侵略と戦争の歴史を意図的に削除したまま23施設を世界遺産に登録しようとした日本政府を強く批判した。日本政府による世界遺産登録の試みは、強制連行・強制労働被害者はもちろん、ユネスコ創設の精神を欺瞞する行為だったからである。私たちは、「明治日本の産業革命遺産」が日本の右傾化に利用されてはならないこと、必ずや歴史の全貌が反映されなければなければならないことを強調した。アメリカ、オランダ、中国も、戦争捕虜と奴隷労働について記述のない世界遺産登録を反対した。

　このような反対世論によって、2015年7月5日、ユネスコ世界遺産委員会は、「歴史の全貌を記述せよ」という勧告事項を盛り込んだ産業革命遺産の「条件付き」登録を決定した。これに対して、日本の佐藤地ユネスコ大使は、国際記念物遺跡会議の勧告を真摯に受け入れ、「1940年代に、自分の意思に反して連れて来られ、過酷な条件下で働くことを強制された多くの朝鮮人等が存在したこと、また、第二次世界大戦中に、日本政府が、徴用政策を実行したこと、これらの事実」の理解を可能にするために、「インフォメーションセンターの設置など、犠牲者を記憶にとどめるため適切な措置」を取ると、総会の場で約束した。日本政府は、後続措置として、2015年7月、産業革命遺産の登録を主導した加藤康子氏を内閣官房参与に任命し、戦時中に朝鮮から動員された「徴用工」などに関する「初の実態調査」を開始した。この調査結果に基づき、日本政府は、本年12月、ユネスコに「説明戦略」を報告することになっている。私たちは、この実態調査が誠実に実行され、歴史の事実を明らかにする報告が公表されることを願い、期待している。

　しかし、私たちに伝わってくるいくつかのニュースは、期待より憂慮を強くさせる。世界遺産登録に当たって、安倍首相は、「日本が西洋技術を取り入れながら、自らの力で人を育て、産業を興し、産業国家となった」、「海外の科学技術と自国の伝統の技を融合し、わずか50年あまりで産業化を成し遂げた日本」と「日本スゴイ」論ばかりを展開している。内閣閣僚らは、登録決定の直後から、「強制労働を認めたのではない」と公式否認した。日本の右派メディアも、「強制労働はなかった」、「民族差別もなかった」などと、危険な歴史修正主義的な言辞を繰り返し生産している。今年発表された教科書叙述に関する指針に、安倍政府のこのような認識がそのまま反映されていることは明らかである。

　このような状況において、強制労働の実態がきちんと「インフォメーションセンター」に反映されるのか、非常に懐疑的である。日本の産業化の進展、日本の発展は、「技術」の発展だけで成し遂げられたものではない。そこには多くの人びとの労働の歴史も含まれている。朝鮮などアジアへの侵略の歴史とも連結している。朝鮮人、中国人さらには第二次大戦中の連合国軍捕虜の労働もあった。そのような光と影が交錯して刻まれた歴史が、産業遺産には含まれている。

ユネスコ憲章全文は、「政府の政治的及び経済的取り決めのみに基づく平和は、世界の諸人民の、一致した、しかも永続する誠実な支持を確保できる平和ではない。よって、平和が失われないためには、人類の知的及び精神的連帯の上に築かれなければならない」と述べている。「明治日本の産業革命遺産」の世界文化遺産登録が、日本と韓国、さらにアジアの人びとの間の「知的及び精神的連帯」を強化する契機となり、アジアの平和を築いていく一歩となることを私たちは望む。今回の日本政府の調査においては、強制労働と捕虜労働などの影と「犠牲者を記憶」するための歴史的事実がきちんと取り上げられなければならない。したがって、ユネスコICOMOS が勧告した「歴史の全貌」を明らかにすることに、日本政府が誠実に臨むことを強く求める。三菱、新日鉄住金を相手に今も被害補償裁判を行っている被害者の汗、涙、血の記録は、ありのまま、世界の人びとに知らされるべき歴史である。私たちは、そのような歴史をきちんと知らせる努力が行われる時まで、監視活動を続けていく。

2017 年7 月5 日

日本：在韓軍人軍属裁判の要求を実現する会、名古屋三菱・朝鮮女子勤労挺身隊訴訟を支援する会、朝鮮人強制労働被害者補償立法をめざす日韓共同行動、日本製鉄元徴用工裁判を支援する会、ノー！ハプサ（ＮＯ！合祀）、強制動員真相究明ネットワーク

韓国：太平洋戦争被害者補償推進協議会、勤労挺身隊ハルモニと共にする市民の会、民族問題研究所、靖国反対キャンドル行動韓国委員会、フォーラム真実と正義、民主社会のための弁護士会過去事清算委員会

「明治日本の産業革命遺産」と強制労働

－世界遺産にふさわしい「普遍的価値」のために知らなければならないこと－

目次
はじめに
1 「明治日本の産業革命遺産」の構成と特徴
「明治日本の産業革命遺産」の分布
日本の産業遺産登録の試みと遺産構成
九州地域の産業遺産施設における案内の現状
2 「明治日本の産業革命遺産」の歴史－侵略戦争、植民地、強制労働
アジア侵略によって成し遂げられた明治日本の近代化
植民地朝鮮からの強制動員
アジア太平洋戦争期における中国人と連合軍捕虜の強制労働
3 強制労働の現場－製鉄所、造船所、炭鉱
八幡製鉄所：日清戦争での賠償金で建設
三菱長崎造船所：魚雷・軍艦の生産と原爆
高島・端島の炭鉱：三菱鉱業の「圧制のヤマ」
三池炭鉱：強制労働で成長した三井財閥の炭鉱
4 世界遺産で強制労働を語り伝える意義
世界遺産の中の強制労働
未解決の戦後補償：強制労働被害者の権利
強制動員の歴史の記憶と継承のための活動
資料　日韓市民団体共同声明書（2017年7月）

ユーチューブでも見れます！『「明治日本の産業革命遺産」と強制労働』／映像版
「強制動員真相究明ネットワーク」のホームページからたどれます　https://youtu.be/4jdZC9CJmlw

ブックレットの申込み　1部500円

ただし　10部以上まとめて購入の場合1部400円（送料無料）
下記郵便振替口座への入金確認後の発送になります。
送金先：[郵便振替口座]　00930-9-297182　真相究明ネット
問合せ先　神戸学生青年センター　078-851-2760　携帯090-8482-9725（中田）

【会費振込のお願い】

2018年度（2018年4月～2019年3月）の会費の会費の振り込みをお願いいたします。
　　個人一口 3000円、団体一口 5000円
（本ニュース紙を郵送で受け取られた方は、同封の振込用紙をご使用ください。）
　　送金先：[郵便振替口座]　00930-9-297182　真相究明ネット

強制動員真相究明

ネットワークニュース No.12 2018年11月29日

編集・発行：強制動員真相究明ネットワーク

（共同代表／飛田雄一、庵逧由香　事務局長／中田光信　事務局次長／小林久公）
〒657-0064 神戸市灘区山田町3-1-1 (公財)神戸学生青年センター内
ホームページ：http://www.ksyc.jp/sinsou-net/　E-mail：mitsunobu100@gmail.com（中田）
TEL 078-851-2760 FAX 078-821-5878（飛田）
郵便振替＜00930－9－297182　真相究明ネット＞

＜目次＞

＜特集＞「6・23明治日本の産業革命遺産と強制労働・長崎集会」

・集会報告
　　　　　　　　強制動員真相究明ネットワーク会員　　　　竹内康人さん　　-3-
　（むくげ通信より）強制動員真相究明ネットワーク共同代表　飛田雄一さん　-7-
・集会感想　（当日アンケートと聞き取りから）　　　　　　　　　　-9-
・報道記事　　　　　　　　　　　　　　　　　　　　　　　　　　-10-

過去清算運動の拠点「植民地歴史博物館」が
　　ソウル市龍山（ヨンサン）にオープンしました！
　　　　　　　　植民地歴史博物館学芸室　　　　　　野木香里さん　-11-
長生炭鉱のご遺骨が海を越える日
　　　　　　長生炭鉱の水非常を歴史に刻む会 共同代表　井上洋子さん　-14-
みんなの力をあわせて遺骨問題の解決を！
　　　　　　　「戦没者遺骨を家族の元へ」連絡会　上田慶司さん　-17-
追悼碑の存続をかけて、控訴審を闘い抜く
　　　　「記憶　反省　そして友好」の追悼碑を支える会　神垣宏さん　-19-
　　　　　　追悼碑裁判ニュース9号（転載）　　　　　　　　　　　-20-
被害者に残された時間はありません　日本政府・企業は直ちに解決策を！
―新日鐵住金元徴用工裁判　10・30韓国大法院判決を機に―
　　　　　　　　日本製鉄元徴用工裁判を支援する会　中田光信さん　-24-
書籍紹介　　　　　　　　　　　　　　　　　　　　　　　　　　　-26-
高崎集会予告記事・2018年度会費納入のお願い　　　　　　　　　-27-

6・23明治日本の産業革命遺産と強制労働・長崎集会報告

強制動員真相究明ネットワーク会員　竹内康人

●長崎で産業遺産と強制労働の集会を開催

　2018年6月23日、長崎市内で、明治日本の産業革命遺産と強制労働・長崎集会が強制動員真相究明ネットワークの主催でもたれ、100人が参加した。

　日本政府は2015年7月、明治日本の産業革命遺産登録に際し、戦時下、「意思に反して連れてこられ、厳しい条件で働かされた多くの朝鮮半島出身者等がいた」としたが、その後、「働かされた」は強制労働ではないとした。また、2017年11月末のユネスコへの保全状況報告書では「戦前・戦中・戦後に多くの朝鮮半島出身者が現場を支えていた」と表現を変えた。

　さらに、この遺産登録を推進した産業遺産国民会議は「軍艦島は地獄島ではなかった」と朝鮮人・中国人の強制労働を否定する宣伝をおこなうようになり、それが政府の見解になりかねない状態である。

　今回の集会はこのような明治日本の産業革命遺産での強制労働否定の動きのなかでもたれた。集会では、明治日本の産業革命遺産についての問題提起として、外村大「「私たち」の歴史と明治産業遺産」、竹内「明治日本の産業革命遺産と強制労働　10の視点」の報告があった。

　外村さんは、虚偽や願望により事実を変えてはならないとし、歴史を学び、語ることにより、相互理解・他者理解をすすめることが大切とした。また、憲法の平和と人権の視点からみて、朝鮮人の戦時動員は日本国民が知るべき歴史であり、産業の近代化を労働者民衆の視点、動員された朝鮮人・中

国人の視点から見ていくことを呼びかけた。そして、強制動員の事実を端島の元島民など地域の人びとが認めることから、歴史をめぐる葛藤が解かれ、コミュニケーションが深まると語った。

　竹内は、ユネスコの精神にある国際平和と人権への思い、産業遺産を資本・労働・国際の3点からみること、明治賛美の物語の問題性、朝鮮人・中国人・連合軍捕虜の動員数と「明治日本の産業革命遺産」施設での戦時の動員状況、長崎県での動員の状況、高島炭鉱・三池炭鉱での動員実態、日本政府の歴史認識の問題、産業遺産国民会議の歴史歪曲の動きなどを示した。そして、強制労働の史実を記すことで、国際的な平和と友好の場とすること、力を合わせ、歴史の歪曲を止めることを呼びかけた。

●長崎・三池・八幡からの報告

　続いて、地域からの報告が、平野伸人「戦時下長崎における中国人・POW強制労働」、新海智広「長崎の朝鮮人強制労働」、城野俊行「三井三池関連からの報告」、兼崎暉・裵東録「八幡製鉄所と強制労働」の順になされた。

　平野さんは、長崎での中国人強制連行の調査について、1992年に平和公園で浦上刑務支所の建造物や死刑場などの遺構が発掘され、そこで朝鮮人や中国人が亡くなったことが判明したとし、中国人強制連行の実態の調査、中国人原爆犠牲者遺族の調査、対三菱中国人強制連行裁判の提訴、中国人追悼碑の建設、中国での新たな裁判の提起と三菱マテリアルとの和解調印などの経過を、当時の写真を示して話した。また、連合軍捕虜が川南工業香焼造船所、三菱長崎造船所の動員されたことにもふれ、オランダでの現地調査、捕虜への被爆者手帳発行の経過について紹介した。

　新海さんは長崎での朝鮮人被爆者と朝鮮人強制連行の調査の経過について話した。長崎在日朝鮮人

を守る会は岡正治さんが中心になり 1965 年に結成されたが、1979 年に朝鮮人追悼碑を建て、長崎市に朝鮮人被爆者調査を求めた。1981 年に長崎市が調査を公表したが、市は、朝鮮人被爆者を約 1 万 2000 人~1 万 3000 人、死者を約 1400~2000 人とした。その数字を批判して長崎での朝鮮被爆者調査が始まり、朝鮮人強制連行の調査もおこなった。1994 年に岡さんが亡くなり、翌年、岡まさはる記念長崎平和資料館を開設し、2011 年には『軍艦島に耳を澄ませば』を出した。最後に、連行朝鮮人の証言を紹介し、「原爆で解放された」とする言葉から、原爆投下の原点としての植民地支配の責任追及の課題を示した。

城野さんは大牟田市の人口が 11 万人ほどになり、高齢化率が高まり、三井化学やデンカなどの企業の法人税がなくなれば、大牟田市が立ちゆかなくなるという現実のなか、市が世界遺産登録をすすめたとした。しかし、第 3 セクターによるリゾートの廃業のように、世界遺産に登録しても、2 年目になると観光客は減少している。世界遺産とされた三池の炭鉱専用鉄道跡を健康ブームによせてマウンテンバイク用に改造する動きもある。城野さんは、大切なことは団琢磨など搾取した側を崇めるのではなく、宮原坑での囚人の強制労働や三池港での与論島出身者の労働者など、声を出すことができなかった人びととの存在を伝えていくことと話した。

兼崎暉さんは新日鉄住金への毎年の要請行動について話し、2012 年の韓国大法院での日本による不法行為への損害賠償の権利の認定、2015 年のソウル地裁での原告の勝訴、中国人強制労働での和解の事例などを示した。また、八幡製鉄所が日清戦争での清からの賠償金で建設され、アジア侵略を支える軍需工場であり、戦時には大量の朝鮮人・中国人・連合軍捕虜を連行した事実を示した。

裵東録さんは戦時に両親が八幡に動員されたが、鉱石運搬に動員された朝鮮人は血の涙を流すような苦しい労働であり、鉄と石炭と強制労働によって戦争が遂行されたと訴えた。また、オモニの八幡での日傭職人登録證を示し、世界遺産の説明文には、朝鮮人については一言も記されていないと批判した。そして、オモニが戦争だけはやってはいけないと語っていたこと、虐げられた体験を持つオモニの語りが子どもたちの心を揺さぶる力を持っていたことなどを紹介し、南北統一への思いを語った。

●長崎フィールドワーク 三菱兵器住吉地下工場跡・浦上刑務支所跡

6 月 24 日には長崎のフィールドワークが企画され、三菱兵器住吉地下工場跡、朝鮮人追悼碑、中国人追悼碑、浦上刑務支所跡などを見学した。

三菱兵器住吉地下工場跡

三菱兵器住吉地下工場は、三菱兵器大橋工場の疎開工場として、6 本のトンネルが掘削された。そのうち 2 本が実際に利用された。当時、三菱兵器の茂里町工場では艦船用魚雷、大橋工場では航空機用魚雷が製造され、

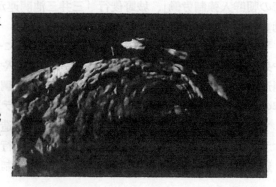

この航空機用魚雷はハワイやマレー沖の攻撃でも使われた。

空襲がはげしくなる中で、この工場の疎開と兵器生産は重要な課題となり、1943年には工場の北方への疎開が計画されたという。西松組が工事を請け負い、朝鮮人が労働力として動員された。なかには金鐘基さんのように忠清南道の唐津から直接連行された人もいた。トンネルの入口近くと山の上に朝鮮人の収容施設・飯場ができた。被爆により、工事の朝鮮人の多くが亡くなり、トンネルは被災者の避難先にもなった。

市民団体の保存要求により、戦時下使用されていた1号・2号のトンネルの東側が整備され、2010年から三菱兵器住吉トンネル工場跡として、見学ができるようになった。案内板も設置された。遺構ガイドが同行する際には、8メートル先まで入ることが認められている。ガイドとともになかに入ると照明がつき、岩肌が現れた。

このトンネルは三菱の兵器生産による侵略戦争への加担、戦時の朝鮮人強制労働、原爆による奪われた生命の歴史を示す戦争遺跡である。

浦上刑務支所跡

長崎市の平和公園は長崎刑務所浦上刑務所支所の跡地にある。この刑務支所には懲役場・拘置場があり、死刑場もあった。ここは九州管内での死刑の執行所であり、中国での治安維持法などの違反者の収容所でもあった。原爆によって建物は崩壊したが、1992年の駐車場工事で放射状の監獄跡と死刑場への階段が姿を現した。市民団体が保存を求めたが、監獄跡の一部が残され、説明板が設置された。

死刑場跡は破壊され、がれきは近辺に埋められた。いまは浦上刑務所支所の外壁の基礎部分が残っている。貴重な被爆遺跡である。この刑務支所で爆死した朝鮮人・中国人の歴史の調査により、新たな事実が判明した。中国人は三菱崎戸炭鉱や日鉄鹿町炭鉱に強制連行され、抵抗した人びとなどが収監されていた。朝鮮人の尹福東さんは香焼島で防空壕掘削の下請けをしていたが、配給の水増し請求を理由に逮捕されて留置され、被爆死した。遺族が判明した。ガイドの平野さんの事務所には死刑場跡の写真が保管されていた。

平和公園近くには、長崎在日朝鮮人を守る会が1979年に建てた朝鮮人被爆者追悼碑がある。裏側には「強制連行および徴用で重労働に従事中被爆死した朝鮮人とその家族のために」と刻まれている。碑の横の説明板には植民地支配と強制連行、南北統一への思いが記されている。中国人原爆犠牲者追悼碑が公園内にあり、「非業の死」と刻まれ、説明板には中国人強制連行の史実と長崎での連行状況・被爆の歴史が記されている。

以上がフィールドワークで回ったところである。以下は他の時間に見学した。

川南工業香焼造船所俘虜収容所跡

　川南工業香焼造船所には朝鮮人とともに1500人もの連合軍捕虜が動員され、73人が死を強いられた。捕虜収容所は現・香焼中学校にあったが、その一角に2015年に連合軍捕虜追悼碑が建てられた。「祈平和」と刻まれた碑の前で、毎年、関係者と住民が追悼集会を開いている。強制労働の事実を記し、死者を追悼することから友好がすすむ。

　朝鮮人・中国人・連合軍捕虜の強制動員は事実である。産業遺産国民会議による「軍艦島は地獄島ではなかった」とする一部宣伝に、端島の元住民が加担するのではなく、動員者と死者の存在を認め、追悼することから、友好がはじまる。

三菱長崎造船所のイージス艦

　世界遺産とされた小菅修船場跡近くの浪の平町の高台からは三菱長崎造船所を眺望できる。三菱長崎造船のドックにはイージス艦が2隻、173「こんごう」、178「あしがら」が並んでいた。海自の船がもう一隻みえた。三菱重工業はアジアでの戦争と緊張で利益をあげてきた。三菱重工業の軍需生産は続いているが、平和産業へと転換していくことができるのだろうか。南北首脳会談、米朝首脳会談と続き、朝鮮での戦争の終結が実現できるのか否かのときになった。今後の企業経営の方向性も問われる。

大牟田市の武松輝男資料

　福岡県の大牟田で三池炭鉱での労働者の状態や強制連行について研究していた武松輝男さんの資料が大牟田市立図書館に保管されている。2012年に資料目録が作成され、事前に申請すれば、資料が用意されるようになっている。今回、長崎行きの前に大牟田市で、武松資料のなかから、朝鮮人・中国人・連合軍捕虜に関する資料を見た。

　武松さんの資料では、武松さんが収集した連行中国人の名簿が重要である。武松さんは外務省報告書が作成された際の三池炭鉱事業場報告書に添付された名簿を得ている。外務省に提出された事業場報告書には、この連行者の名簿が欠落していた。さらに武松さんはGHQ法務局に出された中国人連行者の名簿も得て、この2つの名簿を照合して、連行者の氏名を集約している。その検討資料が出身地別にファイル化され、残されている。外務省報告書に記されたよりも多くの連行者が存在することがわかる。

　これらの資料から、三井三池に連行された中国人の名簿を編集することができる。これは今後の課題である。

＜「明治産業革命遺産」と強制労働≫長崎集会　　飛田雄一

(『むくげ通信』289号、2018年7月)

＜「明治産業革命遺産」と強制労働＞をテーマに長崎で集会が開かれた。2018年6月23日、会場は長崎県勤労福祉会館、主催は強制動員真相究明ネットワーク（共同代表、庵逧由香、飛田雄一）、翌24日にはフィールドワークも行われた。

講演は、①「「私たち」の歴史と明治産業遺産」（外村大）、②「明治日本の産業革命遺産と強制労働─10の視点」（竹内康人）のふたつ。

「各地域・現場における強制労働の実態」のテーマのもと、以下4本の報告があった。

①平野伸人「戦時下長崎における中国人・POW強制労働」、②新海智広「長崎の朝鮮人強制労働」、③城野俊行「三井三池関連からの報告」、④兼崎暉・裵東録「八幡製鉄所と強制労働」。講演、報告の詳細は資料集を参照していただきたい。真相究明ネットのホームページ http://ksyc.jp/sinsou-net からダウンロードすることができる。（印刷版が必要な方は、郵便振替＜00930-9-297182　真相究明ネット＞に600円を送金。送料真相究明ネット負担で送付。）

●

私は、前々日の6月21日に長崎に入った。神戸空港からスカイマーク便だ。早割でなんと往復9200円。私は最近にわか鉄ちゃんとなり青春18切符やジパングクラブを多用しているが、これではJRは太刀打ちできない。神戸空港建設に反対していたが、最近よく利用している・・・。

中華街湊公園、日本将棋をしていた／眼鏡橋

初日は、長崎新地中華街、高麗橋、眼鏡橋などを歩いて回った。この中華街、「新中華街」と勝手に思い込み、「旧中華街」探したがなかった。「新地」にある中華街のことだったのである。ホテルの人に変な質問をしてしまった。徒歩での観光は、距離感が徒歩的で（？）とてもいい。一部、市電を利用した。神戸に市電があったころ、市電が好きだった。「花電車」もあったし、私はしなかったが・・・、5寸くぎを市電に引かせて一部を平らにし、南京錠の合鍵を作ったりした友人もいた。広島で元神戸市電をみて感激したこともあった。

翌22日は、レンタサイクルで走った。サイクリストの私も電動自転車だ。レンタサイクル屋さんが、「自転車は原則車道通行ですが長崎で車道を走ると事故ばっかりとなります」とのこと、忠告にしたがって歩道を走った。まずは平和公園に向かった。が、日差しを避けて川沿いの車の少なそうな道を走ったら平和公園をやり過ごしてしまい、市電の終点「赤迫」まで行ってしまった。

引き返し、平和公園、浦上天主堂、永井隆記念館、原爆資料館などなど。平和公園は集会後のフィールドワークで回るので少しだけ回った。高校の修学旅行で来たときガイドさんが「平和像が男でも女でもない」と説明したので、我々男子クラスの面々がそれはないだとうとガイドさんをいじめたりしたような記憶もある。

あまりにも暑いので大型ショッピングモールで大休憩をとったのち、大浦天主堂、旧グラバー邸などを回った。ありきたりのコースだが、これまた修学旅行以来だ。そして出島に向かった。グラバー邸でガイドさんの話を盗み聞きすると、福山雅治さんのご実家が××で、彼は母親のためにタワーマンションの最上階を買ったが、母親は実家の方がいいとまだ実家に住んでいるとのこと。長崎の有名人は、さだまさしだと思っていたが、違ったようだ。

出島は良かった。前日、東横インホテルのすぐ近くにあるので覗いてみたが、入ろうとした入口が夕方で閉まっていた。正面入り口をさがすが分からなかった。私の出島は、島のはずだがぜんぜん島ではないのである。この日は、自転車なのでぐるぐる回って正面入り口を発見した。復元作業が進められており、一見の価値がある。羽ペンの展示実演もあった。ペン習字ののち、「あげます」というので羽ペンをくれるのかと思ったら、自分が書いたものをくれた（写真）。羽でバトミントンの羽を作るというコーナーもあったが残念ながら時間がなかった。

出島を出るとき武士姿のガイドさんがいろいろ教えてくれた。出島正面入り口の前には現在20メートルほどの川があるが、昔は5メートルほどの川だったとのこと、また現在は出島の周りはすべて埋め立てられていて、陸の一部になっているが、前の川も含めて明治期に川の拡張、道路のために出島の一部を接収（？）されたりして、江戸時代の出島の方が少し大きかったとのことだ。

●

集会風景／裵東録さんらと

23日は集会当日。会場の勤労福祉会館あたりは徒歩と自転車でうろうろしたところなので最短コースを歩いていった。市電が市役所の下のトンネルを通っていたりして結構複雑なのである。私は司会担当、タイムキーパーの中田光信事務局長とのコンビで会を進め、現地の参加者から「よくまあうまく時間通りに終わりましたね」と褒められて気分を良くして懇親会会場に向かった。そして懇親会の2次会などなど。

24日はフィールドワークで、午前9時に岡まさはる記念館に集合した。岡まさはるさんは生前学生センターの朝鮮史セミナーかキリスト教セミナーできていただいたことがある。右翼の攻撃をものともせず元気溌剌の、こんな牧師さんもいるのかとびっくりしたことを覚えている。

岡まさはる記念館／三菱魚雷実物／トンネル前記念写真

記念館見学ののち、市電でフィールドワークに出発した。自転車でまちがっていった終点・赤迫のすぐ近くに「三菱兵器住吉トンネル工場跡」があった。爆心地から2.3キロ、現在は商業施設や住宅街が広がる住吉町と赤迫町の中間部の山腹にそれがある。300Mのトンネルが6本もある。1944年から45年にかけて米空軍・B29爆撃機などの激しい空襲をさけて安全に航空用の魚雷生産をするために作られた地下工場の跡である。予想以上に大規模なものだった。2007年に長崎市が市民団体の保存要請を受けて1、2号トンネルの入り口を保存し看板も設置している。少しだけ中にはいることができる。

建設工事には多くの朝鮮人も動員された。2010年3月30日の一般公開のときにここを訪れた金鍾基さん（82歳）は、以下のように語っている。
「1945年2月、出身地の韓国・忠清南道の村落を通行中、日本の官憲から捕縛され、多数の若者と共に広場に集められました。そして、家族に別れを告げることもなくトラックに乗せられ、釜山から石炭船に詰め込まれて日本へと連行されました。・・・1日8～10時間、二交代または三交代制で昼夜の区別なく、トンネル掘りと土石の運搬をさせられました。・・・工事監督からは始終怒鳴られ、不満一つ出せず、家畜のように従うだけでした」

●

長崎ちゃんぽんの昼食ののち、再び市電で平和公園に移動した。まずは、朝鮮人被爆者追悼碑だ。先の岡まさはるさんらのグループが1979年に建立したものだ。裏面には「強制連行および徴用で重労働に従事中被爆死した朝鮮人とその家族のために」とある。毎年8月9日の早朝に追悼集会が開かれているとのこと、早朝にするには、他の行事にもその後参加できるように配慮しているのだ。一度、参加してみたい。

護岸工事現場より出土した壁には、熱線のあとがのこされており、保存運動によってその一部が保存されていると説明があった。また、移築された灯籠で、原爆側と反対側で石の融解状況が一目瞭然という聖徳寺の灯籠も移築展示されていた。

朝鮮人被爆者追悼碑／／防空壕跡

平和公園のエスカレータ乗り場付近には防空壕の跡が今も残されている。エスカレータにのり、「中国人原爆被害者追悼碑」、公園内そのものにあった浦上刑務所跡を見学した。発掘作業であらわれたレンガ等がそのまま残されている。まさに平和公園はこの刑務所跡につくられたと言えるものだ。

刑務所跡の説明版／巨大な刑務所の土台

刑務所跡の土台部分が現在も残されており、刑務所の大きさ威圧感を示すものだが、なぜか柵と南京錠があり、回り込むことができるが普通に見学できないようになっていた。

●

ちょうどこの時期に長崎のキリシタン遺跡が世界遺産に認定されるということで、マスコミにも大きく取り上げられた。私もクリスチャンのはしくれとして、興味をもっている。浦上天主堂では隠れキリスタンが禁がとけたのち日本を訪ねた神父に、「実は私たちは信仰を同じくする信徒です」と名乗ったエピソードに感動したりもした。だが、世界遺産はそのような正の面だけではない、負の意味も考えなければならない。今回の真相究明ネット長崎集会のテーマが軍艦島に象徴される「明治産業革命遺産」が富国強兵、植民地支配、アジア侵略へとつながることを考えることが必要である。（了）

最後の日、稲佐山に登った。日本「新」三大夜景とのこと。天気がもうひとつだったので、これは、夜景パネル前での自撮り写真。

集会感想

＜講演内容について＞・とてもすばらしい内容だった。／・細かい資料をよく調べられていると思いました。（竹内さんの報告）／・日本の対応のひどさがよくわかりました。／・日本の負の歴史を学ぶことができました。語り継ぐことが大切だと思います。「日本」の「長崎」の真の歴史が理解できました！／・この種の講演には初めて参加しましたがとても参考になりました。明治維新１５０年を明るい側面ばかりを政府は言いますが「暗」の部分も吾々日本人は知るべきだとずっと思っていましたがとても勉強になりました。／・「歴史は他者理解を作り出すもの」との言葉が心に残りました。「『朝鮮人が６０００人が働いた』と言う一言をなぜ書かない」という言葉もそうです。／・竹内康人さんの話しよく理解できました。／・初めて知ることがたくさんあっておどろきと感動でいっぱいです。後でゆっくりじっくり読み直しがいるなあと、やれるか・・・　本当にありがとうございました（２も）／・短すぎますね　もったいない。でも、とても勉強になりました。資料をもう一度読み考えます。（２も）

＜各地域の報告について＞・わかりやすい報告であった。／・もうすこしゆっくり話せるようにしてもらえればよかったと思います。／・新海さん、平野さんの報告は実践した報告で良かった。

＜その他＞・すごい話でした。貴重な史実にもとに語られた話を少しずつ友人、孫たちに語っていくつもりです。／・たいへん勉強になりました。／・被爆証言もそうですがやはり当事者の話ほど「こころ」を動かすものはありません。今日は韓国人の証言を聞けたことは非常にうれしく思いました。戦争をすることは絶対反対しなければいけません。また長崎だけでなく日本人は戦争の被害ばかり強調しがちですがむしろ日本は加害者です。もうすこし加害者であったことを自覚すべきだと思います。／・強制連行・強制労働の真実を否定して「明治日本の産業革命遺産」を安倍官邸が中心になって進めたことは許せません。この世界遺産を利用して戦前に日本を引き戻そうとしている。あらゆる分野にわたって、戦前にもって行こうとしている。（テレビ番組、ファッション、歌、教育内容などなど）平和や民主主義を守るためにも歴史の真実から学ぶべきと思う。サッカー熱も民族統一に利用される。テレビがかっている。女子高生の制服がセーラー服にしたり、リュックサック（昔し背のう）を若者が背中にかけている。スマホも戦争へと進む。（意識の統一）

集会後の聞取り（竹内康人さんから）

◎長崎の市民のこれまでの活動の蓄積を学んだ。各地の運動と交流ができた。大まかな問題提起、各地の課題が分かり、今後についても考えた。／◎究明ネットが主催し、１００人が集まり、集中して議論を聞けた。今後もこのような場を作ってほしい。支配のネットに対抗する民衆のネットワークを／◎ユネスコの世界遺産の精神に沿って、明治産業革命遺産を批判的に読み直すことの大切さを感じた。／◎動員された朝鮮人の家族の思いが聞けて良かった。思いを分かち合い、現状を変えたい。／◎日本政府が官邸主導で登録をすすめつつ、強制労働を否定している現状が理解できた。長崎市の平和行政の質も問われる。／◎侵略と植民地支配の果てに強制労働がある。原爆で植民地支配から解放されたという言葉から、まず侵略と植民地支配の責任について考えること、そのうえで原爆も問うべき。／◎岡正治さんの執念に学んだ。誰もやらなかったことをやり始め、負けずに続けたことがいい。／◎ダム建設など各地に残る朝鮮人労働の歴史を再確認したい。／◎三池での与論島民の歴史、リゾートの失敗の話を聞けて良かった。／◎三菱の兵器工場への女子挺身隊の動員状況など未解明の問題もあり、今後調査したい。／◎軍艦島が焦点となっているようだが、元島民を利用して、軍艦島を争点化しようとするやり口は、長崎で分断を持ちこもうとするという狙いがあるのではないか。／◎韓国から来た。各地の平和活動の報告があり、希望を感じた。民族を超えた精神的連帯があり、美しい。充実していた、エネルギーを与えてくれた。／◎普遍性を提示し、産業遺産国民会議のように旧島民の発言を利用して対立を煽るのではなく、強制労働の事実を事実として認め、そのうえで相互に承認できる歴史認識を作りたい。

9

（30年）6月24日 日曜日　　西日本新聞

朝鮮人労働者「過酷な労働」

産業遺産シンポ　市民団体が証言紹介

長崎

世界文化遺産「明治日本の産業革命遺産」の歴史や労働の実態を調べている市民団体主催のシンポジウムが23日、長崎市であった―。写真。構成資産の炭鉱で「過酷な労働を強いられた」とする朝鮮半島出身者の証言などを研究者らが紹介した。

主催したのは「強制動員真相究明ネットワーク」（神戸市）。市民約100人が

参加し、大学教授や研究者ら6人が活動や研究を報告。長崎市の純心女子高非常勤講師の新海智弘さんは、端島炭坑（軍艦島）に

徴用されたという朝鮮人労働者から聞いた「落盤の危険と隣り合わせで食事は豆かすと玄米だけ」「逃げ場のない監獄島」などの証言を紹介した。

東京大の外村大教授（歴史学）も「（日本政府は）不都合な資料や証言を無視せず、過去に真剣に向き合うべきだ」と強調。最後に、政府に実態を的確に把握するよう求めるアピールを採択した。

同遺産を巡っては、国連教育科学文化機関（ユネスコ）が2015年に登録を決定した際、日本政府に「歴史全体を理解できる説明」

を求めた。日本側は19年までに都内に広報施設を開設する予定だが、強制労働は

（重川英介）

過去清算運動の拠点、「植民地歴史博物館」がソウル市龍山(ヨンサン)にオープンしました！

植民地歴史博物館学芸室　野木香里

　去る8月29日、ソウル市龍山区青坡洞（チョンパドン）に、植民地歴史博物館がオープンしました。韓国の市民団体、民族問題研究所（1991年2月創設）が、過去清算運動の拠点をつくることを目的に、2007年から本格的に展開してきた博物館建設運動が、ついに実を結びました。

　植民地歴史博物館は、地下1階、地上5階建てで、正面玄関には特別賛同者の名前が刻まれたウォールが設置されています。1階には受付カウンターと、トークコンサートや特別展などを行うことができるスペースがあり、『親日文学論』（1966年）の著者、林鍾国（1929～1989）の活動を知ることができるショーケースも設置されています。

　2階が常設展示室です。展示は4部構成で、第1部は日本の朝鮮侵略から1920年代の植民地期までを、第2部は1930年以降に日本が引き起こした侵略戦争と朝鮮人強制動員について展示しています。第3部では植民地期における朝鮮人の生を「親日」と「抗日」の視点から取り上げ、第4部では「解放」後も継続する植民地主義とそれに抗い、闘ってきた人々の歩みを展示しています。小さなスペースですが、3・1独立運動に参加した朝鮮人の思想（当時の尋問調書を韓国語に抄訳したもの）を音声で聞くことができる体験ゾーンも設置しています。

　3階は民族問題研究所の事務・研究空間です。4階には書庫と収蔵庫があります。約4万点の書籍と約3万点の歴史資料を保管しています。5階には市民講座や研究会、交流会などを行うことができるスペースと学芸室を設けました。5階の一室は、太平洋戦争被害者補償推進協議会と靖国反対共同行動韓国委員会が活動する空間として活用しています。屋上では南山や朝鮮軍司令部（朝鮮に駐屯していた日本軍の司令部）跡地などを見渡すことができ、簡単な案内板も設置しています。

　この植民地歴史博物館の特徴は、第一に、もっぱら市民の力でつくられ、運営されているということです。用地・ビルの購入費や改装費など、建設基金の半分近くが、『親日人名事典』（民族問題研究所、2009年）の収益金と市民からのカンパです。カンパは、過去清算関連の委員会や研究機関で活動した研究者、宗教家、民族問題研究所の会員、青少年、さらに中国、日本、アメリカなど、海外からも集められました。日本では、2015年11月に「植民地歴史博物館と日本をつなぐ会」（以下、つなぐ会）が結成され、全国各地にリーフレットを配布して賛同を募り、カンパが集められました。このような建設基金だけでなく、ビルの補修工事に必要な労働の無償提供や、全階の照明器具、展示室のソファー、車いす、傘のしずく取りやトイレのハンドソープなど各種備品も継続的に寄贈されています。植民地歴史博物館が市民の手によってより充実した施設になりつつあります。

また、常設展示室を構成している資料には、市民から寄贈されたものが数多く含まれています。独立運動家の子孫や研究者、民族問題研究所の会員、強制動員被害者、遺族など、これまでにたくさんの市民が資料を寄贈してくれました。いずれも、日本の加害責任を問い、侵略、植民地支配に抗った人々や被害を受けた人々の生を記憶し、平和な未来につなげたいという思いが込められたものです。日本からも、朝鮮植民地支配や侵略戦争の実像を生々しく伝える資料がたくさん寄贈されました。詳細はつなぐ会のホームページ（https://rekishimuseum.jimdo.com）で紹介されています。

　第二の特徴は、展示の内容にあります。韓国では、独立運動や日本軍「慰安婦」問題、とりわけ近年は、強制動員問題や地域の近現代史をテーマにした博物館が設立されていますが、日本の朝鮮侵略、植民地支配の歴史、そしてそれが「解放」後とどのようにつながっているのかについて、全面的に焦点を当てた博物館はまだないといわれています。植民地歴史博物館は、これに挑戦しています。「日帝」と言われる侵略者、支配者の具体像、朝鮮人

の被害や抗日の歴史とともに、日本の植民地支配に加担し、「解放」後も権力を握り続けてきた親日派の歴史と、韓国でも日本でも教えられていない被害者や遺族、日韓市民による過去清算運動の歩みを取り上げている点は大きな特徴です。今後、直接あるいは証言映像を通じて、その主人公たちの話を聴く場も設けていく予定です。独立運動家やその子孫、強制動員被害者遺族、過去清算運動の担い手の声を聴くことで、歴史を一人の人間の生から学ぶきっかけをつくっていきたいと考えています。植民地歴史博物館が、国家と距離を置き、下からの視点を重視しているからこそ可能な展示、取り組みだといえます。

　第三に、地域的な特徴をあげることができます。現在、「龍山」とは、南山の西南側に位置する地域のことをいいますが、もともとは、もっと西の方に位置する地域の地名でした。日本の朝鮮侵略の過程で、現在の場所に、日本軍司令部をはじめ、あらゆる軍事施設が置かれたことにより、地名が変えられました。さらに現在は、その跡地に米軍基地が駐屯しているため、龍山は「異邦人でなければ入れない地」とも言われています。地下鉄1号線ソウル駅の次の駅名は「南営（ナミョン）」ですが、これも龍山が軍事施設が置かれた地域であったことと深い関連があります。この南営駅に隣接している対共分室（1976年に設置された拷問捜査の現場）跡では、弾圧と抵抗の歴史が植民地期から現代までどのようにつながっているかを学ぶことができます。植民地歴史博物館から西の方へ少し歩くと、白凡金九紀念館や抗日運動家の墓がある「孝昌公園」があります。「公園」が正式名称で、市民の憩いの場となっていますが、もともとも、現在も、追悼空間です。朝鮮王朝時代の王世子や側室の墓があった場所に、日本が軍隊を駐屯させ、ゴルフ場をつくり、モニュメントを建て、1944年には公園をつくって墓を移してしまったという歴史があります。植民地歴史博物館ビルの5階や屋上から見渡すことができる南山は、韓国駐箚軍司令部や統監（総督）官邸、統監府（総督府）庁舎、朝鮮神宮などが建てられたことから、日本の朝鮮侵略、植民地支配の総本山とも

言われる場所です。植民地歴史博物館では、このような地域的な特徴を生かし、屋内だけでなく、現場を歩きながら歴史を学ぶことができるよう、龍山・南山フィールドワークを定期的に実施しています。

　第四の特徴は、植民地歴史博物館が交流の場、行動の場であるということです。展示やフィールドワークを通じて歴史に向き合い、歴史の主人公に出会うことも一つの交流、行動ですが、そこからさらに進んで、現在をどう生きるか、未来をどう切り開いていくか、博物館に集まった人々が共に考え、悩み、行動する場であるということです。市民講座やセミナー、シンポジウムだけでなく、被害者・遺族、青年・学生、日韓市民が出会い、対話する、草の根の交流会や、過去清算をどのように進めていくかを具体化するための戦略会議などを、地道に、粘り強く推進していきます。

　植民地歴史博物館のオープンから3か月が経った現在、観覧者が3,500人を超え、学生や教員の団体観覧、日本からの団体観覧も続いています。来る12月には、反民族行為特別調査委員会発足70周年記念特別展を開催します。反民特委ゆかりの地を歩く特別フィールドワークや市民講座も実施しています。今後、時間がかかるとは思いますが、膨大な書籍と歴史資料をデータベース化し、広く共有、活用できるようにするための作業も続けていきます。
　皆さま、新しくオープンした植民地歴史博物館の、新たな歴史運動を、ぜひ共にしてください！植民地歴史博物館でお会いできることを楽しみにしています！

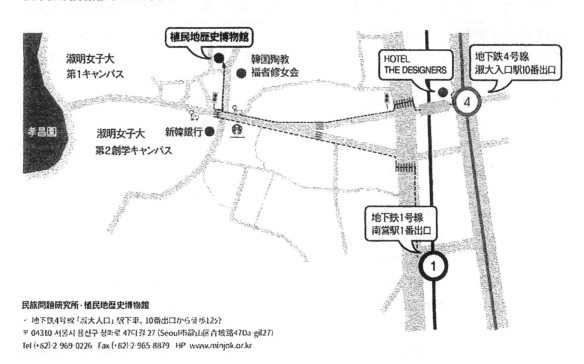

開館時間 10：30〜18：00（入館は17：30まで）
休館日 月曜日　1月1日　旧正月・秋夕の連休　※2018年12月29日（土）と30日（日）は、臨時休館日です

長生炭鉱のご遺骨が海を越える日

長生炭鉱の水非常を歴史に刻む会共同代表　井上　洋子

遺骨収集への運動の転換

2017年2月18日開催された75周年追悼式

2013年2月2日「長生炭鉱犠牲者追悼碑」が22年の歳月をかけて遂に市民の手で完成した。何度となく追悼式のために来日しこの日を待ちわびた韓国のご遺族の中には、碑を見ることなく亡くなられた方々も多い。碑の除幕式が済んだ後、開催された追悼集会では、韓国遺族会から「刻む会」に対する感謝の言葉と同時に鋭い指摘がされた。その時追悼碑建立という一大事業を成し遂げた「刻む会」のメンバーの大半は喜びと安堵の真っただ中にいた。

集会冒頭、金亨洙遺族会会長は「これで終わりではありません。日本政府は反省しなければなりません。あの冷たい海の底に放置してある私たち家族の遺体を発掘し韓国の地に葬らなければなりません。日本の皆さまが大きな声で日本政府に遺骨収集を要求して下さるようお願い申し上げます」と、遺骨収集こそが遺族会の悲願であることを改めて日本人支援者に対し表明した。

続いて孫鳳秀事務局長は、「追悼碑が建立されたにもかかわらず私たちの心は重い」と切り出し、「刻む会」が当初の目的をほぼ達成し、これで全てのことが終了したと思っていないか非常に心配していますと「刻む会」の今後の活動に対しての危惧を明らかにした。

遺族会は、1992年10月に結成されて以来、「未だにたったひとつの遺骨も発掘できず海の底に眠ったままでいる遺骨を掘り出し故郷の土地に安置すること」を日本政府の謝罪と共に第一義的要求としてきたことを訴えた。犠牲者の持ち物を返還すること、西光寺にある位牌をきちんと安置すること、ピーヤを保存し後世までこの悲劇を伝えること、追悼式出席等政府レベルで遺族会を支援すること、そして、無念の死を遂げた犠牲者と長年苦労をしている遺族たちに謝罪の意味での心的物質的補償を日本政府に要求していくという立場を改めて明らかにした。

孫事務局長は、「刻む会」は追悼事業をはじめた始発点に戻るべきだと述べ、「皆さまのお父さんが何の理由もなく他国に連れて行かれ、強制労働を強いられ、海の底に放置したままいたとしたら、どんな思いでしょうか。私たち遺族会は途方もないことを言っていると思われるのでしょうか、私たちの希望は素朴です。父の残した遺品を探し出したいのであり、父を海の底から引き上げ遺骨を故郷の地に葬ってあげたいだけなのです・・・皆さまならできます。良心があり、実践できる日本人ならできます。私

たちは皆さまを信じています」と結んだ。

閉会を迎える中、突然刻む会の山口代表が壇上にかけ上がり、「遺骨発掘は手が付けられないと考えていたが、これからは手をつけなければいけない。時間もかかるでしょう。遺族はどれだけ悲しいものか、それを思えばしなければならない。そこまでいって初めてこの事業も終わるのではないか」と、心からの思いが突いて出て、これが山口代表の公式な場での遺言となった。

この歴史的な追悼集会を経て、「刻む会」の活動は「遺骨の発掘収集」という壮大な目標へと完全にシフトしていったのだった。結成当初の「刻む会」は、韓国遺族会の遺骨への深い思いを知りながら、「遺骨収集」を会の目標に挙げることができなかった。それは、小さな市民運動にとってはあまりにも大きな課題であり、目標にすることで韓国遺族会に過大な期待を持たせることになりはしないかとの危惧からだったが、これまでは日本人側の自己満足的な運動の傾向があり、加害国の市民としては徹底的に被害者側の心に寄り添い、その願いの実現のために力を尽くすべき時がきたのだ。しかも新たな目標はご遺族の高齢化を思うと速やかに実現させなければならない。

東京「国平寺」遺骨奉還追慕法要に出席して

今年2月27日に東村山市「国平寺」の朝鮮人無縁仏33柱が韓国に奉還されることになり、私も法要に出席させていただいた。羽田空港に向かうバスの席で私はその中のひとつのご遺骨を抱いたが、そのご遺骨の命日は長生炭鉱犠牲者の命日と稀しくも同じ2月3日だった。なんという偶然か、この鳥肌が立つような出来事は、私が同じ命日の長生炭鉱のご遺骨を必ず抱く日が来ると予言しているかのような出来事に思えた。

壱岐「天徳寺」の韓国帰国遭難者慰霊祭

また、5月31日には終戦直後に帰国船が台風で難破し壱岐対馬に流れ着いた在日のご遺骨131柱が埼玉県所沢市「金乗院」から壱岐市の「天徳寺」に移され法要が営まれ、臨席させていただいた。「せめて韓国に近い壱岐市でお預かりしたい」という壱岐市長をはじめとした市民の切ない願いが国を動かしたという。山口県も宇部市も長生炭鉱遺骨問題は国がすべきこととして傍観者でいるが、まずは地元自治体がその責任で国に強く要請すべき責務があると思う。

遭難の日10月11日には、韓国「水谷寺」でも盛大な法要が営まれ、出席させていただいた。1998年から1年ごとに韓国と壱岐の島でお互い慰霊祭が行われており、ご遺骨に対する両国宗教者の果たしてきた長い年月をかけた積み重ねが、今後の遺骨帰国事業に大きな力を発揮していくことになる。

第1回政府交渉が実現

2004年12月の小泉純一郎・盧武鉉両首脳会談において、朝鮮半島出身民間徴用者遺骨の返還について合意がされたが、調査対象は遺骨が返還できる状態のものに限られ、長生炭鉱の遺骨は「海の底にある」という理由でその対象からはずされていた。

越えなければならない壁は幾重にもあるが、それでも人道的観点から長生遺骨問題を超党派の政治課題へと取り上げてもらうために、私たちは未知のとりくみを行うことになった。まずは政権側議員からの接触を試みたが徒労の日々が続いていた折、社民党の福島みずほ議員が関心を寄せて下さり、今年2

15

月8日ついに政府交渉が参議院会館でもたれた。

政府側は「人道調査室」「外務省」「内閣官房副長官付補」等6名が出席され、その中で長生炭鉱の悲劇は何人たりとも否定できない「人権」の課題であることが改めて共通の認識として確認できた。韓国政府からの正式な要請も事態解決のためのひとつの切り口としては必要であることも確認された。今後日本政府による現地調査と遺族の悲痛な願いを直接政府に届けるために交渉を続けていくこととした。

情勢は大きく動き始めた

4月27日、分断70年の歳月を経て南北の両首脳が板門店で会談し、南北の平和的統一に向けて、歴史は大きく動き始めた。小さな朝鮮半島は、今後は大きな国の思惑に翻弄されてはならないという両首脳の固い意思が私には感じ取られた。

この流れの中で、韓国の民間団体「民族和解協力汎国民協議会」（民和協）が8月6日

75周年の追悼式で花束を捧げる遺族

都内で会見し、北と南、日本の民間団体が協力して徴用者の遺骨返還に取り組むことを発表し、その中に山口県の炭坑犠牲者の遺骨発掘も明記されていた。ようやく強制連行・強制労働の象徴的課題として長生炭鉱の遺骨問題が押し上げられてきた。刻む会の地道な長年の活動は無駄ではなかった。

地元宇部市の市民の関心も大きくなってきている。5月に来日した韓国プチョンの子どもたちと長生炭鉱フィールドワークを行ったが、市内の中学生が20人も参加してくれた。8月の宇部市図書館での平和フェスタ企画では、長生学習会に台風真っただ中だったが、74名を超える親子が来場してくれたし、地元企業からの遺骨発掘に向けた協力という嬉しい申し出も刻む会に届いた。

また、8月9日には南と北、日本市民と連帯して「強制動員問題解決と対日過去清算のための共同行動」も発足となり、遺骨問題も含め大きな動きが加速されてきた。

まずは物言わぬ遺骨の発掘・奉還を最優先して取り組んでほしいと願っている。遺骨は骨にすぎない。しかし私たちは無念の死の果てに骨となったその遺骨を暗闇から掘り出し光をあて、その遺骨に肉を付け服を着せ魂を引き寄せて、遺骨の尊厳を復活させねばならない。そのご遺骨の生きた証を故郷の地に復権することが、加害国としての日本政府と市民の最低なすべき責任であり使命と言える。

遺骨の収集と返還を、人権の課題として広範な力で実現していくその過程の中で、日本の植民地支配の実態や在日の皆さんの置かれてきた歴史的状況も自ずと明らかにされていくに違いない。

長生炭鉱の遺骨発掘事業が南北朝鮮と日本政府、市民の共同事業として成し遂げられる時、真の友好と平和もまた大きく前進するものと確信している。

みんなの力をあわせて遺骨問題の解決を！

「戦没者遺骨を家族の元へ」連絡会　上田慶司

開会挨拶に立った金弘傑民和協議長

2018年11月6日、ソウルにて強制動員被害者遺骨問題解決のための国際シンポジウムが開かれた。主催は民族和解協力汎国民協議会、東北アジア歴史財団、民族問題研究所である。民和協は南北で遺骨問題の解決を目指す団体で、国際シンポジウムは遺骨問題の解決を韓国・共和国の統一課題にし、日本の植民地支配を協力して清算していくことを目標にしている。当然日本からも北海道から沖縄など現地で遺骨問題を取り組む主要な団体、研究者などがほとんど集まり、大きな盛り上がりを見せた。

会場は、先日10月30日の新日鉄住金強制動員被害者の大法院判決を受けて熱気に包まれていた。遺骨問題は祖国に帰れなかった徴用工や軍人軍属など強制動員被害者の遺骨を探す取り組みである。判決に触れる発言や報告が何人もある。反新日鉄判決キャンペーンが安倍総理を先頭に行われる日本の雰囲気とは全く違うし、自信に満ち溢れている。

11月6日の集会前には韓国KBSが強制動員遺骨問題を10月30日の新日鉄判決以降3回にわたり連続で放送した。アメリカが太平洋キルバート諸島のタラワ島に集めた発掘遺骨のうちアジア系の遺骨を日本に返すのだが、同地域では韓国人1,200人が戦死しておりそのことをアメリカに訴えるべきだと問題点が報道された。キムという名前の遺品も発掘されている。日本政府・厚労省に交渉を重ねている私の元にもKBS東京特派員から連絡がありインタビュー取材に応じた。わざわざ私のいる大阪まで取材陣が出向いての取材。記者に聞いてみると「韓国で3回連続遺骨問題を報道したので、一連の内容として日本政府との交渉をKBSが連続報道すれば韓国政府も動かす影響力が生まると思う。」

遺骨発掘現場の説明をする具志堅隆松さん

実際11月3日に、シベリアの日本人・朝鮮人混葬墓地が意図的に発掘されずに放置されていることが日本政府との交渉で明らかになったと大々的に報道された。韓国のマスコミも遺骨問題も、やる気満々だ。

国際シンポジウムでは、韓国側から東北アジア歴史財団の南相九さんから日韓遺骨協議で調査のあと日本側が提供した資料には、朝鮮人の遺骨がお寺などに2,798体、身元が確認された遺骨

が 167 体あると具体的に示された。民族問題研究所の趙時顕さんからは日韓遺骨条約の必要性が提起されました。日本側でも強制動員ネットワークの竹内さんから労務動員 80 万人、軍人動員 37 万人以上という強制動員の実態、死亡数各 1 万 5 千人以上、2 万 2,182 人と具体的に示されました。北海道の「宗教者・市民の会」殿平さんは、1945 年玄界灘で遭難した厚労省が所管する朝鮮人遺骨 131 体が埼玉県の金乗院から遭難現場の壱岐の天徳寺に移されたことを報告した。あと一歩で韓国に帰ることができる。沖縄のガマフヤー具志堅さんは緊急雇用でホームレスの方たちとともに遺骨収容して経験をスライドで報告。本部町に埋められた朝鮮人を含む日本兵 13 体の遺骨発掘に日韓共同で取り組もうと提案があった。韓国の遺族や日韓の支援者をニューギニアに連れて行っていただいた岩手の岩渕さんからの報告もあった。山口県の長生炭鉱の水非常を歴史に刻む会の小畑さんの報告など日本の各地の遺骨問題への取り組みがほとんど網羅された。

私からは「戦没者遺骨を家族の元へ連絡会」として、イ・ヒジャ（太平洋戦争被害者補償推進協議会代表）さん達遺族とともに行った 4 回の厚労省交渉の経過報告と、その間成立して戦没者遺収集推進法が対象として韓国人を排除したことに対し、「韓国政府の具体的提案があれば検討する。」という政府発言を引き出し維持していること。沖縄戦のＤＮＡ鑑定集団申請運動 300 人を含む申請者が 700 人になったこと。歯しか鑑定対象としなかった

厚労省との交渉を報告する上田慶司さん

遺骨を大腿骨などの鑑定を認めさせ 18,000 体の遺骨を厚労省に保管していること。ＤＮＡ鑑定・安定同位体検査が個人識別だけではなく遺骨の民族分類・出身地分類まで可能となる中で、遺骨を科学的根拠なくすべてを日本人とみなし火葬してしまう日本政府に国際的批判があることを報告した。日・朝・韓・米の首脳が遺骨の共同調査・共同発掘・共同鑑定を話し合うべきだと提案した。私の提案は即日報道された。

イ・ヒジャさんは国際シンポジウムをこう締めくくった。「実際遺骨が家族に帰るかどうかではない、遺骨を家族の元に帰すために、日韓両国家が一生懸命努力している姿を見せることが被害者の慰めになる。」今年 12 月、厚労省は沖縄県民被害者 326 人のＤＮＡ鑑定の結果を発表する。結果次第で世論は大きく動く。次はアジア太平洋地域の遺骨鑑定に発展する。二国間・多国間遺骨協定の締結に進まなければならない。同時に、調査だけして、日本のお寺に安置したまま動かない朝鮮人遺骨の返還も大きな世論にしていかねばならない。

追悼碑の存続をかけて、控訴審を闘い抜く

「記憶　反省　そして友好」の追悼碑を支える会　　神垣　宏

「追悼碑裁判」の控訴審が、去る9月12日、東京高裁で始まった。この裁判は、県立公園「群馬の森」に建てられた「記憶　反省　そして友好」の追悼碑（朝鮮人・韓国人強制連行犠牲者追悼碑）の設置期間更新を求めた追悼碑を守る会の申請を不許可とした群馬県の決定の取消しと設置期間更新申請への許可を求めたもので、提訴から足掛け4年、2018年2月14日、前橋地裁で判決が下された。判決は、①群馬県が期間更新申諸に対して行なった不許可処分を取り消す。②守る会の期間更新申請に許可を求めるなどの請求は却下する、というもので、群馬県は、この判決を不服として控訴、これを受けて守る会も付帯控訴の手続きをとった。控訴審は、9月12日の第1回口頭弁論に続いて、11月5日第2回口頭弁論が行われることになっており、東京高裁における審理が本格化し、問題の核心に迫ることが期待される。

遡って、同追悼碑が建立されるに至った経緯をふり返ると、発端は、戦後50年を期して始まった市民有志による「戦後50年を問う群馬の市民行動委員会」（略称・アクション50）。この取組みから、戦後50年もの間、闇に葬られてきた群馬における朝鮮人強制連行・強制労働の実態について、市民の立場から戦争責任・戦後責任を考え、果たす取組みとして、掘り起こす活動に発展していった。その中から、日本人にとって負の歴史である朝鮮人強制連行・強制労働とその犠牲者たちを追悼し、その事実を記録・記憶して克服する取組みが求められているとの思いが、追悼碑建立運動に結びついていった。

1998年、前記アクション50を主体として「追悼碑を建てる会」が発足、先行した猪上輝雄事務局長（当時）らの研究成果を基にした「消し去られた歴史を辿る―群馬県内の朝鮮人強制連行」が発行され、用地提供などを求める群馬県・県議会への働きかけ、調査活動の成果をまとめた資料展の開催、被害者や犠牲者遺族、研究者の話を聞く活動などが継続して取組まれる中、2001年県議会が建てる会の請願を趣旨採択、県も「群馬の森」の一角の提供を約束、建設に向けて、県・建てる会の話し合いが進んだ。それでも、碑の名称・碑文・碑の形状などをめぐり、守る会・群馬県の間の協議に3年近い歳月が費やされて、2004年4月碑の建立が実現した。以来、毎年碑前で「追悼集会」が開かれ、犠牲者を追悼し、朝鮮半島のみならず中国やアジア各地の民衆に耐え難い犠牲を強いた過ちの歴史を記憶し克服する取組みと、アジアの平和と友好の更なる前進をめざす誓いを新たにしてきた。

追悼碑の建立から10年、設置期間更新の時期を狙ったかのように、2012年ごろから始まった一部右翼団体による追悼碑攻撃、それに突き動かされた県議会の決議などで、事態は動き出した。群馬県による背信行為ともいうべき追悼碑攻撃への加担である。群馬県は、追悼碑除幕式やその後の追悼集会における来賓や守る会当事者の発言の一部をとらえて、追悼行事を使用条件違反の政治的行事、政治集会と決めつけ、守る会の設置期間更新申諸に不許可の決定を行った。歴史の事実を無視、歪曲し、極端な排外主義の立場から、（守る会・群馬県の合意から生まれた）追悼碑の碑文そのものを攻撃し、撤去を求める右翼団体の主張やそれに迎合する県議会の偏向決議に屈したのである。

追悼碑裁判が始まった。提訴から3年3ケ月、16回の口頭弁論を経て結審し、上述のような判決が下された。東京高等裁判所での控訴審は、9月12日の第1回口頭弁論で、守る会弁護団が意見陳述、県側は控訴理由書を提出した。第2回口頭弁論は11月5日に開廷、県側は準備書面の提出のみで口頭説明は一切無し。第3回口頭弁論は2019年2月27日開廷である。今後は和解協議も含めて裁判所が控訴人（群馬県）に求めた①追悼碑の設置許可に際して都市公園法に5条1項に該当すると判断した理由　②追悼碑が、「公園管理者以外が設置、管理することが公園機能の増進に資する」に該当しない具体的理由　を群馬県側弁護団が陳述、それをめぐって審理が進むものと思われる。守る会は、支える会をはじめとする県内外の支援者の連帯に支えられて、弁護団とともに全面勝訴をめざして控訴審を闘い抜くつもりである。

「追悼碑裁判」ニュース

2018. 10. 5　No.019

記憶　反省　そして友好
기억　반성　그리고　우호
Remembrance.Reflection
and Friendship

発行　「追悼碑裁判」を支える会
「記憶 反省 そして友好」の追悼碑を守る会
〒371-0026
群馬県前橋市大手町 3-11-1 社会文化会館 2F
電話・ファックス　027-236-0663

追悼碑裁判控訴審第1回口頭弁論が東京高裁で開かれる！

9月12日、東京高裁で控訴審の第1回口頭弁論が開かれた。　群馬からは追悼碑裁判を支える会が用意したマイクロバスのほか、県内各地から多数が東京高裁に集まった。さらに、県外からも、裁判を支援するため、関東大震災時朝鮮人虐殺の事実を知り追悼する神奈川実行委員会、朝鮮高校教科書無償化裁判原告団、日朝友好団体などの支援団体や有志個人など合わせて100人以上が東京高裁に集まり、傍聴券を求めて抽選に参加した。

公判では、はじめに角田義一弁護団長が陳述、前橋地裁判決で県側の不許可処分は職権乱用で違法と断罪したことを評価した。裁量権の乱用であると地裁が処分の取消しの判断をしたことを不服とし、県側が控訴した。新たに、日韓・日朝情勢の変化、県議会が更新不許可を求める3つの請願を採択したことの重み、歴史修正主義者の抗議活動の活発化の3点をあげたが、角田弁護団長は「追悼碑」は情勢の変化に関わらず、後世に伝える遺訓である。過去に県議会が追悼碑建立を全会派一致で認めたことから、県側は碑文の内容について、県民に理解を広げる努力をすべきだ。県側が政治的発言を云々する

こと自体、社会通念上、妥協しがたい違法である、「表現の自由」は民主主義の基本原理であると主張した。

続いて、下山弁護士が、不許可処分は裁量権乱用の逸脱である、碑は都市公園における歴史、文化の教養施設としての機能を全うしている、追悼行事が「強制連行」の言葉によって政治集会になるということは有り得ないなどと陳述した。続いて、辻弁護士は、追悼碑の存在は「都市公園法」に合致している。谷田弁護士は更新を不許可とする場合には特別な理由が必要である。赤石弁護士は一人の参加者の政治的発言によって追悼行事が政治集会にはなることはない、政治的理由に行政が権力を行使してはならない、「安保法制」に関連して、東京地裁、高裁でも認められた、など弁護団側の主張を展開した。

次回の公判は11月5日、14時から開かれる。裁判長の弁護団側の主張に耳を傾け、理解しようとする姿勢には好印象を受けた。裁判長は閉廷にあたり、次回の課題として県側に「設置許可条件」に関わる経緯や内容の説明、「更新不許可」とした具体的理由を説明するよう求めた。

東京高等裁判所　追悼碑裁判控訴審第2回口頭弁論傍聴行動

日　　時　2018年11月5日（水）14時～
場　　所　東京高等裁判所
参加方法　バス　9：20 勤労福祉センター発　10：00 高崎駅東口発
参 加 費　3,000円（今回は弁当代は含まれません。各自ご用意を）
直接参加される方は、傍聴席には限りがあり抽選となる場合がありますので、13時半までに東京高裁までお越しください。

—20—

追悼碑裁判控訴審勝利をめざす市民集会が開かれる！

9月4日、群馬県教育会館中会議室において、「記憶 反省 そして友好」の追悼碑 追悼碑裁判控訴審勝利をめざす市民集会が開かれた。台風21号が日本列島に上陸し雨風が強まるなか、30名余が参加した。

集会は守る会倉林誠事務局次長の司会によってすすめられた。はじめに、悪天候のなかで集まってくれた参加者に謝意を表すとともに、東京高裁に向けて裁判闘争の意義を再度意志一致し、勝利に向けて闘っていこうと呼びかけた。

主催者を代表して、「追悼碑裁判」を支える会大野貞義事務局長があいさつした。（全文後掲）

つづいて、守る会共同代表であり、弁護団長の角田義一弁護士があいさつした。角田氏は、前橋地裁判決「一部勝訴」の判決を、現政治状況のなかで3人の裁判官が知恵を絞って出された判断であると評価した。東京高裁には、群馬より7名が参加して40分ほど陳述する、私たちは裁判所という公開の場で堂々と論戦したいと力強く語った。

続いて、弁護団報告を弁護団事務局長の下山順弁護士がおこなった。下山氏は、一審判決の評価と不十分さを分析した後に、二審判決でさらに明らかにすべき論点について報告した。基本的には前橋地裁で争ってきた参加者の発言の自由は最大限保障されるべきこと、参加者の発言によって追悼集会が政治集会になってしまうことはあり得ない、強制連行という表現は学術用語として確立されており、広島平和公園にある韓国人原爆犠牲者の慰霊碑にも刻まれている

など、一般的に使用されている用語である。また、追悼碑は教養施設として存在しており、状況が変わろうが建立されたという事実をもって、存在そのものの価値は普遍的なものであると話した。つづいて、今回、群馬県が新たに3つの不許可処分の理由を追加したことには驚いていると述べた。一つは、日韓・日朝関係をはじめとする社会情勢が本件追悼碑を設置した当初から大きく変化した。二つは、群馬県議会が平成26年6月16日に本件追悼碑の設置許可取消しを求める3つの請願をすべて採択した。三つは、本件追悼碑前で政治的行事をおこなったことに起因して抗議活動や街宣活動が活発化し、憩いの場としての「公園施設」としてふさわしくなくなった、というものである。下山氏は、追加された不許可処分の理由に県側の本音が表れているとも語った。一審の県側の口頭弁論では、県議会や「そよ風」などの歴史修正主義者などの言動に影響を受けたことはなく、「政治的行事をおこなわない」といった条件違反があり、主体的に判断したと述べている。

また、朝鮮新報の記事から政治的発言を知り政治集会になったことで条件違反があったと認識したにもかかわらず、1年半も何ら指摘したり指導することなく、更新時期まで待って処分を考えていたとする発言も、不自然な対応であると言わざるを得ないと話した。控訴審では前橋地裁に提訴した内容の完全勝利をめざしてたたかっていくと結んだ。

次に、9月12日の東京高裁に向けた傍聴参加要請ならびに行動提起が守る会神垣宏事務局長よりなされた。つづいて、守る会深田広明運営委員が集会アピールを提案し、参加者全員により採択された。終わりに、守る会藤井保仁事務局次長による「ガンバロウ三唱」で集会を閉じた。

悪天候の中、集会に参加いただいた皆さんに、熱く感謝いたします。

追悼碑裁判　控訴審勝利をめざす市民集会アピール

1．2018年2月14日、前橋地方裁判所が「追悼碑裁判」に対してくだした判決を不服として、群馬県がおこなった控訴、ならびにこれに対する「追悼碑を守る会」の付帯控訴をめぐる控訴審が、2018年9月12日、東京高裁で始まります。控訴人である群馬県は、自らが行なった「守る会による追悼碑の設置期間更新申請への不許処分」を違法として取り消した一審前橋地裁の判断に誤りがあると控訴しました。

2．これに対して、追悼碑を守る会は「一部勝訴」と評価した一審判決の「原告のその余の請求を棄却する」との部分の取消しと、「設置期間更新の許可」を求めて、付帯控訴の手続きをとりました。控訴審では、一審で尽くされなかった論点をさらに深めて①本件許可条件が明確性を欠くこと②憲法21条に違反すること③問題の各追悼式は「政治的行事」ではないこと④不許可処分は表現の自由を侵害し、憲法21条1項に違反すること、などの論点を中心に主張することとしています。

3　裁判が、これからどのように展開するか、予断を許しませんが、守る会・支える会が一体となって、県内をはじめ、全国の支援者に支えていただきながら、全面勝利に向かって闘い抜きます。

4　本日、東京高裁における第一回口頭弁論を目前にして、控訴審勝利をめざす市民集会に集まった私たちは、あらためて、アジア太平洋戦争末期、国の労務動員計画で日本に強制的に動員され、さまざまな現場で過酷な労働を強いられ、犠牲となった大勢の朝鮮人労働者の死を悼むとともに、朝鮮半島を植民地として支配し、多大な犠牲を強いたこの国の負の歴史を忘れることなく、二度と繰り返さぬ誓いを新たにします。

5　群馬の森「記憶　反省　そして友好」の追悼碑（群馬県朝鮮人・韓国人強制連行犠牲者追悼碑）の存続、維持・管理とその積極的な活用に力を尽くすとともに、9月12日に始まる控訴審を、弁護団とともに全面勝利をめざして闘い続ける決意を明らかにします。

　　県民の皆さんを始め、全国からこの裁判を見守っていただいている市民の皆さんの引き続くご支援、ご協力を心からお願いして、集会アピールといたします。

2018年9月4日

　　　　　　　「追悼碑裁判」　　　控訴審勝利をめざす市民集会参加者一同
　　　　　　　「記憶　反省　そして友好」の追悼碑を守る会
　　　　　　　「追悼碑裁判」を支える会

追悼碑を守る会主催
高崎地区フィールドワーク

2018年10月14日（日）
　8時30分集合～14時終了予定

高崎駅集合8：30　出発9：00

①陸軍造兵廠岩鼻火薬製造所
　（現、群馬の森・高崎量子応用研究所）
②陸軍歩兵第15連隊と陸軍病院
③群馬県護国神社境内
④高崎陸軍墓地（龍廣寺墓地内）
⑤旧国鉄高崎操車場跡
⑥成道寺・九品寺
⑦追悼碑　など。

参加費　3,000円（バス代・弁当代）

「記憶 反省 そして友好」の
　　　　　　　追悼碑を守る会
電話・FAX共通　027－236－0663

追悼碑裁判を支える会総会
第1回口頭弁論報告集会

日時　2018年10月17日（土）
　　　開場17：45　開会18：10

場所　群馬会館広間（1階）

主催　「記憶 反省 そして友好」の
　　　　　　　　追悼碑を守る会

「消し去られた歴史」をたどる
―群馬県内の朝鮮人強制連行―（旧版）

頒価（特価）　　300円
発行　　　　　1999年2月

朝鮮人・韓国人強制連行犠牲者追悼碑を建てる会

記憶 反省 そして友好
「追悼碑裁判」に勝利するために
　頒価　500円

2015年1月20日　発行
発行
「記憶 反省 そして友好」の追悼碑を守る会
（朝鮮人・韓国人強制連行犠牲者追悼碑を守る会）
「追悼碑裁判」を支える会

お問い合わせ
「記憶 反省 そして友好」の追悼碑を守る会
群馬県前橋市大手町3-11-1
電話　027-236-0663

編集後記
　戦勝記念碑、殉難碑、災害碑など、全国各地にさまざまな碑が存在している。当時を生きる人たちの未来に生きる人たちへのメッセージとして伝わってくる。それゆえ、記念碑は教養施設として、建立した時点から末永くく保存されるべきものである。「碑」は歴史を伝え、後世に生きる人たちが学ぶべき教訓が記されている。

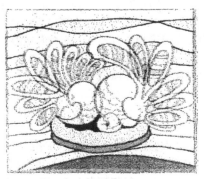

群馬における
朝鮮人強制連行と強制労働
　頒価　1,000円

2014年4月19日　発行
発行
「記憶 反省 そして友好」の追悼碑を守る会
（朝鮮人・韓国人強制連行犠牲者追悼碑を守る会）

お問い合わせ
「記憶 反省 そして友好」の追悼碑を守る会
群馬県前橋市大手町3-11-1
電話　027-236-0663

被害者に残された時間はありません　日本政府・企業は直ちに解決策を！

―新日鐵住金元徴用工裁判　10・30韓国大法院判決を機に―

日本製鉄元徴用工裁判を支援する会　中田光信

10月30日判決を言い渡す大法院の様子

10月30日韓国大法院（最高裁）は、日本製鉄（現新日鐵住金）が植民地支配下で行った強制連行・強制労働の被害者である元徴用工の損害賠償を認めました。これは植民地支配の暴力＝強制連行・強制労働を行った日本企業の法的責任を認め被害者に損害賠償＝権利回復を命じた歴史的かつ画期的な判決です。

もともと裁判は、1997年12月、日本製鉄大阪工場に強制連行された元徴用工（呂運澤（ヨウンテク）さん・申千洙（シンチョンス）さん）の二人が大阪地方裁判所に未払賃金の支払いと謝罪と補償を求めて日本政府と新日鉄（現新日鐵住金）を訴えたことに始まります。日本の最高裁が2003年に上告を棄却したため、その後名乗りを上げた被害者が加わり2005年に韓国の司法に「法の正義」を求めて再び裁判を提起しました。韓国においても下級審では請求が棄却されましたが2012年5月に大法院が「1965年の日韓請求権協定は一般的な財産権処理の協定であり植民地支配下の強制労働は韓国の憲法に違反し無効」であると判示して被害者の損害賠償請求権を認めて審理を差し戻しました。そして2013年7月の差戻審では被害者一人当たり1億ウォンの損害賠償が認められましたが新日鐵住金が上告したため再び大法院で審理されることとなりました。

そして日本での提訴から21年目の今年5月、大法院の前長官と韓国外交部との裏取引により審理が遅延していたことが暴露されて全員合議の大法廷で審理が再開し今回の判決を迎えました。判決は「請求権協定の交渉過程で日本政府は植民地支配の不法性を認めないまま、強制動員被害の法的賠償を徹底的に否認し、これに伴い韓日両国の政府は日帝の韓半島支配の性格に関して合意に至

横断幕を掲げる被害者と支援者の人たち

ることができなかった。このような状況で強制動員慰謝料請求権が請求権協定の適用対象に含まれたと見るのは難しい。」として、日本の植民地支配下の反人道的行為について被害者の法的救済を図ったのです。

ただひとりの原告生存者
李春植（イチュンシク）さん

しかしこの日までに4名の原告のうち3名が亡くなっていました。呂運澤さんは2013年12月、申千洙さんは2014年10月、金圭洙（キムギュス）さんは判決直前の今年6月に法の正義が実現されることを待ち望みながらこの日を迎えることができませんでした。唯一の生存者の李春植（イチュンシク）さんは「私を入れて4人なのに、一人で判決を受けたことがとても辛くて悲しい。一緒に判決を聞くことができなかったことが寂しくてならない。」と判決後のインタビューに答えました。呂運澤さんは「日本製鉄は法とか外交協定のような政治的な決定の後ろに隠れずに堂々と前に出てこの問題について責任をとって下さい。」と悲痛な言葉を残して亡くなっています。2012年の大法院判決後に新日鐵住金を訴えた裁判原告も90歳前後の高

齢の被害者ばかりでもはや時間は残されてはいません。
　ところが安倍首相の「国際法に照らしてありえない判決」河野外相の「日韓の友好協力関係の法的基盤を根本から覆す」などのフェイクともいえる発言で韓国政府が「条約違反」を犯しているがごときの印象操作・世論誘導を行っています。
　そもそも日韓条約・請求権協定はアメリカが冷戦構造維持のため日米韓軍事同盟を確固たるものとするため日韓両政府を仲介し、日本が植民地支配責任も認めず賠償についても曖昧な5億ドルの「独立祝金」でごまかして締結した政治的妥協の産物であったのは動かし難い歴史的事実です。個人請求権は二国間条約で奪うことのできない権利であるということは、日本政府も条約締結と同時に韓国人の個人請求権を消滅させるための国内法（「日韓請求権協定第2条の実施に伴う大韓民国等の財産権に対する措置に関する法律」）を制定した事実から明らかなように請求権協定では個人請求権は消滅しないというのが日本政府の一貫した公式見解です。そうであるならば韓国の司法が日本企業に賠償を命じた判決について、日本政府がその損害が請求権協定に含まれていたかどうか協定の解釈に疑義があるならば「協議」すればよいだけのことであり「国際法違反」などという批判は全くの的外れで誤りであると同時に世論誘導のためのフェイク発言ともいうべきものです。
　また、日本政府は韓国政府が「適切な措置」を取らない場合、ＩＣＪ（国際司法裁判所）への提訴手続きをとると言ってますが、請求権協定にかかれているとおり、まず「紛争」が生じた場合、外交交渉によって解決するのが基本であり、解決しなければ仲裁委員会を設置すればよいのです。しかし植民地支配下の暴力に対する現在の国際人権法の解釈に基づけばかえって窮地に追い込まれるのは日本政府のほうです。
　一方で一般のマスコミはこぞって「歴史の事実に謙虚に向き合う必要がある」とは指摘するものの今回の判決を「日韓関係を根底から覆す」ものと批判しています。安倍首相の「ありえない」日韓条約・請求権協定に対する発言とそれに乗っかったマスコミの認識不足・政権への「忖度」こそ日韓関係の基盤を揺るがしかねない思いです。

判決後4人の原告の写真と要請書を掲げて本社を訪れた弁護士ら

　判決直後の11月12日に原告代理人の弁護士が「損害賠償義務の履行方法」「賠償金の伝達式を含む被害者の権利回復のための後続措置」について話し合いたいと要請書を持参しましたが、一切社員は顔を見せることなく面会を拒否し要請書についても「預かる」とガードマンを通じて回答するだけで要請書を受け取るのかどうかの意思も確認することができなかったため仕方なく弁護士も引き上げざるを得ませんでした。
　新日鐵住金は「各国・地域の法律を遵守し、各種の国際規範、文化、慣習等を尊重して事業を行います」という企業行動規範を掲げていますが、韓国の法律や判決は従わないということなのでしょうか？日本を代表するグローバル企業として恥ずかしいことだと思います。
　安倍政権は企業が独自に補償に応じないように説明会を開催したり「徴用工」という言葉を「旧朝鮮半島出身労働者」に置き換えて「強制連行」を朝鮮半島での徴用令適用（1944年9月）以降に限定し問題を矮小化させようと姑息な国会答弁を行ったりしていますが、なにより被害者に時間は残されていません。もうこれ以上被害者を「法解釈論争」で幻惑していたずらに解決を引き延ばすことは絶対に許されません。
　新日鐵住金は直ちに大法院判決に従うべきですし、日本政府は強制動員被害者救済の施策を直ちに行わなければなりません。

25

書籍案内

再論 朝鮮人強制連行
飛田 雄一（神戸学生青年センター館長）

朝鮮人強制連行研究の第一人者、朴慶植氏亡き後、これを引き継いで交流、調査をして来た調査研究の報告。
朝鮮人強制連行の実相を明らかにし、補償問題解決の一助とするために。

```
再論　朝鮮人強制連行
著者　飛田雄一
1部 2000円（送料込）
申し込み　神戸学生青年センター
078-851-2760（飛田）
郵便振替用紙同封して送ります
```

```
明治日本の産業革命遺産・
強制労働　Q＆A
著　者　竹内康人
1部 1800円（送料込）
申込み　FAX 053-422-4810（竹内）
郵便振込用紙同封して送ります
```

```
「明治日本の産業革命遺産」と強制労働
1部 500円
ただし10部以上まとめて購入の場合1部400円（送料無料）
下記郵便振替口座への入金確認後発送
送金先：[郵便振替口座]
00930-9-297182　真相究明ネット
問合せ　神戸学生青年センター　078-851-2760
```

第12回研究集会・フィールドワークー予告

＜研究集会＞

日 時 2019年4月6日（土）13：00～17：00

場 所 群馬県高崎市労使会館
（高崎市東町80-1 電話027-323-1598 高崎駅東口下車左折徒歩10分）

テーマ 市民のための「碑（いしぶみ）から学ぶこと」

主 催 「記憶 反省 そして友好」の追悼碑を守る会
強制動員真相究明ネットワーク

※ 当日午前10時から第16回追悼碑総会と集会（献花）が行われます。

＜フィールドワーク＞

日 時 2019年4月7日（日） 9：00～12：00

「群馬の森の追悼碑を巡る」

【 会 費 振 込 の お 願 い 】

2018年度（2018年4月～2019年3月）の会費まだの方は会費の振り込みをお願いいたします。

個人一口3000円、団体一口5000円
（本ニュース紙を郵送で受け取られた方は、同封の振込用紙をご使用ください。）

送金先：[郵便振替口座]
00930－9－297182 真相究明ネット

27

強制動員真相究明

ネットワークニュース No.13 2019年2月18日

編集・発行：強制動員真相究明ネットワーク

（共同代表／飛田雄一、庵逧由香　事務局長／中田光信　事務局次長／小林久公）
〒657-0064 神戸市灘区山田町3-1-1（公財）神戸学生青年センター内
ホームページ：http://www.ksyc.jp/sinsou-net/　E-mail：mitsunobu100@gmail.com（中田）
TEL 078-851-2760 FAX 078-821-5878（飛田）
郵便振替＜00930-9-297182　真相究明ネット＞

＜目次＞

＜特集＞「元徴用工韓国大法院判決について」

・強制動員・韓国大法院判決に寄せて
　　　　　　　強制動員真相究明ネットワーク会員　　　竹内康人　　　-3-

＜声明＞

・残された時間はありません　新日鐵住金はただちに被害者に補償せよ！
　　　　　　　　　　　日本製鉄元徴用工裁判支援する会　　　-5-

・韓国大法院の判決を受けとめ、日本政府と企業は戦時の朝鮮人強制動員問題の包括的解決を！
　　　　　　　　　　　強制動員真相究明ネットワーク　　　-6-

＜要請書＞

・三菱重工への要請書（2019年1月18日付）　　　　　　　　　　-7-
・新日鐵住金への要請書（2019年2月15日付）　　　　　　　　　-9-
・不二越への要請書（2019年2月15日付）　　　　　　　　　　　-11-

・12・21「虐殺、原爆、強制動員被害を語る－調査現況と課題」集会報告

　　韓国の原爆被爆者を救援する市民の会　　　市場淳子　　　-13-

・1・9「強制動員問題解決のための韓日専門家政策討論会」報告

　　強制動員問題解決と対日過去清算のための共同行動　　　北村めぐみ　　　-15-

・日韓市民運動の協力が生んだ「もう一つの八・一五」天理証言集会

　　天理・柳本飛行場の説明板撤去について考える会　　　川瀬俊治　　　-17-

・三菱長崎造船所の強制動員被害者3人が長崎市・日本政府に勝訴　被爆者手帳を獲得

　　韓国の原爆被爆者を救援する市民の会　　　河井　章子　　　-20-

・第12回研究集会集会案内（チラシ）　　　　　　　　　　　　　-22-

・パンフレット紹介・2018年度会費納入のお願い　　　　　　　-24-

1

50

強制動員・韓国大法院判決によせて

強制動員真相究明ネットワーク会員　竹内康人

● 画期的な強制動員慰謝料請求権の確定

2018年10月30日、韓国大法院は新日鉄住金に対し、強制動員被害者らに損害賠償を命じた。大法院は、日本の植民地支配や侵略戦争の遂行に直結した日本企業の反人道的不法行為を前提とする強制動員被害者の慰謝料請求権（強制動員慰謝料請求権）を認めたのである。その判断の背景には、日韓請求権協定では、植民地支配下の不法行為での損害賠償請求権の問題は処理されていないとする認識がある。

同年11月29日、大法院が三菱名古屋、三菱広島への強制動員被害者の訴えを認めた。下級審でも強制動員被害者の勝訴が続いている。

これらの判決は強制動員被害者の尊厳を回復し、その正義を実現させるものである。この動きは、植民地責任を問い、歴史での正義を実現し、人権を回復するという歴史の流れによるものであり、それを止めることはできない。

2月15日判決履行を求めて
新日鐵住金本社を訪れた弁護団

● 歴史を歪曲する安倍政権

これに対し、安倍政権は、強制労働ではない、徴用工ではなく朝鮮半島出身労働者の問題、日韓請求権協定で解決済み、国際法違反のあり得ない判決などと語り、歴史を歪曲し、韓国側に責任を転嫁する発言を繰り返している。

原告の日本製鉄に動員された人びとは、募集や官斡旋による動員者であるが、1943年末の軍需会社法により、1944年1月に日本製鉄も軍需会社に指定され、原告は軍需徴用（現員徴用）されている。それゆえ、徴用工という言葉はまちがいではない。総力戦体制下での植民地からの日本への約80万人の労務動員は、強制動員によるものであり、連行された現場での強制労働は否定できない事実である。

安倍政権は日韓請求権協定で解決済みと宣伝しているが、2018年11月14日の衆議院の質疑では、外務省は日韓請求権協定では個人請求権は消滅せず、この協定に慰謝料請求権が含まれないことを認めた。知らされるべきことが報道されないのである。

また、安倍政権は国際法に違反するありえない判決などと語っているが、彼らの言う国際法とは日韓請求権協定の記載事項の解釈にすぎず、国際人権法への理解を示す発言ではない。ありえないものはむしろ、日本政府が、請求権は消滅してはいないがそれに応じる義務はな

新日鐵住金原告呂運澤さん
2013年死亡

いとしてきた「救済なき権利」論である。今回の判決はその欺瞞を打ち砕いたのである。

日本のマスコミは、安倍政権のこのような発言の問題点を批判しきれていない。安倍政権の植民地合法論による居直りや植民地支配での人権侵害を批判するのではなく、強制動員の被害回復の動きを「火種」扱いし、敗訴した企業の責任を問わないでいる。NHKは、裁判で痛手を被ったのは被告企業ではなく、むしろ韓国政府と解説した。

しかし、このように宣伝しても、韓国司法の強制動員慰謝料請求権の確定という現実が変わるわけではない。

●過去の清算による東アジアの平和へ

新日鐵住金原告申千洙さん
2014年死亡

では、韓国での強制動員慰謝料請求権の確定をふまえて、すすめるべきことがらをみておこう。

第1に日本政府と企業が強制動員の歴史を認知することである。

新日鐵住金原告李春植さん
唯一の生存者

日本政府は強制動員・強制労働の史実を認め、日韓請求権協定では植民地支配下での強制労働の損害賠償問題が未解決であることを理解し、その解決に向けて行動すべきである。また、被告企業は動員被害者や支援団体との対話に応じるべきである。いまも続く歴史の歪曲は糺されねばならない。

第2に、強制動員の真相のいっそうの究明である。

今回の判決を、日本政府と企業は真相を積極的に明らかにする機会とすべきである。日本の大学機関や企業で、いまも未公開のままにしている強制動員資料があり、それらの資料の公開をすすめ、強制労働の歴史を明示してほしい。

第3に、強制動員被害の包括的解決にむけての強制動員被害救済基金を設立することである。

韓国側で議論があるように、いまある強制動員被害者支援財団を、強制動員被害者を救済する基金・人権財団に拡充することが現実的だろう。韓国企業・韓国政府とともに日本企業・日本政府からも、この基金・財団に出捐するような仕組みが望ましい。

韓国での強制動員被害真相糾明活動で収集された資料のこの基金・財団への移管と公開も必要である。

第4に、未解決の強制動員問題への対応である。

産業革命遺産では、強制労働の歴史の明示が求められる。日本各地で保管されている遺骨の返還、遺骨の発掘も求められる。ゆうちょ銀行での保管通帳の返還なども必要である。追悼碑では、強制連行はなかったなどの歴史歪曲の動きがみられるが、そのような動きやヘイトスピーチを止めることが求められる。

新日鐵住金原告金圭洙さん
2018年死亡

過去の植民地支配での不法行為である強制動員の清算の活動を通じて、日韓の新たな友好・平和を形成することができるだろう。

2018年10月30日

声 明

残された時間はありません　新日鐵住金はただちに被害者に補償せよ！

日本製鉄元徴用工裁判を支援する会

　本日、韓国大法院は、日本の植民地支配下、太平洋戦争中に日本製鉄（現新日鐵住金）に強制連行され、強制労働させられた元徴用工被害者が訴えた事件について最終判断を示しました。原告勝訴の判決です。
　2012年5月、大法院は被害者原告の請求を棄却した下級審判決を破棄、差戻す判決を出しました。2013年7月、ソウル高等法院は差戻し審で、被害者の請求を認め、被告新日鐵住金に損害賠償を命じました。この差戻審判決を不服として新日鐵住金は再上告しましたが、大法院はこれを認めなかったのです。

　今回の裁判は、植民地支配下において日本企業が行った強制労働（奴隷労働）に対する法的責任を認めるかどうか、元徴用工被害者の奪われた人権を法的に回復するかどうか、つまり植民地支配によって奪われた個人の尊厳を回復するかどうかを問う裁判でした。それはまた、1965年に締結された日韓請求権協定によって被害者の人権が奪われても良いのかを問う重要な裁判でもありました。これに対して大法院は真摯に向き合い、国際人権法に基づき個人の権利を認める判決を出したのです。

　私たちは、今回の判決を心から歓迎します。新日鐵住金は、ただちに判決に従い原告らに賠償金を支払い、訴外の被害者たちに対しても救済策を実施する必要があります。同時に、これまで日韓請求権協定で「完全かつ最終的に解決済み」を主張してきた日本政府に対しては、判決を真摯に受けとめ強制労働問題の全面的解決に向けた施策を行うことを強く求めます。

　しかし、判決は遅すぎました。裁判原告のうち呂運澤氏、申千洙氏の2人は、1997年12月に日本の大阪地裁に提訴して以降、司法による正義が実現されることを待ち望みながらも本日の判決を迎えることなく亡くなりました。金圭洙氏も本日の大法院を見ることなく、鬼籍に入られました。
　原告の呂運澤氏は、「日本製鉄で仕事した経験は、それが苦しいものであれ、楽しいものであれ、私の人生の一部であり、人生に大きな影響を及ぼしました。ですから、私はその時期、汗を流しながら一所懸命に仕事をした代価を必ず認めてほしいです。日本製鉄は、法とか外交協定のような政治的な決定の後ろに隠れずに、堂々と前に出て、この問題について、責任をとって下さい。」と会社に責任を果たすことを求める悲痛な言葉を残して亡くなりました。4名の原告のうち3名がすでに亡くなり、後続の裁判原告も高齢の被害者ばかりです。

　被害者にもはや時間は残されていません。新日鐵住金には、判決に従いただちに被害者への補償を行うことを強く求めます。日本製鉄元徴用工裁判を支援する会は、被害者の権利、尊厳の回復に向けて最後までたたかいます。

5

2018年11月1日

内閣総理大臣　安倍晋三　様

強制動員真相究明ネットワーク
<共同代表>　飛田　雄一　神戸学生青年センター
　　　　　　　庵逧　由香　立命館大学

韓国大法院の判決を受けとめ、日本政府と企業は戦時の朝鮮人強制動員問題の包括的解決を！

　2018年10月30日、韓国の大法院は日本製鉄の強制動員被害者の損害賠償請求権を認め、被告の新日鉄住金の上告を棄却しました。

　大法院は強制動員被害者の損害賠償権を、日本政府の朝鮮半島に対する不法な植民地支配と侵略戦争の遂行に直結する日本企業の反人道的な不法行為を前提とする強制動員被害者の日本企業に対する慰謝料請求権と規定しました。

　大法院は、日韓請求権協定は債権債務関係を処理したものであり、この協定には日本企業による反人道的な不法行為に対する慰謝料請求権は含まれないとし、強制動員被害者への賠償を命じたのです。

　わたしたちは韓国での真相究明の動きのなかで、２００５年に強制動員真相究明ネットワークを結成し、強制動員の研究、名簿の調査、遺骨の返還、強制動員被害者の尊厳回復にむけての活動をすすめてきました。今回の大法院の判決は、強制動員の事実と被害者への損害賠償を認め、被害者の尊厳を回復するものです。わたしたちはこの判決を支持し、日本政府と企業がこの判決に沿って対応することを求めます。

　日本政府は、１９３９年から４５年にかけての朝鮮半島から日本への８０万人に及ぶ労務動員を強制労働として認知せず、損害賠償については日韓請求権協定で解決済みとしてきました。企業もそのような姿勢に追随してきました。今回の判決については、「請求権協定に違反」、「国際法に照らし、ありえない」、「毅然として対応する」、「韓国政府が必要な措置を取るべき」などと語り、強制動員問題の解決に向けて行動する姿勢を示していません。

　しかし、2国間の条約・協定で個人の請求権を消滅させることはできないのです。動員被害者は訴える権利を持ち、裁判所は賠償を命じることができるのです。国際法では人道に対する罪に時効はありません。朝鮮の植民地支配を合法とするのではなく、強制動員などの植民地支配の歴史に真摯に向き合い、反省すべきです。動員被害者の尊厳回復に向けて、日本政府と企業が必要な措置をとることが求められているのです。

　今回の判決をふまえ、日本政府と企業は強制労働の事実を認め、不法行為への損害賠償をおこなうべきです。そこから信頼が生まれ、アジアの友好と平和がすすみます。侵略と植民地支配の事実に目をそらし、過去を正当化してはならないのです。

　今回の韓国大法院の判決は、人類の強制労働の克服をめざす国際的な活動の歴史的成果であり、世界の正義と良心に支えられたものです。この判決を受けとめ、解決にむけて行動することで、日本の評価は高まります。わたしたちは、安倍政権がこの判決を受けとめ、政府と企業が基金の設立など戦時の朝鮮人強制動員問題の包括的解決に向けての作業をはじめることを呼びかけます。

＜連絡先＞
〒657-0064 神戸市灘区山田町 3-1-1　（公財）神戸学生青年センター内
TEL 078-851-2760　FAX 078-821-5878（飛田）
事務局長 中田光信（携帯　090-8482-9725　e-mail　mitsunobu100@gmail.com）
URL　http://www.ksyc.jp/sinsou-net/

6

2019年 1月18日

三菱重工業株式会社
代表取締役社長
宮 永 俊 一 殿

勤労挺身隊光州訴訟弁護団　弁護士　李　尚甲
　　　　　　　　　　　　　弁護士　金　正熙
広島徴用工訴訟弁護団　　　弁護士　崔　鳳泰
　　　　　　　　　　　　　弁護士　金　世恩

要　請　書

要　請　の　趣　旨

早急に勤労挺身隊被害者原告らの尊厳の回復のために被害者原告側と話し合う場を再開すること。
早急に広島徴用工被害者原告らの尊厳の回復のために被害者原告側と話し合う場を設けること。

要　請　の　理　由

1　韓国大法院判決及び貴社のコメント

　去る11月29日、韓国大法院において、戦時中、貴社名古屋航空機製作所道徳工場及び広島機械製作所・広島造船所に動員された被害者らの貴社に対する訴訟に関して、貴社に対して賠償を命じる判決が確定した。

　貴社は、同日付でコメントを発表し、「日韓請求権協定及びこれに関する日本政府の見解並びに日本の確定判決に反するもので、極めて遺憾であります。」と述べている。

2　日本訴訟の結果

　頭書判決における原告ら（被上告人）は、いずれも貴社があげた日本における裁判（日本訴訟）における原告である。日本訴訟において、名古屋高等裁判所は2007年5月31日、貴社の原告らに対する行為は、「強制連行・強制労働」に該当し、「個人の尊厳を否定し、著しく正義・公平に反する不法行為」であると厳しく断罪した。広島高等裁判所も2005年1月19日、貴社の原告らに対する動員は、「不法行為が成立する余地がある」とし、原爆投下後に原告らを放置したことは安全配慮義務違反だと判示した。そして、これらの判断は最高裁においても維持されたものである。

　日韓両国の裁判所は、請求を認容するか棄却するかの結論こそ相違するにせよ、原告らが、貴社の重大な不法行為の被害者であるという歴史的事実を認定していることでは共通している。しかし、貴社の上記コメントには、両国の司法判断によって確定されたこの歴史的事実に対する言及が全く見られず、まるで他人事扱いしており、極めて遺憾である。

3　大法院判決に至る経緯

　勤労挺身隊被害者原告らは、2010年から2012年にかけて足かけ3年にわたって、貴社と交渉を行い、日本訴訟において存在が確認された個人請求権の解決を求めたが、貴社の頑なな態度のため解決をみなかった経緯がある。今回の判決は、本来、貴社が率先して解決すべき原告らの個人請求権の解決を先送りしてきた結果である。

　本判決は、貴社のこうした無責任な対応が招いたものであり、貴社の他人事であるかのような対応は、いっそう重大である。

4　日韓請求権協定によっても個人請求権は消滅していない

　1965年の日韓請求権協定によっても、原告らの個人請求権は消滅していないことは、両国政府も共通して認めるところである。日本訴訟の判決も無条件で被害者原告らの請求を排斥するものではない。いずれも貴社が「日韓請求権協定によって解決済みであり、いかなる請求もできない」との抗弁を提出する限り、重大な不法行為が認められても、裁判所においては解決できないとするものである。換言すれば、貴社が日

韓請求権協定によって解決済みだと主張しない限り、日本訴訟においても、貴社の賠償責任は免れなかったのである。

5 日本政府と貴社の関係

このコメントで、貴社は「今後、日本政府とも連絡を取りつつ、適切に対応してまいります」と述べている。報道によれば、日本政府は、大法院判決以前から貴社に対して、韓国訴訟において敗訴判決が確定しても支払いをしないように求めたとされている。仮にも、貴社がそのような日本政府の意向にしたがうのだとすれば、それは株主を含む貴社関係者に対する裏切りともなりかねない愚行である。

日本政府は、ただ一方的に、韓国政府を非難するのみである。三権分立の国家にあっては、当然に司法府の判断を尊重せざるを得ない立場にある韓国政府を非難することに終始するのは、いたずらに両国及び両国民の対立を煽っていると評価せざるを得ない。日本政府の対応は極めて拙劣である。

仮に貴社が、日本政府の意向に従って支払いの拒絶を貫いた結果、損失を被ることになったとしても、日本政府が責任を負うわけではない。損失を被るのは貴社及び株主を含む貴社関係者であることを銘記されたい。

6 放置は人道に悖る不正義を犯すものであること

繰り返すが、日韓両国の裁判所は、貴社に重大な不法行為責任があり、被害者の個人請求権が残っていると判断しているのであって、この点については、両国裁判所の間に何ら判断の相違はない。

仮に貴社が日本の裁判所の判断に基づいて、法的には日韓請求権協定の抗弁によって支払いを免れるとしても、貴社には重大な不法行為責任が残ったまま存在し続けることになる。

これは、正義に反し、人道に反する状態が継続することを意味する。

貴社が日本政府の主張に固執し、被害原告らに対する賠償を拒み続けるのであれば、韓国において貴社は不正義な企業であるとの評価が定着することを免れない。そして、こうした評価は何も韓国に限ったことではない。グローバル化した市場においては、中国を初めとしてアジア諸国に不正義な企業としての評価が広がり、定着することを意味する。

7 株主の見地

かつて勤労挺身隊被害者原告らとの交渉において、貴社は被害者原告らの要求を拒むに当たって、勝訴判決があるにも拘わらず賠償に応じることは、株主の理解が得られないことを理由として挙げた。日本政府の意向に従って、日韓両国裁判所が一致して認めた不法行為責任を放置し続け、損失を拡大することが貴社株主の利益に適い、理解を得る道であるのか、真剣に検討されるべきである。

8 結論

貴社のグローバル行動基準によれば、貴社は所在地国の法令や規制を遵守することを重要な行動基準として掲げている。所在地国の判決に従うことは当然のことであり、韓国大法院の判決に従わないことは、このグローバル行動基準にも悖る。

貴社代表者の名言として「自分が間違っているという不安感を埋め合わせるために、厳しいことを言ってくれる人となるべく話すよう心がけている」との言葉が伝えられている（「リーダーたちの名言集　名言DB」）。

こうした貴社の方針及び姿勢を踏まえれば、韓国における判決が確定した現在、貴社には被害者原告側との話し合いの場を持つことを拒否する理由は全くないことを確信するものである。

来る2月末日までに、回答されるように求める。誠意ある回答がなされない場合は、確定判決に基づき強制執行に及ぶ用意があることを念のために申し添える。

　　以上

要請書

受信： 新日鐵住金株式会社　代表取締役社長　進藤孝生　様

発信： 法務法人ヘマル(担当弁護士　金世恩、林宰成)

　　　　太平洋戦争被害者補償推進協議会(共同代表　李熙子、執行委員長　金敏喆)

　　　　日本製鉄元徴用工裁判を支援する会(矢野秀喜、中田光信)

発信日：2019年2月15日

私たちは、貴社を相手に2005年韓国において提起され、2018年10月30日大法院判決(大法院2013ダ61381、以下「この事件判決」とします)によって確定された損害賠償訴訟の訴訟代理人及び訴訟支援団体です。また、1997年に日本で提起され、2003年10月9日、日本の最高裁判所判決(平成15年(オ)第340号、平成15年(受)第335号)によって確定された訴訟を支援した団体でもあります。

この事件の判決によって、貴社が李春植他3名の強制動員被害者に、損害賠償金を支払う義務が確定されました。これによって、私たちは、貴社と上記損害賠償義務の具体的な履行方法について協議しようと、事前の連絡後、2018年11月12日、2018年12月4日に、貴社の東京本社を訪問しましたが、責任のある関係者の顔さえ見られないまま出入口で塞がれ帰ってきました。

協議要請が続けて断られる状況で、法が定めた手続きを遅らせるわけにはいかないので、被害者の代理人は、去る2019年1月3日、原告2名(原告イ・チュンシク、亡・ヨ・ウンテクの相続人)の確定債権を執行権源とし、貴社が所有しているPNR会社の株式81,075株を差し押えました(大邱地方裁法院浦項支院2019.1.3.2018打債104598決定)。但し、私たちは貴社との包括的な協議を依然として最優先に希望しているので、通常株式の差し押えと同時に行われる売却命令は申請していません。

しかし、上記の差し押えの後も、1ヶ月近くが経っても貴社の協議の意思は確認されていません。 2019年1月16日頃の言論の報道によると、貴社の進藤孝生社長は、「日本政府が韓国政府に対応している」と

9

して、日本政府にすべての責任を転嫁し、訴訟で敗訴した被告としての自発的履行の意思がないことを表明したこともあります。貴社は、貴社の企業行動規範第8条で、「各国・地域の法律を遵守し、各種の国際規範、文化、慣習等を尊重して事業を行います。」と明らかにしているにも関わらず、貴社が自ら公言した企業行動規範を破って韓国最高裁の判決を否定しています。もし、貴社が韓国大法院の判決で勝訴したとしたら、今のように韓国大法院の判決を否定しただろうか疑問に思います。

本要請書に基づいた2019年2月15日の3次面談の要請も断られる場合には、私たちとしては確定判決の後、100日余りも交渉を要請し遅らせた執行手続きを、これ以上延期することはできません。原告の中で唯一の生存者であるイ・チュンシクさんの年齢などを考慮したときなおさらです。したがって、面談の要請が断られる場合、差し押えられた新日鉄住金所有のPNR株式に対する売却命令を申請する予定であり、ソウル高等法院など下級審において仮執行判決が宣告された、他の被害者の方々の損害賠償債権を権源とした追加の株式差し押えおよび売却命令申請もやはり進行する予定であることをお知らせします。

貴社は、過去に他の事件において、被害者と慰労金の支払いを含む和解を成立させたこともあります。また、この事件の判決で取り上げられた強制動員問題の重要性や強制労働という不法行為が発生した以降、何の措置もなく70余年が経過した点、そして被害者たちが高齢である点などを勘案し、以下の案件に対する協議に応じて下さることを希望します。

案件
- この事件の判決による損害賠償義務の履行方法
- 賠償金の伝達式を含む被害者の権利回復のための後続措置

2019年2月15日

大法院2013ダ61381事件の原告李 春植ほか3名の訴訟代理人 法務法人ヘマル
担当弁護士 金世恩、林宰成
太平洋戦争被害者補償推進協議会 共同代表 李熙子、執行委員長 金敏喆
日本製鉄元徴用工裁判を支援する会 矢野秀喜、中田光信

要請書

受信： 株式会社不二越 代表取締役社長 薄田賢二 様

発信： 法務法人ヘマル(担当弁護士 金世恩、林宰成)

太平洋戦争被害者補償推進協議会(共同代表 李熙子、執行委員長 金敏喆)

第2次不二越強制連行・強制労動訴訟を支授する北陸連絡会(共同代表 渡部敬直)

発信日：2019年2月15日

私たちは、貴社を相手に提訴され、最近宣告された3件の損害賠償訴訟(ソウル高等法院2014ナ58797、ソウル高等法院2016ナ2084567、ソウル中央地方法院2017ナ2113、「この事件判決」とします)の訴訟代理人及び訴訟支援団体です。

貴社は、上記判決の被告であり、上記のすべての判決において、原告たち、すなわち貴社が1944年から1945年まで強制動員した被害者たちに損害賠償をする法的義務が認められました。貴社は、この事件すべての判決において、上告しましたが、最近の韓国大法院全員合議体の判決に照らしてみると、この事件の判決が変わる可能性は極めて低いと思われます。また、貴社は韓国内に事務所を設立し、多くの協力企業を持つほど、韓国内において多くの経済活動を行っているので、当然韓国法院の判決を尊重し、従う義務があるでしょう。

11

したがって原告の訴訟代理人は、2019年2月15日、貴社の東京本社を訪問し、以下のような

案件についての協議を要請したいと思います。

- ソウル高等法院2014ナ58797、ソウル高等法院2016ナ2084567、ソウル中央地方法院

2017ナ2113判決による損害賠償義務の履行方法

- 賠償金の伝達式を含む被害者の権利回復のための措置

貴社を相手にした追加訴訟も準備されている状況なので、私たちは貴社が被害者の方々との包

括的協議を通じて、この問題を解決することを望んでいます。もし、この協議要請が合理的回答

または理由もなく断られる場合、私たちは原告の皆さんが高齢であることを考慮し、この事件判決

の仮執行宣告に基づき、貴社の韓国内における資産に対する強制執行手続きを開始する予定

であることをお知らせ致します。

2019年2月15日

法務法人ヘマル　担当弁護士　金世恩、林宰成

太平洋戦争被害者補償推進協議会　共同代表　李熙子、執行委員長　金敏喆

第2次不二越強制連行・強制労働訴訟を支援する北陸連絡会　共同代表　渡部敬直

近現代史記念館学術会議
『虐殺、原爆、強制動員被害を語る～調査現況と課題』
に参加して

韓国の原爆被害者を救援する市民の会会長　市場淳子

昨年12月21日（午後1時から6時）、ソウルの徳成女子大学の大講義室で、「近現代史記念館学術会議『虐殺、原爆、強制動員被害を語る～調査現況と課題』」と題されたシンポジウムが開催された。主催は江北区近現代史記念館（ハン・サングォン館長）・民族和解協力汎国民協議会（金弘傑キム・ホンゴル常任議長）、主管は民族問題研究所（任軒永イム・ホニョン所長）・太平洋戦争被害者補償推進協議会、後援はソウル市・江北区（朴謙洙パク・キョムス区長）・強制動員問題の解決と対日過去清算のための共同行動、である。私は発表者の一人として本シンポジウムに参加した。日本からの日本人参加者は全員が「強制連行真相究明ネットワーク」関係者であった。

シンポジウムは主催、主管、後援団体の代表者4名（上記の括弧内）の開会の辞で始まった。金弘傑常任議長はシンポジウムの目的を次のように述べられた。

「今年は強制動員が始まってから80周年にあたる年です。多くの方々が戦争に動員され、ぬぐうことのできない傷を受けられた方々が数多くいますが、我々はまだこの方々の恨みを晴らせない痛みを胸に秘めています。…今日の国際シンポジウムはこのような強制動員の問題を含めて、数千名の朝鮮人が虐殺された関東大震災時の大虐殺と4万余名が犠牲になった広島・長崎の原爆犠牲者の問題など、日帝の植民統治下で行われた蛮行に対する学問的論議を進展させる非常に重要な場であると考えます。我々は日本と闘うつもりだというのではなく、日本の真心のこもった謝罪と反省を求めているのです。」

金弘傑常任議長が本シンポジウムを国際シンポジウムと称された所以は、発表者・討論者が韓国人、在日朝鮮人、日本人で構成されていたからである。2018年4月27日の南北首脳会談以降、韓国では植民地下における朝鮮人強制動員および虐殺の真相究明を南北共同で推進するための模索が始まっている。本シンポジウムもその一環として開催されたものである。

13

開会の辞に続いて第 1 部と第 2 部に分かれて行われた発表および総合討論の内容は次のとおりである。

	被害	発表テーマ	発表者
発表	**第1部** 虐殺	韓半島内における人命被害調査の現況と課題	金丞垠（キム・スンウン）（民族問題研究所責任研究員）
		関東大虐殺真相糾明の成果と課題	金ガンサン（成均館大学博士課程）
	原爆	広島・長崎朝鮮人原爆被害の実態を解明するための基礎資料	市場淳子（韓国の原爆被害者を救援する市民の会会長）
	第2部 強制動員	韓国における「強制動員委員会」の活動の成果と課題	金敏喆（キム・ミンチョル）（慶熙大学フマニタスカレッジ教授）
		日本における強制動員研究の現状と課題	樋口雄一（前高麗博物館長）
		「遺骨問題」から問いなおす植民地主義・南北分断	小林知子（遺骨奉還宗教者市民連絡会共同代表）
		討論内容	**提起者**
総合討論		3.1 運動当時の死亡者推計作業について	リュ・ジュンボム（国史編纂委員会編史研究士）
		強制動員真相糾明委員会活動の評価	イ・サンウィ（仁川大学）
		「朝鮮人強制連行実数カウントプロジェクト」の提案など	飛田雄一（強制連行真相究明ネットワーク共同代表）
		本学術会議についてのコメント	小林久公（強制連行真相究明ネットワーク事務局次長）
		朝鮮人強制連行真相調査団の活動成果と課題	梁大隆（リャン・デリュン）（朝鮮人強制連行真相調査団事務局長）

シンポジウムを通じて明らかになったことは、「強制動員・関東大震災の虐殺・原爆被害・遺骨発掘・3.1 独立運動時の死亡者」すべての分野において、いまだにその実相は未解明部分のほうが大きいということである。

それらの被害に責任を負うべき日本政府は「日韓請求権協定ですべて清算済み」を繰り返すのみで自ら被害の実態解明に乗り出す気はまったくない。その姿勢は、新日鉄住金、三菱重工業の賠償責任を認めた韓国大法院判決以降、ますます頑なである。

被害の実相が明らかにならなければ被害の清算はできない。韓朝日の市民の連携による被害実態究明の努力はまだまだ続けられなければならない。（以上）

14

1・9「強制動員問題解決のための韓日専門家政策討論会」報告

強制動員問題解決と対日過去清算のための共同行動　北村めぐみ

　まずこの討論会が行われるのを知ったのは、「植民地歴史博物館と日本をつなぐ会」の事務局会議に参加し、そこで矢野さんから教えてもらいました。その後、広島に戻り、仕事の調整をして急遽、航空チケットを取り、参加する事にしました。強制動員問題については、昨年の韓国大法院で判決が出てから、日本中で注目を浴び、広島でも講演会や学習会が開催されています。でも実際のところ、"どうやったら解決できるのか"までは結論を出さず、「話を聞けて良かった」くらいに留まっています。この韓国での討論会に参加すればもう少し詳しい実状と解決策の提示があるのではないかと思い、参加を決めました。

　当日、会場は満員。テーブルと椅子を追加して席を作り座りました。主催側もこんな人が集まるとは予測されていなかったようです。そのくらい関心の高さを感じました。

　討論会が始まる前に、韓国国会議員の挨拶があり、その中で特に韓日議連代表の姜昌一議員が話をした内容が印象深く残りました。

　「韓国政府は日本で被害者たちが裁判を起こし、敗訴しても日本政府に対応を求めなかった。それは日本の司法を尊重したからだ。なのに日本政府は韓国大法院判決が出た後、韓国政府に対応を求めている。」

　日本が民主主義国家であるならば、三権分立の基本を守り、司法を尊重することは当たり前のことですが、それができていない日本の現状。それを改めて認識する言葉でした。

　討論会では「大法院判決意義と日韓請求権協定」「日本政府と日本企業に対する対応戦略」「強制動員問題解決のための韓国政府と国会の役割」の３項目に分かれ、発表をし、その後討論をする方式で話が進みました。ただどの項目も時間が足りない状態でした。

　「大法院判決意義と日韓請求権協定」では、新日鉄住金・三菱・不二越訴訟代理人であるイム・ジェソン弁護士が経過説明をし、次に日本弁護士連合会の川上詩朗弁護士が大法院判決の意義について述べ、民族問題研究所のチョ・シヒョン研究員が討論をされました。イム弁護士と川上弁護士によって大法院判決までの経過が整理され、意義も理解することができました。

　「日本政府と日本企業に対する対応戦略」での矢野秀喜さんの報告は、具体的な運動の方向性が提示されていて、特に各日本企業が掲げる「コンプライアンス」重視の立場に立ち、利益重視を判断していくよう迫っていくという話でした。「強制動員問題解決のための韓国政府と国会の役割」では、民族問題研究所のキム・ミンチョルさんがもっと具体的な解決するための提案「強制動員人権財団法の制定」でこれは韓国国会がする仕事と提起されました。いわゆる「2（日本政府と日本企業）＋2（韓国政府と韓国企業）」の発案です。日本政府と日本企業の出資を前提とされていますが、日本政府が出資する可能性がなく、それでも日本企業の出資する可能性を留めておく。その上で東アジアの市民たちとの連帯を強化し企業圧迫する。それ以外に追加で真相究明を目指す対日交渉をする。ゆうちょ銀行に保管された韓国人労働者通帳返還やコピー本の要求など真相究明に必要な被害資料要求を続けるなど。被害者救済には、真相究明は欠かせません。日本政府は65年日韓協定ですでに終わった問題、解決した問題にしたいのでしょう。でも、"併合

や植民地支配は不法"で被害者にとってはまだまだ終わっていない問題です。被害者を最後の一人まで救済するために、真相究明を求めて私も一緒に取り組んでいこうと感じた討論会でした。韓国の運動は決して諦めない。本来の意味の未来志向でいきたいです。

最後に、会場に来ていたマスコミは日本の主要メディア（テレビ東京・読売テレビ・テレビ朝日・フジテレビ・NHK他）とKBS。討論会の内容よりも「いつ差し押さえの強制執行をするのか」「現金化するのか」の質問ばかり。その上、NHKはまだ討論会が終わっていないのにレポーターを配置し撮り始めていました。この討論会の取材に来たというよりも韓国側の動きを探りに来たという感じでした。その後も韓国を一方的に悪者にしたような報道が止まってません。

討論内容　以下目次より

1「大法院判決の意義と日韓請求権協定」

発表1　イムジェソン　（民弁、新日鐵住金、三菱、不二越訴訟代理人）
発表2　川上詩朗（日本弁護士連合会）
討　論　チョシヒョン（民族問題研究所研究委員）

2「日本政府と企業に対する対応戦略」

発　表　矢野秀喜（日韓共同行動事務局）
討　論　チェボンデ（大韓弁協日帝被害者人権委員会委員長）

3「強制動員解決のための韓国政府と国会の役割」
発　表　キムミンチョル（強制動員共同行動運営委員長）
討　論　イグクォン（挺身隊ハルモニとともにする市民の会共同代表）

4　全体討論　「日韓市民社会は何をすべきなのか？」

日韓市民運動の協力が生んだ
「もう一つの八・一五」天理証言集会

天理・柳本飛行場の説明板撤去について考える会　川瀬俊治

はじめに

一九四三年から四五年八月一五日の敗戦前まで建設が進められた旧大和海軍航空隊所管の通称柳本飛行場。多くの朝鮮人労働者（確定した人数は不明）が強制連行された歴史文書は敗戦直後ほとんど焼却され現存していない。しかし、事実として刻まれた歴史は消されてしまうものではない。判明しているだけで三人が天理で亡くなっている。柳本飛行場に近くの寺の過去帳に記載されている。確認できる事実が氷山の一角であったとしても具体的に過去の歴史をこじ開けることができるのだ。私たちが二〇一八年八月一五日に開いた「もう一つの八・一五」証

言集会は、過去帳の記録から韓国江原道鉄原に住む遺家族金成嬉さんにたどり着くことで実現したのだ。これは日韓の市民運動の交流、協力により実現したものであることは特記していい。金成嬉が長旅をへて語られた証言は植民地支配、強制連行の実態とはどういうものか、戦後をどう生きてきたのか―など、参加者に衝撃を与えた。

遺骨奉還の取り組みが「受け皿」に

遺家族が韓国に生存している情報を知ったのは、二〇一七年秋のことだ。韓国の民間の歴史研究組織・民族問題研究所から遺骨問題から遺家族にたどり着けることになるかもしれないというアドバイスを受けた。植民地支配清算の一つに、いまなお植民地期の軍人・軍属、民間人の朝鮮人強制連行犠牲者の遺骨の収集と奉還の課題が横たわっているからだ。遺骨の奉還についてはここでは詳しく論じないが、柳本飛行場建設では、記録として判明する限り、金哲九さん（同二四歳）、金海永さん（享年二五歳）、張廣先さん（一九歳）―の三人が一九四五年四月（金哲九さん、金海永さん）、六月（張廣先さん）に亡くなっており（過去帳ではいずれも通名で表記している）、二〇一五年一二月に解散した「日帝強占下強制動員被害者真相糾名委員会」の業務を引き継いだ韓国行政安全部の外郭団体が私たちの相談しに応じてくれたのは、まだ柳本飛行場の未奉還の遺骨の可能性があるとみたからだろう。

三人の男性の名前を告げると、すぐに調査してくれて、一人の遺家族と連絡をとることができた。結果としては遺骨が未奉還ではなかったが（後述）、その遺族が金海永さんの長女金成嬉さんだった。以下、金成嬉の証言から父金海永さんの強制連行に至る歴史を記述する。

生後三日目に父金海永さんが死亡

金成嬉さんは一九四五年四月二六日に金海永さん、鄭長春さんの長女として朝鮮江原道春川に生まれた。生後三日後、四月二九日、金海永さんは強制連行の地・柳本飛行場で死亡した。作業中に感電死したという。金海永さんは春川高等学校の学生で、地域でも嘱望されていた人物であり、連行時は結婚してすぐで、結婚式の翌日に連行の命令が来たという。金海永さんは残酷な運命に怒りのあまり、自転車を川にほうり投げたという。また母鄭長春さんの証言によれば、金成嬉さんが生後三日後であることを伝えており、菩提寺である専行院の過去帳の記述とも一致した。

過去帳によれば、金海永さんの住所は「海軍施設部」。この事実がわかったのが一九九一年にさかのぼる（『解放新聞』奈良県版）。金海永さんは「海軍施設部」に所属して柳本飛行場の建設を受け持った海軍施設部の組織の一つ大阪海軍施設部の管理下のもと建設工事に就いていたことになる。事実判明から

実に二七年の歳月を要して遺族の娘金成嬉さんに辿りついたことになる。

文頭で強調したように、日韓協力が実を結ぶまでのこの四半世紀以上の年月は、日韓の歴史清算の市民運動のタイムラグでもある（日韓政府間のタイムラグではない）。日本側（奈良）での「発掘」が先にあり、やがて韓国では市民の要求を受けた盧武鉉政権が過去事清算で強制連行被害者の申告被害者支援に乗り出し、歴史清算の日韓市民の運動の取り組みが重なるようになったのである。

しかし、日本の市民運動が先行したとするのは早計である。なぜなら日韓請求権協定の「韓国の独立祝い金」（当時の椎名外相の談）たる有償、無償の八億ドルは韓国の重工業隆盛策に投入され、被害者、遺家族の声は圧殺されてきた。いまやっと過去事清算が日韓市民の手により実を結び始めたといえる。そのささやかな取り組みが奈良で実を結んだといえる。

「戸籍受付帳」になぜ名前がないのか

以下は金成嬉さんが母鄭長春から聞いたことだ。金海永さんの遺骨は遺族に届けられたが、柳本飛行場の請負企業大林組か、大阪海軍施設部かは不明。ただ後述するように大林組ではないようだ。軍の指示を受けた面事務所職員の可能性が強い。

このことは以下の事実で確認されるだろう。植民地下の朝鮮人は日本国籍に組み入れられ、日本で亡くなった場合は「戸籍受付帳」に記載されることになっている。天理市は親族などが閲覧できる「戸籍受付帳」（当時は朝和村所管）を保管しているが、現存すれば父金海永さんの死亡日時が判明する。しかし、金成嬉さんが八月一四日に「戸籍受付帳」の開示請求を行なったが、父の名前はなかった。

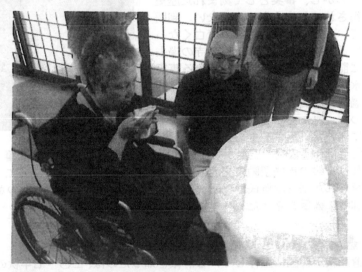

専行院の過去帳の記載では、亡くなった三人の住所が「海軍施設部」となっている。先にも少しふれたが、工事を担当したのは、「大阪海軍施設部」だ。この違いは何か。金海永さんは「海軍施設部」に軍属として強制連行され、構成組織の「大阪海軍施設部」所管の柳本飛行場建設工事で犠牲になった。そこで連行元である「海軍施設部」が遺骨を遺家族に伝達したとみていいのではないか。私たちの聞き取りに応じてくださった被連行者六人（一人は連行直後に逃亡したため加えていない）は、いずれも一九四五年九月中に南朝鮮（当時）に送り返されている。民間企業から連行された軍属（柳本飛行場の場合）の「送還」は、一〇月以降であることから、民間ではなく軍（海軍）による被連行者と判断できる。金海永さんは軍による連行を受け、遺骨も軍により奉還された。「戸籍受付帳」に記載がないのは、軍管轄で処遇したと推察される。軍が役場（当時朝和村）での届けをすることなく徴用した朝鮮江原道春川の面事務所に連絡、それが遺家族に直接伝えたとみられる。ただ他の強制連行の事例はどうなっているのか。これは今後の検証課題になる。

朝鮮戦争で家も焼かれ、戸籍簿も消失した

金成嬉さんの戦後史だが、母は金成嬉さんが幼くして再婚したため、母の愛情とも薄く「孤児のようだった」と述懐している。母方の祖母に育てられたあと、のちに父方の祖父母の元で育った。

一九五〇年六月二五日から離散家族一〇〇〇万人、犠牲者四〇〇万人を生んだ朝鮮戦争が勃発した。金成嬉さんは祖父とともに荷車に家財道具を詰めて逃げたという。祖父の家は戦火で消失し、金海永さんの写真も消失してしまった。金成嬉さんは八月一四日に専行院に赴き過去帳で父の死を確認したが、その時に「父の写真はありますか」と寺側に訪ねた。「もしかして父の写真があれば」という希望があったからだ。父の顔を知らないだけに天理で写真を探し出したいと願っていたのだ。その思いは叶わなかった。

さらに朝鮮戦争の被害は面事務所も焼失した。親子関係を記した戸籍簿が焼けてしまった。金成嬉さんが一人娘であることを証明することができなくなった。この戸籍簿の焼失は中学校進学の壁にもなった。書類上から進学できなかったからだ。中学校を進めなかったハンディは、その後の生活でも大きく

影響した。「苦労は大変でしたでしょう」と質問しても、「苦労の数々は口に表せない」という。

　二〇〇六年には裁判で親子関係を証明して戸籍簿を作り直した。これは盧武鉉政権での過去事精算で被害者申請をするためだった。日韓請求権協定が日本の植民地支配賠償ではなく民事的な債務関係を解決するものであった。このことはあまり知られていないが、盧武鉉政権は民事面での解決が不十分だったことから「追加支援」を打ち出し、これに金成嬉さんと母鄭長春さんが該当者として申請したのである。「これまで母に父のことを詳しく聞けなかったが、申請の時に色々話ができた」とも語っている。

家族をバラバラにした植民地支配と戦争

　一九六六年に結婚、夫は三二歳で他界し、一〇歳を超えた長男を頭に三人の子どもを育ててこれまで半生を送ってきたが、日本への「恨」は消えることはなかった。植民地支配が家族をバラバラにしてしまった。

　「訪日に反対してきた長男に何も言わずに来た。言えば止められたからです」と言い、証言の最後に「日本は嫌いです。この恨んでいる気持ちはどうすればいいのでしょうか」と締めくくった。

　金成喜さんにとって天理の訪問は、大変な葛藤を抱えたさ末の決断だった。招聘した側の想像を超えるものだ。まず、天理を訪れるために体力回復に努められた。両膝の手術で思うように歩けない。歩行訓練を続けて訪日に備えた。なんとしても父の足跡を辿りたかった必死の思いがそこにあった。証言では「在日韓国人として天理で生きていてくれれば」とも語り、八月一四日に専行院の過去帳で父の名前があることに直面、「アボジ、アボジ」と何度も繰り返し嗚咽が止まらなかったのは、七〇年以上も父の死から年月を経ているが、その事実を受け止められなかったことを表しているのではないか。「私はここで死にたい」と話した言葉のとてつもない重みは、日韓請求権協定により過去清算が終えたとする浅薄な歴史認識を打ち砕くものがある。

　七〇歳の祝いで友人たちは「日本に旅行しましょう」と誘ってくれたが、「どうした父が死んだ日本に行くのを誘うのか」と訪日しなかった。日本に行くことへの抵抗を私を含めどれ真剣に受け止めただろうか。八月一五日の証言集会では「日本に行って何になると天理に行くことに反対した長男に何も言わずに来た」とも語った。

割れるような拍手と沈黙が語るもの

　八月一六日朝、関西国際空港から帰路についたのだが、同じ日に韓国訪問する奈良の教員たちとロビーで出会った。そのとき、一行の一人の女性が金成嬉さんに気付き駆け寄って来た。「私たちは金成嬉さんが日本を好きになるように頑張ります。頑張ります」と手を握りながら涙を流して語りかけた。「私の母も昨日の証言の会に出ていて、金成嬉さんの話にショックを受けました。韓国について学びたいと言っています。

　帰国後、私は二度電話で金成嬉さんと話した。「私の生涯であんなに皆さんに親切にしていただいたことはなかった。車椅子を用意していただいたことに感謝しています」。

　すべて日韓請求権協定で解決しているとして、あらゆる過去事清算を拒絶する日本政府は、いかに強制連行や植民地支配の実態、被害とかけ離れているか、彼女の証言が日本政府の抗弁を打ち砕いてもいる。そのことが直感的にわかるから、八〇人を超える集会参加者が一斉に沈黙し、話が終わった後の割れるような拍手に変わったのだ。空港で出会った教員のような方がきっと未来を切り開いてくれるに違いない。

　※柳本飛行場は一九四三年から日本の敗戦まで工事が進み、大林組が元請けで多くの朝鮮人軍属が強制労働に就いたほか、朝鮮人女性が朝鮮半島（慶尚南道など）から連行された歴史をもつ。その歴史的事実を一九九五年に天理市長と天理市教育長名で説明板を天理市内の公園に設置したが、二一四年四月一八日にその内容が「不確かだ」として並河健天理市長の一存で撤去された。以降、再設置を求めて並河市長に要求してきたが、私たち市民団体と話し合いのテーブルにつくことを拒否。韓国の市民代表が「歴史を直視して未来の日韓関係を」と願い再設置要望の一〇〇〇〇余の筆署を持参して市役所を訪れても会うことはなかった。

　その後、市民運動は市への再設置要求とともに、市民のカンパで説明板を作る運動に発展し、三年間の取り組みをへて今年四月一三日に完成して柳本飛行場跡地に設置し除幕式を行う。この運動は韓国でも同時に勧められ、天理市の姉妹都市瑞山市の市民も同様の説明板を同時期に設置する。

19

三菱長崎造船所の強制動員被害者3人が
長崎市・日本政府に勝訴　被爆者手帳を獲得

韓国の原爆被害者を救援する市民の会　　河井　章子

　三菱重工長崎造船所に強制動員されていた90歳代の韓国人男性3人が被爆者手帳の申請を却下した長崎市と日本政府を相手取り提訴したことを2016年10月ネットワークニュースNo.8と2017年3月の全国研究集会レジュメで報告した。提訴から2年余の1月8日長崎地裁は「原告の証言は具体的で信用できる」として手帳交付を命じた。
　「必ず勝って、生きているうちに手帳を渡す」という決意が実現した。

【長崎での鮮明な記憶】

李寛模（イ・グァンモ）さん**96歳**　今は北朝鮮となっている黄海道で、徴用を避けて山に隠れたものの町役場の職員に「1年だけだ」と説得されて山を降りた。長崎造船所での番号を36912と覚えていた。同じ村から行った人の名前を挙げ、それを知る友人の連絡先も長崎市に告げた。しかし長崎市は木鉢寮名簿や職場の親睦組織のような名簿を持ち出し36912がないことを示してきた。他に36912がいたと言うならまだしも、番号がないのでは反証にならない。同郷の友人が挙げた日本に動員された知人の名前は、李さんが挙げた名前と合致していた。ところが呆れたことに、被告側は「同一人物かどうかわからない」と言ったのだ。さらに後押しとなったのは、李さんが覚えていたストライキだ。「1年という話で来たのに1年過ぎても帰してもらえず、皆が怒って一斉に就業を拒否した。軍隊まで出てきた」と言われた。それは1945年8月1日のストライキであり、驚いて説得に走る幹部の話が、長崎造船所関係者の手記集「原爆前後」に、複数収録されていた。正に原爆投下下の直前まで李さんが長崎にいた証しであった。

裵漢燮（ペ・ハンソプ）さん**92歳**　慶尚南道南海島から福岡県の姉夫婦を頼って来日。花売りを手伝った後、八幡製鉄所のバラスなどを運ぶ八幡貨物自動車の運転助手をしていた時に徴用された。造船所の足場から転落して三菱病院に入院したこともあった。夜勤明けで寮に戻った時に原爆が炸裂。伏せた背中に石や木材、ガラスなどが激しく当たった。裵さんの背骨は明らかに陥没していた。彼は寮に帰る前に、米軍の「原子爆弾を落とす。早く避難せよ」と書かれたビラを拾っていた。広島に原爆が投下された8月6日以降のビラではないかと推測された。他の徴用工は12時5分前を指す丸い時計が描かれたビラを拾っていた。「沖縄の次は本土だ」という警告だ。裵さんは「絵はなかった」と言った。被告側は「どのビラかも特定できないのでは証拠にならない。背骨の傷は作業中転落した時のものかもしれない」と反論した。

金成洙（キム・ソンス）さん**93歳**　慶尚南道南海島から福岡県大牟田市に来て菓子店に奉公していた金さんは驚くべき記憶力の持ち主だった。自力で歩けるので2016年、第1回口頭弁論の際に来日。本人陳述で「副所長が『ここは東洋一の造船所。戦争がなければ朝鮮人が働くなど考えもつかない。大変な名誉だと思え』と訓示した。木鉢寮から丸山寮に移された。輸送船などを一生懸命造ったのに長崎市は私達が長崎にいたことさえ認めようとしない。無念だ」と訴えた。金さんは「熊本第五高等学校の生徒さんと一緒に働いた」と言われたので「名前なんか覚えていませんよね？」と聞くと「カタオカさんとモリさん」と言われた。「熊本五高記念館」に問い合わせると「残念ながら故人だが、長崎造船所に学徒動員された森さんがいる。被爆者手帳も取得していた」と回答があった。また金さんが8月9日、学生らと避難していた防空壕は、山裾に掘られた横穴だと皆が思っていたのが「違います。海辺の埋立地に掘ら

れた壕です」と言われた。そんな所に壕を掘ったら上空からは丸見えじゃないかと思ったが、「大きい物は 20 人ぐらい入れて、上に鉄板や枕木を乗せ、石や砂で隠したんです」と言われた。私達は米軍が原爆投下前に撮影していた長崎市の航空写真を調べた。すると造船所の埋立地に防空壕と思われる土盛りが数個写っていたのだ。それは、正に原爆が投下された時に金さんがいた地点の証明だった。

こうした裏付けを取っては裁判所に提出、その積み重ねが「原告の証言は信頼できる」という判断につながったと思う。もう一つ特筆すべきは真相究明ネットの小林久公さんが引き出された証明書だ。

【長崎法務局の供託金名簿廃棄が明らかに】

私が 2015 年 7 月、小林さんの助言を受けて入手した長崎法務局の供託金受付簿（1945.8.15～1950.12.31）1220 枚のなかの 1 行は、金額も供託年月日も、国立公文書館つくば分館所蔵「経済協力・韓国 105、108」「朝鮮人の在日資産調査報告綴」と一致していた。しかし肝心の名簿がないため、ストップしていた。小林さんはその後も粘り強く追及し、遂に 2017 年 7 月長崎法務局に「金銭供託書副本廃棄に関する証明書」を出させた。韓国政府も要求していた長崎造船所の名簿、約 3400 人分は、1970 年に廃棄されていたのだ。

「朝鮮人の名簿は時効を適用せず保管せよ」という通達にも違反していると追及すると、法務省は「それは朝鮮人の名簿ではなかったはずだ。裁判で判断してもらう」と開き直った。

裁判長は「長崎法務局が廃棄した供託書類は、朝鮮人労働者に関するものと推認できる」と断じた。

昨年 10 月の韓国大法院判決で「徴用工」は俄かにクローズアップされ、日本では政府の「解決済み」キャンペーンが席巻している感がある。しかしこの裁判の原告 3 人が正に

三菱重工業長崎造船所に強制動員の「生き証人」だ。もちろん供託金の存在も知らず、彼らにとって何一つ解決はしていなかった。彼らは法廷で危険な現場の実態や、粗末な食事で重労働を強いられたことを訴え「証拠は全て日本にあるはずだ」と主張した。単に手帳 1 冊のための闘いではなく、長崎市の「平和行政」の衣を剥がし、国が「徴用」を隠蔽するために名簿を捨てた事実を暴き、海の向こうから日本を見つめる視線を長崎の地で知らしめた。心残りは「3 人の資料は戦災等で現存せず、供託関係書類についても現存していないため、在籍が確認できません」と三菱が逃げおおせたことである。

第12回強制動員真相究明全国研究集会

市民のための「碑（いしぶみ）から学ぶこと」

2019年4月6日（土）13:00〜17:00

場　所　高崎市労使会館

参加費　1000円（一般1000円　学生500円）

当日の午前中に同会場で「記憶　反省　そして友好」の追悼碑を守る会の総会と集会が行われます。こちらにもぜひご参加ください。
4月6日（土）10時〜11時　第16回追悼碑総会
4月6日（土）11時〜12時　第16回追悼碑集会（献花）

研究集会（一日目）

開会挨拶　角田義一弁護士　　　「記憶　反省　そして友好」の追悼碑を守る会

＜群馬の報告＞

①群馬の森追悼碑裁判報告　　　　下山順弁護士　「記憶　反省　そして友好」の追悼碑を守る会
②中島飛行場地下工場について　　石塚久則さん　「記憶　反省　そして友好」の追悼碑を守る会
③群馬における朝鮮人強制連行について　　竹内康人さん　強制動員真相究明ネットワーク

特別報告

「韓国大法院判決の意義と今後の取り組み」山本直好さん　日本製鉄元徴用工裁判を支援する会

講　演

「日本近代史をどうとらえるか―明治産業革命遺産をめぐって」

外村大さん　　　東京大学

各地の報告

・兵庫県の追悼碑について　　　　　徐根植さん　　兵庫朝鮮関係研究会
・日韓市民運動の協力が生んだ天理・柳本飛行場の説明板設置と
　　遺家族の「もう一つの8・15」証言集会　　川瀬俊治さん　奈良・発掘する会
・長生炭鉱の遺骨返還の取り組み　　井上洋子さん　　長生炭鉱の水非常を歴史に刻む会
・松代大本営工事に関わった朝鮮人労働者名簿について
　　　　　　　　　　　　　　　北原高子さん　長野県強制労働調査ネットワーク

質疑・意見交換

閉会挨拶

18:00〜　懇親会　会費　4000円

主催　「記憶　反省　そして友好」の追悼碑を守る会
強制動員真相究明ネットワーク

（連絡先）〒657-0064　神戸市灘区山田町3-1-1（財）神戸学生青年センター内

ホームページ：http://www.ksyc.jp/sinsou-net/　mail mitsunobu100@hotmail.com 携帯 090-8482-9725

フィールドワーク（2日目）

高崎市労使会館
高崎市東町 80-1
TEL 027-323-1598
高崎駅東口下車左折徒歩10分

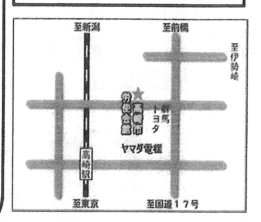

日時　4月7日(日)
　　　午前9時～12時
内容「群馬の森の追悼碑を巡る」
集合・解散　　JR高崎駅
▽藤岡市の成道寺の関東大震災朝鮮人慰霊碑
▽群馬の森の岩鼻火薬製造所跡の遺跡
▽群馬の森の朝鮮人強制連行犠牲者追悼碑

＜連絡先・申込みのご案内＞

◎参加希望される方は「事前申込」をお願いします

◎申込締切　2019年3月20日（水）

メール　mitsunobu100@hotmail.com　　携帯　090-8482-9725 (中田)まで

ＦＡＸでの申し込み　　fax番号　075-641-6564

お名前　＿＿＿＿＿＿＿＿＿＿＿＿＿＿＿＿

連絡先（メール・携帯番号等）＿＿＿＿＿＿＿＿＿＿＿＿

参加されるものに〇をお願いします。

　　　　集会　　　懇親会　　　フィールドワーク

「明治日本の産業革命遺産」と強制労働

ユーチューブでも見れます！
『「明治日本の産業革命遺産」と強制労働』／映像版
「強制動員真相究明ネットワーク」のホームページからたどれます
https://youtu.be/4jdZC9CJmlw

ブックレットの申込み
1部500円
ただし10部以上まとめて購入の場合1部400円（送料無料）
下記郵便振替口座への入金確認後発送します
送金先：[郵便振替口座]
00930−9−297182
真相究明ネット
問合せ先　神戸学生青年センター
078-851-2760

【会費振込のお願い】

２０１８年度（2018年4月〜2019年3月）の会費がまだの方は振り込みいただきますようお願いいたします。

個人一口3000円、団体一口5000円（本ニュース紙を郵送で受け取られた方は、同封の振込用紙をご使用ください。）

送金先：[郵便振替口座] 00930−9−297182　真相究明ネット

強制動員真相究明
ネットワークニュース No.14 2019年7月8日

編集・発行：強制動員真相究明ネットワーク

（共同代表／飛田雄一、庵逧由香　事務局長／中田光信　事務局次長／小林久公）
〒657-0064 神戸市灘区山田町3-1-1（公財）神戸学生青年センター内
ホームページ：http://www.ksyc.jp/sinsou-net/　E-mail：mitsunobu100@gmail.com（中田）
TEL 078-851-2760 FAX 078-821-5878（飛田）　郵便振替＜00930－9－297182　真相究明ネット＞

＜目次＞

＜特集＞「第12回強制動員真相究明全国研究集会（高崎）」

＜集会報告＞
　　第12回強制動員真相究明全国研究集会（高崎）報告　　竹内康人さん　　　-3-
　　『むくげ通信』294号、2019.5.26より　　　　　　　飛田雄一さん　　　-6-
＜講　　演＞
「日本近代史をどうとらえるか―明治産業革命遺産をめぐって」
　　　　　　　　　　　　　　　　　東京大学　外村大さん　　　　-8-
＜集会感想＞
　高崎健康福祉大学 内山瑠華さん　　立命館大学院文学研究科　山﨑瞳さん　　-11-
＜群馬から＞
　　研究集会参加への御礼
　　　第12回全国研究集会・高崎　群馬側実行委員　石塚久則さん　　-12-

西岡力「でっちあげの徴用工問題」（草思社）を読んで

　　　　　　　　日本製鉄元徴用工裁判を支援する会　山本　直好さん　　　-13-

加藤康子内閣参与が理事を務める産業遺産国民会議と

　　　　　　　政府の世界遺産登録推進室との黒い関係

　　　　強制動員真相究明ネットワーク事務局次長　小林久公さん　-18-

＜声　　明＞

日本政府と企業は朝鮮人強制動員・強制労働問題の包括的解決を

　　　　　　強制動員真相究明ネットワーク　　　　　　　　-20-

第13回集会予告・2019年度会費納入のお願い　　　　　　　　-24-

1

第12回強制動員真相究明全国研究集会（高崎）報告

　　　　　　　　　　　　　　　　　　　　　強制動員真相究明ネットワーク会員　竹内康人

高崎で第12回全国研究集会開催

　2019年4月6日、群馬県高崎市内で第12回強制動員真相究明全国研究集会が開催され、120人が参加した。集会は「市民のための碑（いしぶみ）から学ぶこと」をテーマにもたれ、群馬の強制連行と追悼碑、全国各地の追悼碑の事例が示された。

　群馬県は2004年3月に県立公園である群馬の森への朝鮮人追悼碑の設置を許可し、同年4月、群馬県朝鮮人追悼碑（記憶　反省　そして友好）が設置された。しかし、2012年に追悼碑前での追悼集会の発言を政治的なものとみなし、碑の撤去を求める右派の動きが現れたため、追悼碑を守る会は2013年の追悼集会を屋内でもった。2014年には、県議会で碑の設置許可不更新を求める右派の請願が採択され、県は設置期間の更新を拒否するに至った。

これに対し、追悼碑を守る会は県の不許可を違法・違憲とし、前橋地裁に提訴した。2018年2月の地裁判決は、追悼碑の価値を認め、県の不許可処分を、裁量権を逸脱し、違法なものとし、処分を取り消すものだった。これに対し県は控訴したが、東京高裁は和解協議をすすめた。

今回の集会はこのような情勢のなかで設定された。集会に先だって追悼集会がもたれ、追悼碑裁判の経過が示され、献花をおこなった。

群馬県の強制連行と追悼碑

　研究集会での群馬県の報告では、最初に群馬の森追悼碑訴訟弁護団の下山順事務局長が朝鮮人追悼碑をめぐる訴訟の現状を話した。下山弁護士は、追悼式の発言での表現の自由、追悼式を政治的行事とする認識、追悼碑の許可条件違反と都市公園の効用機能の関係、不許可処分の裁量権逸脱などの争点を解説し、地裁判決が強制連行の文言を含む発言を政治的発言と認定としたことなどの問題点をあげた。そして、自治体が歴史修正主義に屈する動きをあげ、それに抗し、表現の自由を守るために市民が声をあげていくことの大切さを示した。

中島飛行機太田地下工場跡を保存する会の石塚久則さんは、中島飛行機の軍用機生産と戦時の工場労働や地下工場建設工事への朝鮮人の強制動員の歴史を示し、藪塚地下工場建設に動員された朝鮮人・中国人の調査の経過を話した。

竹内は群馬県の朝鮮人強制連行について、行政史料から、群馬県へは1944年3月までに約2000人が労務動員され、44年12月の現在数は約3000人であり、その後の動員状況から、動員数を6000人以上と推定できること、1943年末には群馬県の朝鮮人数は1万2000人ほどになったこと、「知事事務報告書」（1944.2）からは中島飛行機小泉工場に1943年12月、朝鮮人20人が徴用されたことがわかること、群馬県の朝鮮人労働現場は40か所ほどあるが、約半数は強制動員の現場と判定できることを示

した。

続いて特別報告として、山本直好さんが「韓国大法院判決の意義と今後の取り組み」について話した。山本さんは徴用工判決を65年日韓請求権協定のはらむ矛盾が現出したものとする見地を紹介し、2002年の日鉄大阪高裁判決では、大阪製鉄所での労働を「実質的に強制労働に該当し、違法といわざるを得ない」と認定したこと、1999年にはILO専門家委員会が朝鮮人・中国人の大規模な労働徴用を強制労働条約違反と認定したことなどをあげ、保守系雑誌の論調を批判した。

外村大さんは、日本の近代化で膨張主義を批判的にみた人びとを想起し、記憶することを呼びかけた。また、現憲法の民主主義・人権・平和の理念をふまえ、軍国主義に抗した動きを公共的な記憶とすべきであり、産業革命遺産では戦時の動員での法的強制だけでなく、実態的強制を認識することが大切とした。

全国各地の追悼碑をめぐる動き

つづいての各地の報告では、兵庫の徐根植さんが、兵庫の追悼碑と実地調査と追悼会の状態を紹介した。徐さんは、石碑とその調査は、歴史を伝え、教訓を刻み、歴史を忘れないために必要なものであり、各地に残る追悼碑は死亡の原因や労働の状況を伝えるものと話した。また、定期的な追悼会や現地額首魁の意義についても示した。

奈良の川瀬俊治さんは天理・柳本飛行場の説明板をめぐる動きについて話した。柳本飛行場については市教育委員会が1995年の説明板で、市民運動の調査成果をふまえ、強制連行された朝鮮人の存在を示し、また、「慰安所」が置かれ、朝鮮女性が強制連行された事実も記した。この説明板に対し、群馬と同時期の2014年に右派の攻撃が強まり、市教委は説明板を撤去した。市民団体はこれに抗し、日韓の共同作業で説明板を設置する活動をおこない、2019年4月にその説明板の除幕をおこなう予定である。

山口の井上洋子さんは宇部の長生炭鉱での追悼碑設置と遺骨収集への取り組みについて紹介した。井上さんは、戦時の長生炭鉱事故は犠牲者183人、そのうち朝鮮人136人という事故であったことを示し、その追悼碑の建立は、海底に埋まったままの遺骨の発掘という新たな事業のはじまりとなったことを、遺族の思いを示しながら、話した。

長野の北原高子さんは長野県での松代大本営の労働者名簿の発見とその分析について話した。北原さんは新たに発見された特高集約の朝鮮人名簿2432人分を分析し、慶尚道の出身者が多いことを示した。そして、労働者の家族に会える可能性があり、真相究明をすすめたいと話した。長野でも松代大本営の碑の改ざんが起きている。

報告後の質疑では、群馬の訴訟で強制連行の事実を語ることを政治的行為としたことの問題、政府・企業の中国と韓国に対する道義的責任の認識の相違の理由、若い世代への継承の取り組みの課題などが議論された。

藤岡の関東大震災朝鮮人追悼碑と群馬の森の追悼碑

翌日の4月7日、フィールドワークで藤岡の関東大震災朝鮮人追悼碑と群馬の森の追悼碑などを歩いた。

藤岡第二小学校前には桜の並木があり、満開だった。この桜は1960年の朝鮮への帰国に際し、植えられたものである。その由来を記した碑が残されている。戦後、強制動員（集団移入）された人びと2200

人ほどの帰国がすすみ、群馬からの帰国者は 3400 人を超えることになった。群馬に在留した朝鮮人も多かったが、1960 年代の帰国運動で朝鮮北部に移住した人びともいた。移住後も、苦難の歴史だった。その一人ひとりの歴史を語ることのできる日はいつになるのだろう。

　藤岡市の成道寺には、関東大震災で虐殺された 17 人の名を刻んだ追悼碑がある。1923 年 9 月 5 日、藤岡の住民が成道寺に横にあった警察署を襲い、16 人を虐殺し、さらに翌日 1 人を殺した。殺された人びとは近くで砂利採集に従事していた労働者とみられる。現在の碑は 1957 年に再建されたものであるが、碑文には誰が殺害したのかは記されず、自然災害で亡くなったかのようである。兄弟としての世界平和が記されているが、加害の事実は記されていない。この碑の前では毎年、慰霊祭がもたれている。
この碑をめぐる経過については、朝鮮人強制連行の調査と群馬の追悼碑の建立をすすめた故猪上輝雄さんの「藤岡での朝鮮人虐殺事件」(1995 年)に詳しい。事実を記した副碑(説明板)も必要である。

　県立公園である群馬の森には、かつて東京第二陸軍造兵廠岩鼻火薬製造所が置かれていた。重要な戦争遺跡であるが、戦後、多くは破壊された。爆発防止用の土塁の一部、火薬製造用建屋、射撃用トンネル状構築物(1935 年完成)などが残っている。それらの遺跡から過去を見つめ、未来への道を思考することができる。公園内には「我が国ダイナマイト発祥の地」(1973 年)の碑もある。富国強兵と産業史への貢献が記されているが、その火薬は砲弾や爆弾にも使われた。その加害の歴史への反省は記されていない。

群馬の森の朝鮮人追悼碑は日本による戦時の労務動員とそこでの犠牲者を記憶し、その歴史を反省し、追悼し、友好を願うものである。碑は、この国の市民の歴史認識の現状を示す。碑の前に立ち、現在の碑をめぐる状況を聞いた。この碑には「強制連行」は記されてはいないが、この碑の前で、強制連行を語ることが政治的行為とされ、そのように現時点で県は認識している。このような歪曲された認識は市民の力で払拭されなければならない。

　追悼碑は、名も記されないままの無縁の死者のまなざしを受け止め、新たな時代を創造する精神を分かち合う場でもある。

「第12回強制動員真相究明全国研究集会 2019.4.6-7 in 高崎」に参加して

飛田雄一 (『むくげ通信』294号、2019.5.26より)

高崎に初めていった。関西からはなじみが薄いのは仕方がない。実は、群馬のあたり、私には位置関係がよく分かっていない。予習をと思って愛用しているガイドブック『ことりっぷ』の群馬版を買って読んだ。前橋を高崎のつもりで読んでいて、はっと高崎だと思いその本を探したが高崎がなかった。

関東の人も西日本には弱いようで、「飛田さん、広島に行くのでいっしょに行こう」と言われてがっくりきたことがある。

高崎には「青春18切符」でいった。私の青春18では一番遠いところだ。18切符は、5枚分で11,500円、1回あたり2300円の計算になる。5枚使わないので金券ショップで1回分を買った。3000円だった。×回分を買って残りを金券ショップで買い取ってもらう手もあるが、私は今回の有効期限(3/1～4/10)のぎりぎりだったので再買取りは不可の時期。1回分のチケットをショップにお願いして購入した。

●

さて、＜第12回強制動員真相究明全国研究集会—市民のための「碑(いしぶみ)から学ぶこと」＞、集会は、4月6日(土、高崎市労使会館)、主催は,強制動員真相究明ネットワークと「記憶 反省 そして友好」の追悼碑を守る会。その翌日はフィールドワークだ。

わたしは前日に約12時間かかって高崎に到着した。快速電車にしか乗れない18切符で7-8回乗り換えたが、連絡が結構うまくいっていて待ち時間は各5-15分程度だった。音楽と落語がたくさん入ったウオークマン、それに雑誌を持参した。全然退屈しなかった。次回どこかに18切符で行くときは、中島みゆきCDを5-6枚借りてルンルン気分で乗り込もうかと思う。

集会は、いつも充実したものだ。午後1時から5時まで報告が続くが、テンポがよく休憩時間もそれなりにある。

●

1) 群馬の報告／①群馬の森追悼碑裁判報告　下山順弁護士(群馬の森追悼碑訴訟弁護団事務局長)、②「中島飛行機太田地下工場跡を年表から学ぶ」　石塚久則(トンネルの会)、③群馬県の朝鮮人強制連行　竹内康人(強制動員真相究明ネットワーク)
2) 特別報告／「韓国大法院判決の意義と今後の取り組み」山本直好(日本製鉄元徴用工裁判を支援する会)
3) 講演／「日本近代史をどうとらえるか—明治産業革命遺産をめぐって」　外村大(東京大学)
4) 各地の報告／①兵庫県の在日コリアン関係石碑モニュメントと追悼会　徐根植(兵庫朝鮮関係研究会代表)、②日韓共同で進めた説明板同時設置の取り組み—天理からの報告　川瀬俊治(天理・柳本飛行場跡の説明板の撤去について考える会事務局長)、③「長生炭鉱の遺骨発掘収集」を強制連行・強制労働の象徴的な課題へ　井上洋子(長生炭鉱の水非常を歴史に刻む会)④松代大本営工事に関わった朝鮮人労働者について判ってきたこと　北原髙子(長野県強制労働調査ネットワーク)

内容をここで紹介することはできない。『第12回強制動員真相究明全国研究集会・資料集』(A4、69頁、400円、送料121円)をお求めください。送料とも521円を郵便振替＜00930－9－297182　真相究明ネット＞に。

竹内康人報告「群馬県の朝鮮人強制連行」

●

強制動員真相究明ネットワークは庵逧由香さんと私が共同代表をつとめている。今回わたしは司会担当ではなく、最後の挨拶だけだった。その内容はあまり覚えてないが「反日」という言葉についても触れた。連日マスコミで韓国の「反日」が報道されている。私は、だいたい以下のように発言した。

韓国の民衆運動も政府も「反日」という言葉は使っていない。植民地支配の時代から「抗日」と使われていた。確証はないが韓国側が「反日」と主張したことはないと思う。3.1独立運動も反日運動ではなくて抗日運動だ。だのに日本のマスコミが韓国の動きを報道するときにまくらことばのように「反日」という。おかしい。わたしたちは、「反日」という言葉は使わないようにしよう。マスコミにもそのように訴えよう。もし、自身が「反日」という言葉を使っていたら改め

よう。「抗日」なのだから・・・・。
　ちょっと違うような気もするがそのような趣旨だった。夜は、恒例の懇親会だ。大いに盛り上がった。私は2次会までとした?

懇親会、盛り上がっています

●

　翌4月7日（日）はフィールドワークだ。
　最初に、成道寺を訪ねた。1957年11月建立の「関東震災朝鮮人犠牲者 慰霊の碑」がある。碑文には「過ぐる大正12年（1923年）9月1日突如として起こった関東大震災によって世情が極度の不安に襲われたとき朝鮮人暴動の流言伝わり各地に於いて多くの犠牲者を出すに至った。藤岡市に於いても東京、埼玉方面より避難してきた17名のものが悲惨な最期を遂げた（後略）」と書かれている。そしてその17名の名前が刻まれている。その虐殺現場の警察所跡は成道寺のすぐ隣にある。

成道寺の「関東震災朝鮮人犠牲者 慰霊の碑」

　次に訪ねたのは「群馬の森」。広大な敷地に、群馬県近代美術館、群馬県歴史博物館などがある。私たちが訪ねたのは、そこではなく「岩鼻火薬製造所跡」。
　群馬県のHPには以下のようにある。
「群馬の森」の一帯は、かつては陸軍の火薬製造所があった所でした。その歴史は古く、明治15年（1882）11月、黒色火薬の製造を開始しています。当時陸軍には東京の板橋に火薬製造所がありましたが、増産が必要となり、建設地を探した結果、岩鼻が選ばれたのです。その理由としては、烏川と井野川に沿って舟運の便がよく、水車の動力も得やすいことが挙げられています。／創業時は「東京砲兵工廠岩鼻火薬製造所」と称していましたが、大正12年（1923）4月に「陸軍造兵廠火工廠岩鼻火薬製造所」となり、昭和15年（1940）4月には「東京第二陸軍造兵廠岩鼻製造所」と変わっています。昭和20年に終戦を迎え、その歴史に幕を閉じました。

火薬庫関連の建物跡／石碑「我が国ダイナマイト発祥の地」

　そして最後に同じく群馬の森にある「朝鮮人強制連行犠牲者追悼碑」＝「記憶 反省 そして 友好」を訪ねた（写真右）。2004年4月に建立されたものだ。2001年6月県議会で、建立のための請願が全会一致で採択されて建立されたものだ。が、建立10年後の2014年、更新許可を県が不許可として現在裁判で争われている。（詳細は、群馬集会「資料集」参照）

金家の墓／金鶴泳の名が刻まれている

　公式フィールドワーク終了後、私は地元の藤原麗子さんの案内で金鶴泳の墓を訪ねた。真言宗専福寺(群馬県高崎市、高崎問屋町駅より0.4km)にある。
　金鶴泳は、本名・金廣正。1938年9月14日～1985年1月4日。1938年、群馬県に生まれ。東京大学大学院化学系研究科博士課程中退。1966年に「凍える口」で文藝賞受賞。以後作家活動に入り、「冬の光」「鑿」「夏の亀裂」「石の道」の四作が芥川龍之介賞候補作となっている。吃音者・在日朝鮮人二世という苦悩の中、独自の世界を描いた。1985年、自死。享年46。『むくげ通信』では、故金英達が「随想 金鶴泳と私」（34号、1976.1）、「研究報告 日朝複合家族の交錯的身分変動について―金鶴泳と郭早苗の作品を題材にして―」を書いている。

　帰路は、新幹線等で帰ってきた。ものたりない。

「日本近代史をどうとらえるか―明治産業革命遺産をめぐって」

東京大学　外村大さん

現代社会は、かつてであれば考えられないスピードで物事が変化し、かつ大量の情報が生産され流布している。そのなかでわたしたちは、様々なことを忘れてしまっている。2015年、に「明治日本の産業革命遺産」が世界遺産に登録された際に、関連施設での朝鮮人の労働について問題となったことも、4年が過ぎたいまではあまり覚えている人もいないし、マスコミでも話題にならないようである。とすれば、10年前や20年前、あるいは戦後の初期や1945年以前の出来事など、忘れてしまうのはしかたないのかもしれない。とは言え、重要なことについて思い出し、なぜ変化したのかを考えることは、やはり必要である。

　1990年代初頭、アジア諸外国の人びとへの戦後補償問題が注目を集めるようになっていた時期のことを、思い出してみよう。この時、世論はそれなりに戦後補償の実現に肯定的であった。朝日新聞社が1993年11月に実施した世論調査によれば、戦後補償要求に応じるべきか否かという設問に対して、50％が応じるべきであるとし、応じる必要はないとする34％を上回っていた（その他・答えない者が16％）。世代別・性別で「応じるべきだ」と答えた比率が高かったのは20〜24歳男性・84％、30〜34歳女性・71％、30〜34歳男性・70％などとなっており、おおむね、若い世代で肯定的な意見が多い傾向があった。

　現状、その人びとはどのような考えを持っているだろうか。被害者に対する補償を実現すべし、とする声は日本ではほとんど聞かれない。もし若い世代ほど戦後補償に肯定的である傾向がその後も持続していたならば、時間が経過するにしたがって古い世代が退場（この世を去る）によって、戦後補償を行うべしという意見の持ち主はどんどん多数派になったはずだが、そうはならなかったのである。これは、1993年に20歳代、30歳代であった人たち、つまり現在の40歳代後半から50歳代後半の人びとの多くがどこかの時点で戦後補償は必要なし、もう十分だ、という見解に転換し、1993年に20歳以下、まだ生まれていなかった人たちのなかで戦後補償に理解を示す人びとが少なかったということであろう（なお、「戦後補償に応じるか否か」と同じではないが、「近隣諸国への日本の謝罪が十分かどうか」という調査を、2015年8月に、毎日新聞社が行っている。この設問に対して「十分だ」「そもそも必要がない」と答えた比率は20歳代においては86％にもなっていて、この数字は、ほかの世代よりもはっきりと高い傾向を示す）。さらに言えば、90年代初頭には見られなかったような、アジア近隣諸国の人びとに対する排外主義的な意識、言動は、その後、日本人の間で広がっていっている。これはなぜであろ

うか。

　様々な要因が関係しているだろうが、一つには、加害の責任にかかわる問題をしっかり議論して整理することができなかったという点がある。1990年代は、アジア近隣諸国の被害者の声が日本人に直接、届くようになった時期であった。そのなかでは、「被害者であるアジア近隣諸国の人びと」対「加害者である日本人」という図式が印象付けられていき、いわば、日本人の間で「加害責任の国民平準化・超世代化」の現象が起きてしまった。つまり、実際に侵略戦争の作戦を指揮し者、植民地支配の行政機構の一員で政策決定に関与していた者も、権力とは無縁でむしろ軍国主義者によって抑圧されていた民衆も、戦後世代もそれ以前の世代も、日本人であれば一様に抽象的に「責任」があるかのような意識が生じた。そして、国家間・民族間の「歴史問題」が語られる時、多くの日本人民衆は「自分たち日本人」が責められている、と感じるようになってしまったのである。そのことが、戦後補償やアジア近隣諸国への「謝罪」を求める声への反発となっていったと考えられる。

　言うまでもないが、過去の日本帝国の施策の下では、アジア近隣諸国の人びとだけではなく、条件や程度は異なるものの日本人の民衆も抑圧されていたことは間違いない。これまでの歴史研究では、「侵略主義、人権無視の政策をとる支配層」対「動員され、負担を強いられる民衆」という軸も見据えて、過去について語ってきた。抽象的に、国民や民族の軸のみで「責任」を論じるような傾向があるとすれば問題であり、同じ国民の中の、階級、支配者対被圧迫民衆という軸を意識して歴史を伝える必要をもう一度思い出し、努力するべきであろう。

　もう一つ、1990年代初頭との世論の変化に関連してのではないかと推測されるのは、日本人の自信喪失である。1990年代初頭は、経済大国でありアジアの中で抜きん出た存在である、ということは、日本人の間で常識であった。そこから生まれる自信は（お金を持っていることが、自信の根拠というのがいいことなのかどうか、というより本質的な問題もあるがここではその点は論じない）、過去の負の歴史についてばかり考えるのではなく、またアジア近隣諸国からの批判があったとしてもそれを受けとめる、いわば精神的余裕を生み出していたと言えよう。ところが、いまや日本はアジアのなかのナンバーワンではないし、突出して豊かな国でもない。自信・精神的余裕を失ったなかで、日本人の間では、自分たちに批判を向ける（と認識した）相手の苛立ちを強めていったのである。

　もっとも、自信喪失は確かにあまりいいことではない。そんななかで昨今、日本には様々な素晴らしい点があり、世界から称賛を受けていることを発見、強調、確認しようという動きが目立つ。テレビ番組や書籍等でもそうした題材のものが多数、見受けられることは、周知のことであろう。そして、「明治日本の産業革命遺産」の世界遺産登録も、こうした、日本人の自信回復しようという、努力の一環であると見ることが可能である。そこには、アジアの中で最初に近代化した、その成功は世界的に意義がある、それを実現した優れた先人の力を見直そう、というメッセージが込められている。

　しかし、日本の産業革命、近代化・工業化を成功物語としてのみとらえるのは、問題があろう。それについて対外侵略と切り離して論じることは困難である。例えば、八幡製鉄所はどのようにして作られたかと言えば、日清戦争の賠償金によってである。しかも、八幡製鉄所にせよ、その稼働を可能にした石炭の採掘、港湾荷役労働を支えていたのは日本人ばかりではなく、朝鮮人、中国人、連合国捕虜もいた。日本の工業化は、自国で兵器や軍艦等を作り出し、さらに対外膨張を可能とする動きと分かちがたく結びついていた。そして、軍拡と対外膨張という路線は最終的には破綻し、日本帝国の崩壊を招いたのである。

　こうした史実を視野の外において、"日本人の誇り"を回復させようという試みは成功するだろうか。

現実を直視できない人間が、本当に自分に自信を持つことは、おそらく困難だろう。

このような話をすると、では、近代日本の負の歴史ばかりを教えればよいのか、という反論を、一部のナショナリストはするかもしれない。もちろん、人間にとって自己肯定感を持つことは重要であるし、先人たちの功績を知り、自分たちの生き方を考えようとすることはもちろん、悪いことではない。では、そのために、現代日本に生きる私たちが参照するべき、したがって記憶しておくべき歴史は、どのようなものであろうか。

それは、まず、歴史書に名を残すような存在ではない民衆たちが日本の近代化を支えたという史実がある。現代日本に生きる大部分の人びとはノンエリートであり、そうした人びとにとっては、かつても自分たちと同様にそう名前も知られていたわけではない庶民が社会を支えたという史実こそが、自分たちの身近な歴史となるはずだからである。その際の民衆はもちろん、日本人に限定されるわけではない。

同時に、対外膨張や軍備拡張が目指すべき目標であり、その実現が喜ばしいことであるかのように国家が宣伝し、そう信じていた人びとが多かったなかでも、それを批判し、別の進路を提起し構想していた人がいることも、わたしたちが記憶するべき歴史である。日本国憲法の理念を踏まえるならば、むしろそのことこそが、日本人が共通に、重視するべきことであり、自分たちの自信や自己肯定感の根拠とするべきものであろう。

日本帝国が軍備拡張、対外膨張を進めていた時期にも、民衆の生活を重視し、誰かを犠牲にした発展を望まず、国家の施策を批判していた人びとは、少数ではあるが確かに存在する。群馬県ゆかりの人物であれば、例えば、内村鑑三（高崎藩士の子、「上毛かるた」にも登場する）がいる。彼は、日露戦争の際に「非戦論」を唱えたことが知られているとともに、韓国併合の翌年に、戦争に負けてむしろ国を豊かにした事例があることを講演で述べている。この講演で彼は「実に戦争に勝って亡びた国は歴史上けっして尠くないのであります。国の興亡は戦争の勝敗によりません」「国の小なるはけっして歎くに足りません。これに対して国の大なるはけっして誇るに足りません」と述べている（「デンマルク国の話」。なお、エネルギーは太陽光線にも、海の波にも、吹く風にも、噴火する火山にもあることにも触れていて予言的である）。また、安中教会の牧師であった、柏木義円は、1919年の三・一独立運動の際のチェアムリ虐殺事件について、日本軍や朝鮮総督府の責任を追及するとともに、それへの批判が日本社会で湧き起らないことに対して「斯んな風に進んでいけば、日本は今に世界の各方面から道徳的観念の低い国民として排斥さるるに至るであらふ。日本人は軍国の為す事は何んな最悪でも之を是認するものであるとの誤解を受け」るであろう、「日本には果たして社会の良心がないのであらうか」と痛烈に批判した（『上毛教界月報』1919年7月15日、第248号）。こうした人びとがいたこと、彼らの残した言葉こそを私たちは記憶し、学ぶべきであろう。

もちろん、そうした主張の存在は、日本帝国の加害の免罪の根拠にはならないことも事実である。また、そうした声がなぜ、日本社会の主流にならなかったのか、ということを考えていく必要がある。しかし、そうした近代日本の別の流れがあったことがあまりにも無視されると、前述のような、国民平準化で、日本人が責められている、という悪循環を生むことになるだろう。わたしたちはそうした事態を避けるために、工夫して歴史を語らなければならない。そして、軍国主義・対外膨張の時期の日本のあれこれを誇りとしようとする動きに対して、平和や人権、民主主義を核に国を維持していくということを確認しているはずの日本国において誇るべき史実としては、むしろ軍国主義・対外膨張を批判した動きがあったことを提示していく必要があろう。

10

高崎集会の感想

　23年間ずっと群馬に暮らしながら、群馬の森があった場所で行われていたこと、群馬でも徴用工があったこと、朝鮮の方たちの虐殺があったこと、戦争の歴史を引き継いでいるものがあることを知らずにいたことが悔しかったし、恥ずかしく思いました。「教えてもらってないんだから、当たり前よ」と言ってくれた方がいましたが、きっと今回のシンポジウムに参加していなかったら、本当になにも知らずにいたかもしれなかったので、今回のシンポジウムの開催を知ることができて、実際に参加していろんな話が聞けていろんな方たちとつながることができて、本当によかったです。こういう地元の戦争遺跡や碑こそ、小中学校の平和学習に使っていって欲しいし、使うべきだと思いました。これからもっと群馬県内の戦争遺跡について学んでいきたいですし、学んだことを周りの人たちに伝えていけたらいいなと思います。

高崎健康福祉大学　　　　内山　瑠華
（松本強制労働調査団「団通信」より転載させていただきました。）

2019年4月6日から2日間、群馬県高崎市で行われた強制動員真相究明全国研究集会へ初めて参加させていただきました。私は、朝鮮人強制動員の研究をしたいと思い、今年度より大学院に進学し、強制動員の研究を始めています。私にとって今回の集会への参加は、その研究のスタートとして、日本各地の強制動員・強制労働の実態とその真相究明がどの様な段階にあり、どの様な活動が全国的に行われているのかを直接聞くことができた貴重な時間となりました。

　最も印象に残っているのは、群馬の森追悼碑裁判の報告でした。群馬の森追悼碑裁判から感じたことは、未だに日本社会で植民地支配によってもたらされた人権侵害と強制労働に対する加害の事実と過去の過ちへの反省が欠如しているのではないか、というものでした。群馬の森追悼碑が建てられた本質的な意味は、強制動員の歴史の記憶と継承、そして日韓・日朝の友好推進への思いでした。しかし、活動に携わってこられた方々の思いと努力を理解せずに、反日のプロパガンダとして攻撃対象とした一部の動きは到底許されるものではないと感じました。むしろ、その様な動きが今もなお日本社会の中で存在しているという現状は、非常に残念であると思いました。しかし、一方でそれが今の実状であるとも感じました。

　恥ずかしながら、私は、今回の集会に参加するまでは、本や専門書でしか間接的に強制動員・強制連行の実態を学んで来ませんでした。しかし、今回の集会参加で実際に活動をされてきた方々の報告を聞き、フィールドワークで訪れた成道寺や群馬の森をはじめとする場所での研修を通じて、歴史を記憶し継承する場所が今もなお大切に守られているということを自分の目で直接見て感じられたことは、とても大きな意味がありました。また、碑が伝えてきた歴史や、碑に込められた思いを学ぶ中で、「日本人として過去の歴史にどう向き合い、どう学んでいくべきなのか？」という思いにもさせられました。

　今後、朝鮮人強制動員の研究をさらに深め、強制動員の実態を明らかにしていきたいと改めて感じました。集会参加を通して痛感した歴史の重みと歴史を継承していくことの意義を今後の研究の一助とし、研究に励みたいと思います。

立命館大学院文学研究科　　　山﨑瞳

研究集会参加への御礼

第１２回全国研究集会・高崎　群馬側実行委員　石塚久則

　４月６日(土)・７日(日)の両日にわたり、全国各地から第12回強制動員真相究明全国大会・高崎にご参集いただきありがとうございました。特に現在係争中の群馬の森朝鮮人追悼碑撤去裁判の争点を多くの県民に解りやすく理解いただくために掲げた『市民のための「碑(いしぶみから学ぶこと)」』の主旨にご賛同いただきました。特に奈良県・兵庫県・山口県から現在追悼碑等の保存と活用の取り組み方をご教示いただきました。また竹内康人さんからは全国的な視野から「群馬における朝鮮人連行について」と題して新発見の資料も提示していただきました。日ごろから交流の深い隣県、長野県の北原さんや小島さんからは「松代大本営工事に関わった朝鮮人労働者名簿について」の調査報告をしていただきました。今回、1999年に中断した「朝鮮人・中国人強制連行・強制労働を考える全国交流集会」熊本で飛田さんや塚崎さんに酒席ではありましたが、いつか群馬大会を開催しますとの約束を果たすこともできました。

　最後に群馬の追悼碑裁判の現況を報告するにあたりこの運動を支えた猪上輝雄さんの軌跡をどうしても紹介させていただきたいと思います。猪上さんは福岡県出身で高校時代までお住まいの周辺に炭鉱で働く朝鮮人の人たちと交流する機会が多かったと語っていました。大学卒業と同時に群馬県の妙義基地闘争のオルグとして中心的な活動をすすめ、その後社会党の専従とした群馬県本部書記長まで勤め６０歳の定年を迎えました。人生最後の闘争と決意して選んだのが群馬県内の朝鮮人労働者の強制連行の記録を掘り起こすことでありました。はじめは独力で関東大震災の藤岡事件を掘り起こし一冊の研究書にまとめました。次に１９９５年からは「戦後５０年を問う群馬の市民行動委員会」の結成を呼びかけ、研究者や市民による県内の朝鮮人労働者現場の悉皆調査の活動記録を普及版を含め冊子にまとめました。そして次の活動が１９９８年からの「朝鮮人・韓国人強制連行犠牲者追悼碑を建てる会」の結成でありました。建碑に至るまで県当局と「強制連行」等の文言のすりあわせがあったものの当時リベラルな県政も幸いして県有地に建設の許可が下りました。カンパ活動も含めて６年後の２００４年県立公園「群馬の森」に「記憶　反省　そして友好の追悼碑」の除幕式を迎えることができました。

　そして都市公園使用の更新期限１０年に控えた２０１４年に近づく２０１２年ころから在日外国人に厳しい姿勢をとる団体が組織的に設置更新不許可の請願を繰り返し県議会も撤去決議を採択し、県知事から追悼碑撤去の通知がきました。２０１４年私たちは前橋地裁に追悼碑設置更新不許可を不服として提訴しました。控訴中の２０１６年９月、猪上輝雄さんは「今死ぬわけにはいかない」と語り８７歳の生涯を戦いながら断腸の思いで帰らぬ人となりました。その後前橋地裁で一部私たちが勝訴したものの今度は県が東京高裁に提訴しました。２０１９年６月４回の和解協議を進めましたが県側の碑の公園からの撤去要求はかたくなで再度控訴審の口頭弁論が再開されることになりました。一日も早く勝利の報告を猪上輝雄さんのご霊前に報告したいと思っています。

西岡力「でっちあげの徴用工問題」（草思社）を読んで

日本製鉄元徴用工裁判を支援する会　山本　直好

はじめに

私は、１９９５年から旧日本製鉄に動員された韓国人労働者及び遺族による戦後補償裁判に関わってきた。その過程で、ＮＨＫスペシャルで取り上げられ、１９９７年の裁判外和解時には多くのマスメディアから注目されたが、社会的に大きな関心を呼んだとは言えない。和解解決についても、企業と死亡した労働者の遺族との当事者和解ということで、冷静に受け止められていたと思う。

しかし、昨年１０月３０日の大法院判決後、この問題が、日本国対韓国、日本社会対韓国社会という対立構造の中に置かれることになり、「嫌韓」の文脈でこの事件や大法院判決が連日にようにメディアに取り上げられるようになった。私は、とまどいと共に、この裁判が、様々な立場の人々からどのように評価されているのか知りたいと思い、それまで見出しを見ただけで避けてきた保守系オピニオン誌を積極的に読むようになった。

読んでみて意外なことに、保守系論者の多くは、私よりもはるかに韓国語を理解し、日常的に韓国の情報に触れている。つまりは「韓国通」だ。そういう彼らが、どうして、隣国である韓国を叩くことに躍起となっているのか、その背景にどういう心理があるのか、文面からはなかなか理解できない。ただ、これだけ大きな社会的問題になると、世論の動向が解決にも影響を及ぼす可能性がある。かつ、彼らの言動は日本政府や財界の動きとも一定の連動性があると考えられる。そういう意味で、彼らの発言の内容を注視すべきであり、雑誌・ネットを媒介としたその影響力を軽視してはならないと思う。

４月６日、高崎市で行われた「第１２回強制動員真相究明全国研究集会」で、私は「韓国大法院判決の意義と今後の取り組み」について報告する機会をいただいた。その報告の中で、いくつか保守系論者による大法院判決批判を取り上げた。私が保守系論者からの批判を敢えて取り上げたのは、主催者から与えられたテーマである「韓国大法院判決の意義と今後の取り組み」を考える上でそれが必要であると考えたからである。また、植民地研究、強制動員研究それ自体も、行政、企業、あるいは大学等の教育研究機関の保有する文書の開示も十分とは言えない中で、新たな情報開示等を踏まえて再検討されることは必要だと私は考える。立場が異なる人々からの指摘についても、それを批判的に検討することは、全体像を解明する上では避けては通れない。

しかしながら、歴史研究や社会の歴史認識と、個々の被害者の被害体験、人権回復を求める意思とは別のことである。私は今後も、被害者の訴えに耳を傾け、可能な限り、その支援を続けていきたいと考えている。

13

西岡力「でっちあげの徴用工問題」

　西岡力は「正論」「ＷＩＬＬ」「ＨＡＮＡＤＡ」など、保守系オピニオン雑誌に頻繁に登場する論者である。大法院判決に対して、感情的な「嫌韓」をぶちまける論者が少なくない中、西岡は、「正論」１月号に、大法院判決の翻訳を掲載し、大法院判決を正面から検討し、批判しようとした数少ない論者である。その西岡が、「私が必死の思いで…世に問うた」（５月９日付産経新聞「正論」）のが、「でっちあげの徴用工問題」（草思社）である。

　本書は、前半と後半で大きくその性格が異なる。前半（第１章～第６章）は大法院判決に対する批判を中心としたものであり、後半（第７章～第９章）は、統計資料や当事者証言による「強制連行論」批判である。私は歴史研究者でないので、本稿では前半について支援者の立場から私の考えを示すこととして、後半については専門家の皆さんの論考を待ちたい。

「徴用工」ではない＝「人権侵害が無かった」とは言えない

　西岡は、「原告４人は徴用工ではない。彼らは『徴用』で渡日したのではないのだ。…そのことを指摘したのは私のコラムだけだった」（１５～１６頁）と言う。私たちの「会」も「日本製鉄徴用工裁判を支援する会」を名乗ってはいるが、それは、被害者が国民徴用令に基づいて動員されたという意味ではなく、裁判を立ち上げた当時、いわゆる「強制連行労働者」を韓国で一般的に「徴用工」と呼んでいたので、それに倣ったものだ。

　原告の一部は「募集」による動員である。大阪地裁、大阪高裁では、「原告らの意思に反して原告らを大阪製鉄所まで連行して労働に従事させたものとまでは認められ」ないとされた（２００１年３月２７日大阪地判、２００２年１１月１９日大阪高判）のは事実だ。しかし、そのことは、日本製鉄による人権侵害が無かったことを意味するわけではない。

　西岡自身は触れていないが、韓国の裁判所のみならず日本の裁判所も「前記認定のとおり、日本製鐵の経営する大阪製鉄所に付属する本件寮における原告らの居住状況と大阪製鉄所での労働内容は、技術を習得させるという日本製鐵の事前説明から予想されるものとは全く異なる劣悪なものであって、原告らは、一部賃金の支払を受けたものの、具体的な賃金額も知らされないまま、残額は強制的に貯金させられ、多少の行動の自由が認められた時期もあったものの、常時、日本製鐵の監視下に置かれて、労務からの離脱もままならず、食事も十分には与えられず、劣悪な住環境の下、過酷で危険極まりのない作業に半ば自由を奪われた状態で相当期間にわたって従事させられ、清津においても、短期間とはいえ、一日のうち一二時間も土木作業に携わるというさらに過酷な労働に従事させられ、賃金の支払は全くなされていないことが認められ、右は実質的に見て、強制労働に該当し、違法と言わざるをえない」（大阪地判２１４～２１５頁、大阪高判６９頁）とし、法的救済対象と認めている（結論的には「別会社論」等で請求棄却）。

　「技術を習得させるという日本製鐵の事前説明から予想されるものとは全く異なる劣悪なもの」という日本の裁判所の事実認定からは、「欺罔」によって動員された過程が確認され、むしろ、裁判所の判断とは逆に動員過程の「強制性」さえ浮き彫りになる。

14

判決が書いた事実関係は、「法的に確定した事実」である

　西岡は「判決が書いた事実関係が、歴史的に証明された事実とは言えない。新日鐵住金をはじめとする訴えられた日本企業は、当時の会社と自社は法的に継続されていないなどの主張をしたせいもあって、当時の労働環境や生活条件などについて法廷で事実関係を争っていない。その結果、原告側の主張がそのまま判決に記載されてしまうのだ」（３２～３３頁）とし、「原告とそれを支える弁護士や支援者らはあたかも判決に書かれた内容が法的に確定した事実のように宣伝する」（３３頁）と言う。

　裁判所が判決で認定した事実は、本事件においては、まぎれもない「法的に確定した事実」である。この裁判は歴史の事実を証明するために起こしたものではない。被害者が人権回復を求めて起こしたものである。裁判所が原告を法的に救済できるかどうかを判断する前提として認定した事実は、裁判上は「法的に確定した事実」である。会社が事実関係を争わなかったからと言って、それは会社の法廷戦術であって、その結果は会社が負うべきであり、西岡には何の関係もないことである。

　なお、日韓の裁判所が「違法な強制労働」を認定していることについて、「当時、賃金を貯金させることは広く行われていたが、それでもかなりの金額が手元にあった例が多いことが、韓国の気鋭の経済史研究者である李宇衍の実証研究などで明らかになっている」と言うが、西岡が挙げる李宇衍の論文は日鉄大阪製鉄所の労働実態について論及したものではない。筋違いの主張と言えよう。

日本の「戦時産業強制労働」は「強制労働ニ関スル条約」（ＩＬＯ２９号条約）違反である

　西岡は、「当時は日本領であり、朝鮮人は日本国民だった。自国民を戦争遂行のため民間企業で賃労働させることは、国家として合法的な行為だ。当時の国際法はもとより、現在でも合法だ。強制労働を国際法違反と規定しているＩＬＯ（国際労働機関）の強制労働ニ関スル条約でも２条の２の（d）で、戦争における労務強制は例外として認めている」と言う（２１～２２頁）。

　しかし、１９９９年３月に、ＩＬＯ（国際労働機関）専門家委員会が朝鮮人・中国人「戦時産業労働」に関して、「本委員会はこのような悲惨な条件での、日本の民間企業のための大規模な労働徴用は、この強制労働条約違反であったと考える」との年次報告を出していること、その後も、毎年のように勧告を出し続けてきた事実を無視ないしは隠蔽しておいて、ＩＬＯ条約を盾に大法院判決を批判することは、不誠実に過ぎると言わざるをえない。

　専門家委員会の年次報告に引用されている日本政府の主張は「サンフランシスコ条約と二国間協定で法的に解決済み」（「２００３年報告」等）というもので、「戦時適用除外」については、主張した形跡がない。それはなぜか。実は「戦時適用除外」については、１９９７年３月に出された、戦時「慰安婦」に関する専門委員会の年次報告で決着済みなのである。同報告は「適用除外規定との関連で…疑問が提起された」が、「委員会は、緊急概念は、条約が例示的に列挙するように、突然の、予見しがたい偶発的事件であって、即時的な対応措置を必要とするものに関わると指摘してきた。条約に規定された例外の限界に関わるので、労働を強要できる権限は、真に緊急な場合に限らねばならない。さらに、強制されるサービスの内容・程度も、それが用いられる目的と共に、その状況により厳密に必要とされる範囲内に制限されねばならない。…緊急に関する第２条２項（d）は、戦争、又は地震の場合でありさえすれば、いかなる強制的サービスをも課すことができるという白紙許可ではないのであって、同条項は、住民に対する切迫した危険に対処するためにどうしても必要なサービスについてしか適用できないので

ある」として、「適用除外事由に該当しないのであり、日本による強制労働条約違反が存在している」との結論を出した。強制労働ニ関スル条約第2条の2は「戦争、又は地震の場合でありさえすれば、いかなる強制的サービスをも課すことができるという白紙許可ではない」というのが、ＩＬＯ専門家委員会の見解である。シンシアリーは「もし、日本が『ｆｏｒｃｅｄ　ｌａｂｏｒ』をやったなら、国際法違反です」（「『徴用工』の悪心」扶桑社新書）と言う。日本が国際法違反を犯していたことが、国際機関から指摘されているという事実をまず認めるべきだ。

韓国内に存在する日本企業の財産差し押さえは正当な司法手続きである

　西岡が指摘するように、２００３年１０月に、日本の最高裁で一部原告は敗訴が確定している。しかし、主権国家である以上、その判決が法的効力を持つのはあくまでも日本国内だけである。日本で敗訴判決を受けているからと言って、自動的に韓国の裁判所がそれに従って司法判断をするわけではない。ましてや日本の確定判決が韓国内で直接効力を持つわけでもない。日本の確定判決を韓国の裁判所で有効とみなすかどうか、どの部分をどこまで受け入れるかどうか、すなわち外国判決の裁判における適用は、あくまでも韓国の裁判所が判断することである。

　西岡は、「韓国の裁判所は、日本の確定判決は韓国の〈善良な風俗や、その他の社会秩序に違反する〉とした。日本の司法判断は韓国の公序良俗に反するから無効だと韓国司法が宣言したのだ。日本にとって屈辱的で驚くべきものだった」（３７頁）と言うが、大法院は日本の確定判決そのものを無効にしたわけではなく（そのような権限はない）、「韓国の裁判所」において「無効だ」と言っているにすぎない。

　また、西岡は「日本の法秩序の下では、原告らが今回行った日本企業の財産差し押さえは、私有財産の侵害なのだ」と言う（３９頁）。同じことの繰り返しになるが、日本の法秩序は韓国国内には及ばない。原告らが差し押さえたのは、韓国内にある日本製鉄の財産である。たとえ、日本製鉄の財産であっても、韓国内にある限り、韓国の法秩序の下にある。韓国の裁判所で判決が確定した以上、韓国の法秩序の下にある、日本製鉄の資産を差し押さえしても、それは正当な司法手続きである。なんら「驚くべきもの」ではない。

　「新日鐵住金裁判の確定判決を分析し、それに全面的に反論を加えたい」（２８頁）と言いつつ、「法律専門家ではない私」（５６頁）と逃げるのはあまりにも無責任ではないか。

「『日本統治不法論』という奇怪な観念」という主張こそ「奇怪」である

　西岡は「日本の統治が当初から不法だったという奇怪な観念（以下『日本統治不法論』と呼ぶ）が判決の立論の根拠だったのだ。そしてこの『日本統治不法論』こそが、日韓関係の根本を揺るがす危険な論理なのだ」（２２～２３頁）と、「日本統治不法論」をやり玉に挙げる。しかし、西岡自身が述べているように、「国交交渉の中で韓国は『日本の韓国支配が国際法違反の実力行使による不法な事実である』として、併合条約の当初からの無効を盛り込みたいと要求」した。そして、「歴史認識は完全な一致が不可能であることを前提」として、日韓条約・請求権協定は締結された（６１頁）。日韓交渉の全過程を通じ、植民地支配の法的正確について、両国が一致することはなかったことは、韓国現代史、日韓関係史の通説と言ってもよい。

　西岡は、「日本は１９６５年の請求権協定締結時に『日本統治不法論』を取っていなかった。それを承

16

知で韓国は…国交を結んだ」（６０頁）と言うが、日本政府もまた、韓国政府が「日本統治不法論」を取っていることを「承知」で国交を結んだのである。したがって、韓国政府や大法院の「日本統治不法論」は何ら新しいものではなく、日韓交渉当時から一貫して変わらない韓国政府の公式な立場を改めて表明したに過ぎない。それのどこが「奇怪」なのだろうか。

結論に代えて

　西岡の著書をはじめ、大法院判決を批判する論者の主張を読んでいて感じるのは、韓国は主権国家であり、長年にわたる民衆の闘いを経て民主化された社会であるという現実を認めようとしない頑なな姿勢である。半世紀前の日韓関係（日本の保守政権と韓国の独裁政権の関係）が現在においても通用するなどという考えはもはや幻想というほかない。

　戦後補償問題に理解のあったジャーナリストや知識人の中にも、大法院判決を「パンドラの箱を開けた」と批判する人が少なくない。しかし、２０１２年の大法院判決は李明博政権、２０１３年のソウル高等法院判決は朴槿恵政権の時代であることを考えると、社会の変動は保守政権の時期からすでに始まっていたと言える。文在寅政権があたかも政治的に「パンドラの箱」を開けたかのように批判するのは全くの的外れと言うほかない。１９６５年の日韓請求権協定が独裁政権下に朝鮮植民地支配の法的性格を不問に付して締結されたことを考えると、「パンドラの箱」は社会の変化と共に開くべくして開いたと言うべきであり、その現実から目をそらしてはならない。未解決である以上、被害者にはこれを提起する権利がある。これを日韓両政府が押さえつけることは不可能だ。

　２０１８年に日韓を往来した人は１０００万人を超えた。インターネットを見ても「日韓断行」「経済制裁」を声高に主張する人は少なくないが、その結果、どのような事態が両国に生じるか、よく考えてもらいたい。１０００万人の人の流れや経済交流が途絶えたら、日本の観光地、商業地も大打撃を受けるであろうし、韓国企業に部品や素材を供給している日本企業は倒産しかねない。冒頭にも触れたが、日本製鉄は１９９５年に釜石製鉄所の遺族と和解解決している。当事者解決が十分可能である本件訴訟に関わり、これを殊更に政治・外交問題として対立をあおり、結果として日韓両国の社会経済を破綻に導くような愚は決して犯すべきではない。

加藤康子内閣参与が理事を務める産業遺産国民会議と政府の世界遺産登録推進室との黒い関係

強制動員真相究明ネットワーク事務局次長　小林久公

　強制動員真相究明ネットワークは、2018年8月20日、北海道選出の参議院議員事務所にお願いして、明治日本の産業革命遺産のユネスコ世界遺産委員会と日本政府の対応についてヒアリングを行った。政府側からは、内閣官房産業遺産の世界遺産登録推進室の勝見康生企画官と鈴木延明参事官補佐(加藤康子参与室)、外務省大臣官房国際文化協力室の山本多恵子主査が出席した。当会からは矢野と小林が出席した。

　このヒアリングで、外務省から2018年6月24日から7月4日までバーレーンで開催された第42回世界遺産委員会の決議の和訳(仮訳)を受け取った。

　この「決議」の文中に「関係者との対話を継続すること」とある「関係者」の考え方について、ヒアリングでやり取りがあり、当方からは、韓国政府や当時端島で働いた体験者やそれらの研究者、この件関して意見を提出している当会も関係者である旨主張したが、先方は「関係者とはその施設の所有者とその運営管理者である」旨の意見であった。

　また、世界遺産登録推進室と加藤康子内閣参与との関係について「常時アドバイスをいただいている関係である」、「そのアドバイスは文書に記録されていない」との答弁があり、政府の世界遺産登録推進室と加藤康子内閣参与が専務理事を務める産業遺産国民会議との関係は「調査委託をしている関係」とのことで、当方では、「常時アドバイスを受けている加藤康子氏が専務理事をしている国民会議への事業委託は不適切ではないか」との見解を表明し、事業委託契約書と契約

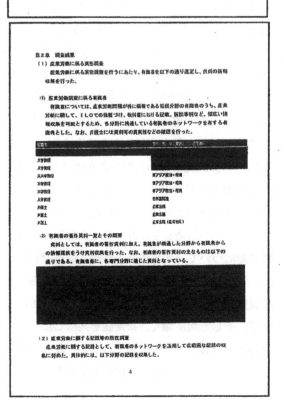

18

89

金額の文書の提供を求め「検討する」との回答を得たが、その後、「検討中」が長く続き提供する様子がないため、2018年10月5日に情報公開請求を行った。

その結果、2016年度に89,640,000円、2017年度に145,800,000円、2018年度に125,084,520円、この3年間の合計約3億6千万円の税金を国民会議に支払っていることが判明した。

3億6千万円の公費を投入して産業遺産国民会議がどのような調査であったのか、それを解明するために情報公開請求を続けた。2016年度と2017年度の「成果品報告書」の情報公開請求を2019年1月30日に行い、本年4月15日に開示された。産業労働の調査はこれで終了し、2018年度は「明治日本の産業革命遺産のインタープリテーション更新に係る調査」が委託されており、その「成果品報告書」については、本年5月8日に情報公開請求を行った。しかし、本日現在まだ開示されていない。

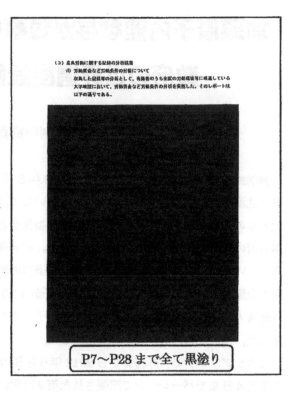

P7～P28まで全て黒塗り

産業遺産国民会議とは、2013年10月30日に「産業は市民の営みの歴史であり、その生活文化や知恵と情熱がわが国の繁栄を支える原動力である。産業を支えた名もなき人々の尊い文明の仕事を次世代に継承することを目的」に設立され、元大蔵事務次官であり初代国際協力銀行総裁であった保田博を代表理事とし多くの政財界人が参加している一般財団法人である。2014年に開催された産業遺産国民会議のレセプションには安倍内閣総理大臣も出席している安倍のお友だち団体でもある。

2016年度と2017年度の産業遺産国民会議の成果品報告書の核の部分は黒塗りであった。黒塗り部分は、調査に協力依頼した「有識者の氏名、役職、専門分野、著作資料名」が「個人の権利利益害する恐れがある」として不開示であり、更に「戦時期の炭鉱における旧朝鮮半島出身者に関する、当時の資料に基づいた有識者(大学教授)による労働賃金等の分析レポート」の全文21枚が黒塗りである。この有識者が誰であるかも、何が書かれているかもまったく分からない。政府は不開示理由を「レポートは知見を有する有識者がその個人的な主張も交えて作成したものであり、これを公にすることは、開示部分と相まって、内閣官房の公式見解であるかのような誤った推認、誤解を招きかねず、公にすることにより、不当に国民の間に混乱を生じさせるおそれがある」している。

公表できない人々に公表できないレポートを出させる調査に2年間で2億3千万円の公金をつぎ込んでおり、そのお金を受け取った産業遺産国民会議は豊富な財源を背景に、ホームページなどで軍鹿島の強制労働について「太平洋戦争当時に端島で暮らしていた人々が、自らの生きた言葉で故郷を語ります。特に、虐待や人権蹂躙があったとされている朝鮮人徴用工について、旧島民や関係者の証言映像、さまざまな歴史資料を公開します」と言い「当時、端島で終戦を経験した住民の話によると、島民は、共に遊び、学び、そして共に働く、衣食住を共にした一つの炭鉱コミュニティであり、一つの家族のようであったといわれている。島は監獄島ではない」などと強制労働を否定し、歴史の事実を歪曲するキャンペーンを繰り広げている。これが日本政府と加藤康子が専務理事を務める産業遺産国民会議の黒い関係である。

(2019年7月2日)

2019 年 7 月 8 日

日本政府と企業は朝鮮人強制動員・強制労働問題の包括的解決を

強制動員真相究明ネットワーク
共同代表　　庵逧由香　飛田雄一

　2018 年 10 月、韓国大法院は戦時の強制動員被害者の訴えを認め、日本製鉄に賠償を命じました。11 月には同様の判決が三菱重工業に対して出されました。大法院は、朝鮮人強制動員を「日本の不法な植民地支配や侵略戦争の遂行に直結した日本企業の反人道的不法行為」とし、強制動員被害に対する慰謝料の請求権を認め、この問題は日韓請求権協定では未解決としました。強制動員慰謝料請求権が判例として確定したのです。

　これに対し、日本政府は、判決は日韓請求権協定に反するものであり、ありえない判断、暴挙などとし、韓国政府が対応すべきとしました。日本政府は、企業に対しては政府の立場を示し、企業が原告と協議に応じないようにしました。

　2019 年 6 月になり、韓国政府は日韓両国の企業が資金を出し合って対応するという案を出しましたが、日本政府は拒否しました。7 月に入ると日本政府は、半導体製造に関わる製品の韓国への輸出を規制しました。その行動は韓国の反発を生み、日本商品の不買の動きも起きています。

　この問題の核心は、日本政府と企業が朝鮮植民地支配の不法性を認めず、その下での強制動員への責任をとってこなかったことにあります。韓国大法院判決は動員した企業の責任を問うものであり、ありえる判断です。暴挙ではありません。また、戦時の強制動員・強制労働問題の包括的な解決には、関与した企業による基金の設立は欠かせないものです。

　にもかかわらず、日本政府は輸出規制を発動し、日韓の友好関係を破壊しかねない行動に出ました。それは、植民地支配期の強制労働を認知せず、韓国の司法判決を無視し、その基幹産業を攻撃し、市民生活に被害を与えるというものです。強制労働被害への人権救済の動きを、国家の安全保障の問題にすりかえ、輸出規制をおこない、韓国の経済を揺さぶるのです。そのような行為は平等互恵の精神を欠く、植民地期のような傲慢なものです。

　これこそ暴挙であり、ありえない行為です。輸出規制は強制動員問題の解決にはなりません。いますぐ中止すべきです。日本政府と企業は、植民地支配とその下での強制動員の歴史を反省し、韓国大法院判決に従うべきです。被告企業は強制動員被害者との協議をはじめるべきです。

　わたしたちは韓国での強制動員被害真相究明の動きに協力してきました。別紙のように強制動員関係企業を継承する企業が存在します。これらの企業が政府とともに強制労働問題の包括的解決に向けて、協議を始めることを呼びかけます。グローバルな経済活動では、強制労働の排除が共同の課題です。日本の政府と企業は過去の強制動員・強制労働の清算にむけて、誠実に対応すべきです。その姿勢が確固とした隣国との友好関係を築きます。

連絡先
兵庫県神戸市灘区山田町 3 丁目 1-1
　神戸学生青年センター　気付
　強制動員真相究明ネットワーク
　事務局長　中田光信　電話　090-8482-9725
URL　http://www.ksyc.jp/sinsou-net/

20

朝鮮人強制動員企業現在名一覧（2019年作成）

	企業名	強制動員期企業名		企業名	強制動員期企業名
1	IHI	石川島、播磨、名古屋造船	51	協和発酵キリン	東亜化学興業
2	アイサワ工業	中国土木	52	九州耐火煉瓦	九州耐火煉瓦
3	アサヒビール	大日本ビール工業	53	九州電力	日本発送電
4	旭鉱末	旭鉱末	54	クボタ	久保田鉄工
5	東海運	東海運	55	クラシエホールディングス	鐘紡
6	ADEKA	旭電化工業	56	クラレ	倉敷絹織
7	アステック入江	入江組	57	グンゼ	郡是製糸
8	愛知機械工業	愛知航空機	58	熊谷組	熊谷組
9	愛知時計電機	愛知時計電機	59	栗本鉄工所	栗本鉄工所
10	愛知製鋼	豊田製鋼	60	栗林商船	栗林商船
11	旭化成	日窒ベンベルク延岡	61	黒崎播磨	黒崎窯業、播磨耐火煉瓦
12	荒井建設	荒井合名	62	日下部建設	日下部汽船
13	秋田海陸運送	秋田船川港湾運送	63	ケイラインローロー	太洋海運
14	麻生セメント	麻生鉱業、産業セメント	64	コベルコ建機	油谷重工業
15	味の素	味の素	65	コマツ	小松製作所
16	伊藤組土建	伊藤組	66	コマツNTC	大日本兵器
17	いすゞ自動車	ヂーゼル自動車工業	67	鴻池組	鴻池組
18	イビデン	揖斐川電気工業	68	国産電機	国産電機
19	岩田地崎建設	地崎組	69	神戸ドック工業	東出鉄工所
20	糸平興産	田中鉱業	70	神戸製鋼所	尼崎製鋼、尼崎製鉄、神戸製鋼所
21	石原産業	石原産業	71	虹技	神戸鋳鉄所
22	池貝	池貝鉄工	72	合同製鉄	大谷重工、日本砂鉄鋼
23	飯野海運	飯野海運	73	サクション瓦斯機関製作所	サクション瓦斯機関製作所
24	飯野港運	飯野産業舞鶴	74	サワライズ	早良炭鉱
25	宇部マテリアルズ	理研金属宇部	75	三機工業	三機工業、東洋鋼材
26	宇部興産	宇部興産	76	サンデン交通	山陽電気軌道
27	宇部三菱セメント	宇部セメント	77	佐藤工業	佐藤工業
28	梅林建設	梅林組	78	佐野屋建設	佐野屋組
29	NSユナイテッド海運	日鉄汽船	79	三光汽船	三光汽船
30	オーエム製作所	大阪機械製作所	80	山九	山九運輸
31	オリエンタル白石	白石基礎	81	山陽特殊製鋼	大阪特殊製鋼、山陽製鋼
32	王子製紙	王子製紙	82	相模組	相模組
33	奥村組	奥村組	83	四国電力	日本発送電
34	大阪ガス	大阪瓦斯	84	信越化学工業	信越化学工業
35	大阪機船	大阪機船	85	新笠戸ドック	笠戸船渠
36	大阪製鉄	大阪製鋼	86	新日本海重工業	日本海船渠工業
37	OKK	大阪機工	87	新明和工業	川西航空機
38	大林組	大林組	88	清水運送	清水港運送
39	株木組	株木建設	89	清水建設	清水組
40	関西汽船	関西汽船	90	品川リフラクトリーズ	品川白煉瓦
41	関西電力	日本発送電	91	JFE	日本鋼管
42	関東電化工業	関東電化工業	92	JFEスチール	川崎重工業
43	兼松日産農林	日産農林工業	93	JFEミネラル	日本鋼管鉱業
44	鹿島建設	鹿島組	94	JFE条鋼	吾妻製鋼
45	神崎組	神崎組	95	JR	日本国有鉄道
46	川崎運送	川崎運送	96	JX金属	日本鉱業
47	川崎汽船	川崎汽船	97	J-オイルミルズ	豊年製油、吉原製油
48	川崎近海汽船	日本近海汽船	98	ジェイ・ワイテックス	興国鋼線索
49	川崎重工業	川崎重工業、川崎航空機、川崎車両	99	商船三井	三井船舶、日本海、松岡、山下汽船、大阪、日東商船、大同海運
50	京三製作所	京三製作所	100	昭和KDE	昭和鉱業

101	昭和シェル石油	日本油化工業
102	昭和産業	昭和産業
103	昭和鉄工	昭和鉄工
104	昭和電工	昭和電工、高田アルミニウム
105	昭和電気鋳鋼	昭和電気製鋼
106	昭和飛行機工業	昭和飛行機工業
107	常磐興産	常磐炭鉱
108	スズキ	鈴木式織機
109	鈴与	鈴与商店
110	住石ホールディングス	住友鉱業・石炭
111	住友ゴム工業	中央ゴム工業
112	住友化学	住友化学
113	住友金属鉱山	住友鉱業・金属
114	住友重機械工業	浦賀船渠
115	住友大阪セメント	東洋、大阪窯業セメント
116	住友電気工業	住友電気工業
117	菅原建設	菅原組
118	SECカーボン	昭和電極
119	セイサ	大日本製鎖造機
120	セイタン	東京精鍛工所
121	銭高組	銭高組
122	玉井商船	玉井商船
123	大成建設	大倉土木
124	太平製作所	太平製作所
125	太平洋セメント	秩父、浅野、小野田、東亜セメント
126	太平洋興発	太平洋炭鉱
127	丹野組	丹野組
128	竹中工務店	竹中工務店
129	立飛企業	立川航空機
130	ダイキン工業	大阪金属工業
131	ダイセル化学	大日本セルロイド
132	ダイゾー	大阪造船、東京製鉄
133	大同化学工業	大同化学工業
134	大同特殊鋼	日本特殊鋼、大同製鋼
135	大和紡績	大和紡績
136	第一中央汽船	中央汽船
137	田岡化学工業	田岡染料製造
138	チッソ	窒素水俣
139	中央電気工業	中央電気工業
140	中外鉱業	中外鉱業
141	中国塗料	中国塗料
142	中国電力	日本発送電
143	中部電力	日本発送電
144	敦賀海陸運輸	敦賀海陸運送
145	テイカ	帝国化工
146	帝国繊維	帝国繊維
147	帝国窯業	帝国窯業
148	帝人	東京麻糸紡績沼津
149	鉄建建設	鉄道建設興業
150	電気化学工業	電気化学工業
151	トーカイ	東海鋼業若松
152	東ソー	東洋曹達工業
153	トクヤマ	徳山曹達
154	トナミ運輸	砺波運輸
155	トピー工業	東都製鋼、宮製鉄、東京シャーリング
156	戸田建設	戸田組
157	トヨタ自動車	豊田自動車
158	土肥マリン観光	土肥鉱業
159	東亜金属工業	東亜金属工業
160	東亜建設工業	東亜港湾工業
161	東亜合成	鶴見曹達
162	東海カーボン	東海電極製造
163	東海ゴム工業	東海ゴム工業
164	東海汽船	東海汽船
165	東急車両製造	帝国車両工業
166	東京ガス	東京瓦斯、東京瓦斯化学
167	東京製綱	東京製綱小倉
168	東京製鉄	東京製鉄
169	東京電力	日本発送電
170	東芝	東京芝浦電気
171	東芝機械	芝浦工機
172	東邦ガス	東邦瓦斯
173	東邦亜鉛	東邦亜鉛、日本亜鉛
174	東北電力	日本発送電
175	東洋鋼飯	東洋鋼飯
176	東洋鉄線工業	東洋鉄線工業
177	栃木汽船	栃木汽船
178	飛島建設	飛島組
179	DOWAホールディングス	藤田組
180	ナイガイ	内外製鋼
181	ナブテスコ	日本制動機
182	七尾海陸運送	七尾海陸運送
183	中山製鋼所	中山製鋼所
184	直江津海陸運送	直江津港湾運送
185	名村造船所	名村造船所
186	ニチリン	日輪ゴム
187	ニッチツ	日窒鉱業
188	日本コークス工業	三井鉱山・石炭部門
189	日本製鉄	日本製鉄、住友金属工業、帝国特殊製鋼、小倉製鋼
190	新潟造船	新潟鉄工所
191	西松建設	西松組
192	日華油脂	日華油脂
193	日工	日本工具製作
194	日産化学工業	日産化学、日本炭礦
195	日産自動車	日産自動車
196	日産工機	日本内燃機
197	日新製鋼	日亜製鋼、徳山鉄板
198	日鉄運輸	日鉄八幡港運
199	日鉄鋼管	日本パイプ製造
200	日鉄鉱業	日鉄鉱業

201	日鉄物流	広畑海運	251	伏木港湾運送	伏木海陸運送
202	日本カーバイド	日本カーバイド	252	保土谷化学	保土谷化学
203	日本カーボン	日本カーボン	253	北越メタル	北越電化工業
204	日本カタン	日本可鍛鋳鉄所	254	北海道石炭荷役	北海道石炭荷役
205	日本ヒューム	日本ヒューム管	255	北海道炭礦汽船	北海道炭礦汽船
206	日本フェルト工業	日本フェルト工業	256	北海道電力	日本発送電
207	日本化薬	日本火薬製造	257	北陸電力	日本発送電
208	日本碍子	日本碍子	258	マツダ	東洋工業
209	日本乾溜工業	大日本乾溜工業	259	マルハニチロ水産	日魯漁業
210	日本軽金属	日本軽金属	260	松村組	松村組
211	日本建鉄	日本建鉄	261	ミクニ	三国商工
212	日本高周波鋼業	日本高周波重工業	262	ミネベア	中央工業
213	日本車輌製造	日本車輌	263	宮地サルベージ	宮地汽船
214	日本重化学工業	東北電気製鉄	264	三井化学	東洋高圧工業、三池染料
215	日本新金属	栗村鉱業	265	三井近海汽船	北海船舶
216	日本水産	日本水産	266	三井金属鉱業	三井鉱山・金属部門
217	日本製紙	山陽パルプ	267	三井住友建設	西本組、勝呂組、三井建設工業
218	日本製鋼所	日本製鋼所	268	三井松島産業	松島炭鉱
219	日本船主協会	日本海運協会	269	三井造船	三井、藤永田造船
220	日本曹達	日本曹達	270	三井農林	三井農林
221	日本鋳造	日本鋳造	271	三井物産	三井物産
222	日本通運	日本通運	272	三井物産スチール	日本鋼業本社
223	日本電工	日本電工、日本電気冶金	273	三菱マテリアル	三菱鉱業、雄別炭鉱
224	日本無線	日本無線	274	三菱化学	東邦重工、旭硝子、三菱化成
225	日本冶金工業	日本冶金工業	275	三菱重工業	三菱重工業
226	日本郵船	三菱海運、三菱、東洋、日産汽船、日本油槽船、日本郵船	276	三菱伸銅	三宝伸銅工業
227	野上	野上鉱業	277	三菱倉庫	三菱倉庫
228	野村興産	野村鉱業	278	三菱製鋼	三菱製鋼
229	間組	間組	279	三菱電機	三菱電機
230	阪神内燃機工業	阪神内燃機工業	280	未来図建設	金子組
231	萩森興産	萩森炭鉱	281	向島ドック	日産造船所
232	博多港運	博多港運	282	明治海運	明治海運
233	函館どつく	函館船渠	283	メタルアート	後藤鍛工
234	パナソニック	松下電器	284	森本組	森本組
235	広島ガス	広島瓦斯	285	門司港運	門司港運
236	姫路合同貨物自	姫路合同貨物自動車	286	ヤンマー	山岡内燃機
237	日立製作所	日立製作所	287	矢橋工業	矢橋工業
238	日立造船	日立造船、大阪鉄工神奈川	288	ヨータイ	大阪窯業耐火煉瓦
239	備後通運	備後通運	289	横浜ゴム	横浜護謨製造
240	日之出郵船	日之出汽船	290	吉年	吉年可鍛鋳鉄
241	廣野組	廣野組	291	吉澤石灰工業	吉澤石灰工業
242	フジタ	藤田組	292	淀川製鋼所	淀川製鋼所
243	フルチュウ	古河鋳造	293	ラサ工業	ラサ工業、鯛生産業
244	古河機械金属	古河鉱業	294	リーガル	日本製靴
245	古河電気工業	古河電気工業	295	リケン	理研工業
246	不二越	不二越鋼材、不二越圧延	296	リコーエレメックス	高野精密工業
247	富士貨物自動車	富士貨物自動車	297	りんかい日産建設	日産土木
248	富士重工業	中島飛行機	298	リンコーコーポレーション	新潟臨港開発
249	富士電機	富士電機製造	299	燐化学工業	燐化学工業
250	富士紡ホールディングス	富士紡績	300	ワンダーテーブル	蓬莱タンカー

参考 韓国・対日抗争期強制動員被害調査及び国外強制動員被害者等支援委員会「強制動員現存現存企業（日本地域）」2012年、同「委員会活動結果報告書」2016年、「朝鮮人強制労働企業現在名一覧」神戸学生青年センター出版部2012年

第13回研究集会・フィールドワークー予告

＜研究集会＞

日　時　2020年5月23日(土)　午後
場　所　富山市内(サンフォルテ　予定)
主　催　強制動員真相究明ネットワーク
協　力　コリアプロジェクト＠富山

＜フィールドワーク＞

日　時　2020年5月24日(日)　午前中
　　　　黒部フィールドワーク

【会費振込のお願い】

2019年度(2019年4月～2020年3月)

の会費の振り込みをお願いいたします。

　個人一口3000円、団体一口5000円

(本ニュース紙を郵送で受け取られた方は、同封

の振込用紙をご使用ください。)

送金先：[郵便振替口座]

　00930－9－297182　真相究明ネット

強制動員真相究明
ネットワークニュース No.15 2019年12月21日

編集・発行：強制動員真相究明ネットワーク

（共同代表／飛田雄一、庵逧由香　事務局長／中田光信　事務局次長／小林久公）
〒657-0064 神戸市灘区山田町 3-1-1（公財）神戸学生青年センター内
ホームページ：http://www.ksyc.jp/sinsou-net/　E-mail：mitsunobu100@gmail.com（中田）
TEL 078-851-2760 FAX 078-821-5878（飛田）　郵便振替＜00930－9－297182　真相究明ネット＞

＜目　次＞

解放74年、強制動員問題の過去、現在、未来
　　　　　　強制動員問題の解決のための国際会議、開催
　　　　　　　　　強制動員真相究明ネットワーク会員　竹内康人　　　－2－

日本の過去清算問題と解決の方向性
　　　　　　　　　強制動員真相究明ネットワーク事務局次長　小林久公　　　－6－

強制動員ではなく就職？朝鮮人 "逃亡者" ４０％はなぜ
＜『反日種族主義』反論 2019年9月2日ハンギョレインタビュー記事より＞
　　　　　　日帝強制動員・平和研究会研究委員　　鄭惠瓊（チョンヘギョン）　　　－9－

「明治産業革命遺産」における日本政府の「歴史修正主義」
　　　　　　　　　強制動員真相究明ネットワーク事務局長　中田光信　　　－13－

旧強制動員委員会報告書・口述集などの日本語版4冊を発刊
　　　－日帝強制動員手記集及び委員会発行本の翻訳版発行記念会 in ソウルー
　　　　　　　　　強制動員真相究明ネットワーク会員　竹内康人　　　－19－

大法院判決から1年余 - 文喜相法案を超えて強制動員問題の解決へ
　　　　　　強制動員問題解決と過去清算のための共同行動　矢野秀喜　　　－20－

地域からの報告
長生炭鉱の遺骨発掘に向け、確かな一歩を！
　　　　　　長生炭鉱の水非常を歴史に刻む会　書記　山内弘恵　　　－22－

第13回集会案内・２０１９年度会費納入のお願い　　　－24－

解放74年、強制動員問題の過去、現在、未来
強制動員問題の解決のための国際会議、開催

強制動員真相究明ネットワーク会員　竹内康人

● 8・14ソウル強制動員問題国際会議

2019年8月14日、ソウルの曹渓寺国際会議場で、「解放74年、強制動員問題の過去、現在、未来」と題して、強制動員問題の解決のための国際会議がもたれた。主催は強制動員問題解決と対日過去清算のための共同行動であり、強制動員被害者2人と遺族1人が体験を語り、15人が報告した。

金正珠（キムジョンジュ）さんはつぎのように語った。富山の不二越に13歳で女子勤労挺身隊員として全羅南道の順天から連行された。朝5時に起床させられ、軍歌を歌い、工場に向かって歩いた。小さな体で箱の上に立って鉄を削る仕事を強いられ、仕事が遅れると叩かれ、給料も支払われなかった。挺身隊のレッテルを貼られ、「慰安婦」とみなされ、家庭は破綻した。解放後も人間扱いされてこなかった。このように話し、最後に金さんは朴槿恵による裁判への介入と安倍晋三のウソを糾弾した。

金ヨンファさんは日本製鉄八幡製鉄所に連行された。金さんは八幡に動員され、力仕事をさせられたが、帰国し、大学を出て、牧師になったことを話した。そして、日本には賠償の義務がある、身体は死んでも、心や思想は死なない、戦争のない国に向かってすすもうと訴えた。

遺族の崔洛勲（チェナックン）さんは、父の一枚の写真から日本の支援者が貝島大之浦炭鉱に連行された事実をつきとめたこと、その跡地を今年、家族とともに訪問し、父を追悼したことを話し、戦争被害者の人権回復に向けて、共に歩もうと呼びかけた。

会議で報告されたテーマは、大法院判決の意義と日本の動きの批判、日韓請求権協定の問題点、国際法からみた大法院判決、国際連帯運動、女子勤労挺身隊問題、遺骨問題解決の行動、遺骨の奉還運動、沖縄戦での朝鮮人遺骨の発掘計画、韓国の原爆被害者の被害状況、朝鮮学校の無償化裁判、サハリン同胞の現状、仏教界と労働界の取組み、過去清算に向けての共同行動、強制動員問題解決の課題などである。

さまざまな問題提起が以下のようになされた。
〇大法院判決は強制動員慰謝料請求権を認めた。請求権協定では個人の賠償請求権は消滅していない。韓国の判決は日本への攻撃ではない。判決を、未解決の問題の解決の機会とすべき。
〇日韓両政府とも大法院判決に手をつけることはできない。被告企業は政治的環境、条件が整えば和解、判決を受け入れる意思があるとみられる。企業に判決を受け入れるよう迫るとともに、包括的解決として財団基金構想を具体化する必要がある。

○強制動員人権財団法を制定し、被害者支援財団の改善を図る。強制動員委員会の調査資料を財団に移管できるようにする。ILO など国際機構にこの問題の広報をすすめる。国際学術会議の開催、強制動員の共同行動などをすすめる。

○日本政府は判決を国際法違反とし、自らを被害者とみなし、韓国を屈服させようとしている。日本政府が植民地支配の不法性を認め、植民地責任をとることが第1である。日本政府は判決を認め、企業と被害者との協議に介入すべきでない。

○強制動員は国際人権法違反である。国際的な人権基準である２００５年の国連の被害者権利章典にのっとり、賠償と被害回復がなされ、再発防止がなされるべきだ。被害の回復は金銭だけでなく、真実の公開、不明者の所在把握、名誉回復のための公的宣言、公的謝罪、責任者への制裁、記念と追悼、教育などを含むものである。

○労働組合は強制動員問題を自らの問題ととらえ、強制徴用者像を設置した。日本での丹波のマンガン記念館に続き、韓国の龍山、仁川、済州、蔚山、釜山などに建て、今後は大田や全南地域にも建てる。平壌にもできるだろう。

○強制動員共同行動結成から1年、過去史と強制動員に関する市民の認識を高め、被害者中心の解決をめざす。被害者との連帯が運動の出発点である。

○２０１８年に遺骨奉還宗教者市民連絡会が結成され、壱岐の遺骨問題に取り組んだ。祐天寺、長生炭鉱、北の遺骨、沖縄本部など各地に遺骨がある。遺骨の返還では、経緯の調査、政府と企業の歴史的責任、遺族の慣習・信念に従うことが大切である。

○これまで沖縄戦の戦場で死亡した朝鮮人遺骨の返還はすくない。２０１８年１２月に韓国政府の行政安全部に遺骸奉還課が設置された。発掘を検討している本部の健堅の朝鮮人軍属の遺骨返還をすすめたい。

○日本の戦没者遺骨収集推進法では、日本人の戦没者に限定している。「韓国人遺骨を韓国に返せ、遺族に返せ」の世論化をすすめる。

○曹渓宗の民族共同体推進本部は、南北和解に取り組むとともに、福岡で現地巡礼をおこない、壱岐や長生での追悼会に参加した。動員犠牲者が故国に返ってくる道を拓きたい。

○韓国被爆2世患友会は貧血、心筋梗塞、慢性病、精神病、さまざまなガンなどの疾病で苦しんできた。被爆者支援特別法が制定されたが、被爆1世のみが支援対象であり、被爆2世・3世は排除された。陝川平和の家に2世の憩いの場ができた。韓・米・日政府は原爆2世に対し、「先に支援、後に究明」の立場で、生存権と生命権を保障すべきだ。

○サハリン韓人は約2万5千人が居住している。１９９５年からの韓日赤半字による永住帰国事業は新たな家族の離散をもたらすなどの問題を生んだ。韓国政府はサハリンなどの韓人の地域代表の決議に応じ、サハリン同胞支援特別法を制定して、支援すべきである。

○朝鮮女子勤労挺身隊は未成年女性児童に対する人権侵害であった。しかし韓国政府による被害者への支援は少ない。政府による真相究明、歴史教育、勤労挺身隊支援法の制定が必要である。

○同化と排除による朝鮮学校の消滅がすすめられてきた。第2次安倍政権は朝鮮学校の高校無償化に関し、省令を変えて指定を遮断した。幼稚園・保育園での無償化からも除外した。官制ヘイトに支えられた民間ヘイトの動きに対抗し、世界の良心に訴える。

このように強制動員関連の問題の解決に向け、さまざまな問題提起がなされた。日韓請求権協定では、強制動員問題は解決されていないのである。未解決の問題に取り組むことが求められる。

　日本政府は韓国の大法院判決を「国際法違反」と宣伝している。植民地支配は合法であり、強制労働

3

はなく、経済協力で請求権問題は解決した。にもかかわらず、企業に賠償を命じたのは請求権協定違反というのである。

しかし、判決では、反人道的不法行為としての強制動員への慰謝料請求権が存在し、企業は支払うべきであるとしたのであり、ありえる解釈である。国際法違反という宣伝は、日本を被害者にすりかえるものである。

問題の解決とは、真相の究明、被害者の尊厳回復、正しく歴史の継承がなされることである。2019年8月、愛知トリエンナーレでの「平和の少女像」の展示中止という事件は、この問題が解決していないことを示している。

●8・15強制動員ソウル市民集会

8月15日の昼にはソウル市庁前の広場で、解放74年、日帝強制動員問題解決のための市民集会がもたれた。集会は、強制動員問題解決と対日過去清算のための共同行動の呼びかけによるものであり、2000人ほどが参加した。

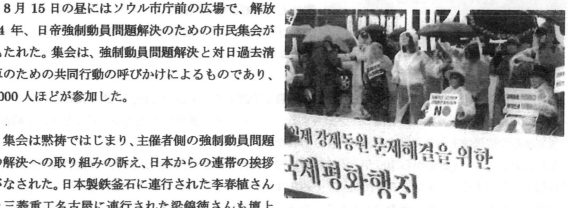

集会は黙祷ではじまり、主催者側の強制動員問題の解決への取り組みの訴え、日本からの連帯の挨拶がなされた。日本製鉄釜石に連行された李春植さんと三菱重工名古屋に連行された梁錦徳さんも壇上で訴えた。支援団体からの連帯アピールののち、強制動員下の望郷を想起し、アリランが歌われた。

雨は次第に強まり、土砂降りとなった。そのなか、動員被害者と遺影を先頭に日本大使館に向かってデモ行進が行われた。集会プログラムには「強制動員　謝罪賠償」と大きく記され、人々はそれを掲げ、謝罪せよ！記憶しろ！安倍糾弾！正義は勝つ！解決せよ！と喊声をあげた。日本大使館が入るビルの前では立ち止まり、強制動員問題を解決せよ！と抗議した。

朝鮮の植民地支配と強制労働を認知しようとしない安倍政権は、韓国大法院判決を国際法違反とみなし、経済報復をおこない、韓国社会を屈服させる動きをとるようになった。そのような動きは、韓国社会の反発を生み、強制動員問題を主テーマとする市民集会の開催に至った。

●8・15ソウル・安倍糾弾汎国民キャンドル文化祭

8月15日の夜には、ソウルの光化門前の広場に数万人が集まり、安倍糾弾市民行動の集会がもたれた。この市民行動は750余の団体で組織されたものである。集会では、巨大なスクリーンに参加者の姿を映しながら、集団ダンス、バンドの演奏、安倍糾弾のスピーチ、日本からの連帯挨拶、三菱の強制動員被害者の訴えなどがなされた。主催者

がマイクを会場に向けると数万の参加者が NO!安倍の声をあげた。

最後には NO!安倍や歴史をテーマにした歌が演奏された。曲とともに、NO!安倍のボードが揺れ、若者が振り付けに合わせて踊る。NO!安倍のプラカードの裏面には、韓日軍事協定の破棄と記されている。クレーンから吊るされた数個のスピーカからの音響は抜群だ。老若男女、さまざまな層が結集し、特に青年層が元気だ。闇が深まるとキャンドルに火がともされ、広場を埋める。

集会が終わると光化門からソウル市庁までデモが行われた。安倍 NO!経済報復を止めろ！強制動員に謝罪・賠償せよ！朝鮮日報は閉館せよ！わたしたちが勝つ！正義が勝つ！などのコールが続き、歌も流される。日本大使館や朝鮮日報社のビル前では立ち止まり、怒りの喊声をあげた。

ソウル市庁周辺には文在寅政権の成立以後、朴槿恵を擁護するアメリカと韓国の旗を掲げた右派のテントがめだつ。安倍糾弾行動に対抗してデモもする。しかし、その表現は冷戦期の旧態であり、冷戦期の対立構造や植民地主義を克服する方向性はみられない。

それに対し、3・1運動から100年、安倍糾弾市民行動は、強制動員判決を契機に安倍政権が始めた経済報復に対抗する、キャンドル革命を経ての新たな運動である。それは植民地主義を克服し、南北分断を終わらせるという時代の風をつくるものである。安倍政治を終わらせる表現を、この日本でこそ創らなければならない。

帰途、全羅北道の益山に行き、そこから参礼に向かい、東学農民蜂起の記念広場に行った。そこで大地から突き出した鍬を持つ腕を見た。それは民主の地下水脈の存在を示すものだった。益山の駅には平和の少女像があった。その少女像は2015年12月合意の紙を右足で踏み砕いていた。被害者との合意がなく結ばれ、少女像を撤去するという裏約束がついたものは許されない。韓国大法院判決は日韓請求権協定で解決済みの論を打ち砕いた。日韓条約は韓国では戒厳令下で結ばれた。政治が民主化されれば、当然見直されるべきものだ。植民地支配を合法と居直り、大法院判決を国際法違反と非難して自らを被害者のように示してやまない政治を変える時だ。

日本の過去清算問題と解決の方向性

強制動員真相究明ネットワーク事務局次長　小林久公

1.　問題の根底にはなにがあるのか

　強制動員など日本の過去清算問題が日韓の間で大きな課題となっているが、そもそも日本の過去清算問題は、日本の国内問題なのである。

　日本国憲法は「政府の行為によつて再び戦争の惨禍が起ることのないやうにすることを決意し」、「人間相互の関係を支配する崇高な理想を深く自覚するのであつて、平和を愛する諸国民の公正と信義に信頼して、われらの安全と生存を保持しようと決意した」、そして「われらは、いづれの国家も、自国のことのみに専念して他国を無視してはならないのであつて、政治道徳の法則は、普遍的なものであり、この法則に従ふことは、自国の主権を維持し、他国と対等関係に立たうとする各国の責務であると信ずる」と謳つてる。

　それにも拘わらず戦争終結から 70 数年を経た今日でも、アジア各地で日本が与えた戦争被害、植民地被害に対する戦後処理し遅々として進んでいない。それは日本人被害者についても同様である。

　なぜ、日本の戦後処理は進まないのか、その根底に在るのが未だ克服されない民衆の帝国主義(植民地主義)である。幸いにも安倍政権は市民が、このことを考える機会を提供してくれている。

　過去清算については、戦後すぐに叫ばれた一億総ざんげがある。(この一億人とは日本人 7000 万、朝鮮人 2,500 万に、台湾人 500 万のことだと言う)、そして今、「受忍論」が幅をきかせ、戦時中と同様の「しかたがない論」に飲み込まれようとしている。しかも、日本の植民地支配下にあった人々に対しても、当時は日本人であったのだからと「受忍論」を強制しようとしている。

　日本はこんな社会を何時まで続けるのだろうか、過去清算は日本社会のためにこそ必要なのである。

2.　二種類の個人請求権が残されている

　個人請求権には二種類の請求権があることを知っておきたい。一つは財産請求権であり、他の一つは慰謝料などの損害賠償請求権である。いずれにしてもこれは国家の請求権ではなく個人の請求権である。

　この個人が持っている請求権を、二国間の政府の合意で消滅させることはできない。このことについては日本政府もそのように理解している。それで「条約上は、国の権利として持っている外交保護権を放棄したのであつて個人の請求権を直接消滅させたものではない」としている。

　そして、二つの個人請求権のうち財産請求権については日本の国内法で消滅させる手続きを取ったが、損害賠償権については、国内法でも何の措置もされていない。

　この国内法が「韓国人財産措置法」(1965 年法律第 144 号)である。その法案説明で外務大臣は「日韓両国間の財産及び請求権に関する問題が完全かつ最終的に解決されることになったことを確認し、日本国にある韓国及び韓国民の財産等に対してとられる措置に対しては、韓国はいかなる主張もできないものとする旨を規定しております。したがいまして、この協定が発効することに伴ってこれらの財産等に対してとるべき措置を定めることが必要となりますので、この法律案を作成した次第であります」と述べている。

　日韓請求権協定で言う「完全かつ最終的に解決されたこととなることを確認する」、「国民に対するすべての請求権であつて同日以前に生じた事由に基づくものに関しては、いかなる主張もすることができないものとする」とはこのようなことなのである。すなわち、条約上は個人請求権に対する法的実行力の取極めは行われておらず、日本の国内法ではじめて法的に解決しているということである。それも、個人の財産請求権

についてのみであり、個人の損害賠償請求権は残されたままである。これが日本政府の理解であり、韓国の大法院判決も同様の理解である。条約の解釈に日本と韓国との間でさほどの違いはないのである。

3. 今後の解決の展望

安倍政権は、韓国の民事訴訟で差し押さえられた日本企業の資産が現金化されたならば、新たな対抗手段を取ると恫喝している。だが、これは日本政府が介入すべきではない民事事件のことである。高齢の被害者のことを考えると、私は、原告の裁判上の利益を満たすことが急がれなければならないので現金化は行うべきであると考えている。その結果は、更に日韓関係が険悪になったとしても、原告の個人の権利は保障されるべきものであり、更なる険悪化を避けるために個人の権利が奪われるようなことがあってはならない。

もし、更なる悪化があったとしても、それは後日に解決されるものであるからである。

(1) 国内法を変えれば、財産請求権も復活させられる

相手国が外交保護権を放棄し、そのことを主張しないとの約束があるので、自国で働いた外国人労働者の賃金をその人たちに支払わないことにしてよいのであろうか、日本政府は、国内法でそのようにしてしまったのである。

東京法務局をはじめ全国の法務局に朝鮮人強制動員被害者の未払い賃金が供託されており、そこには175,221人の朝鮮人労働者の名前と住所、未払い金額が個別に把握されている。その金額の合計は1億2千万円を超えている。これは、日本が本人に返そうと思えば返せるものである。この他にも福岡の郵便貯金事務センターには、朝鮮人労働者の郵便貯金通帳が数万冊保管されたままになっている。これも本人に返そうと思えば返せるものである。しかし、日本政府は、そうしてこなかった。日韓請求権協定と国内法で解決済みであるとして返さないまま今日まで来ている。これが「諸国民の公正と信義」を尊重する日本の姿であってよいのだろうか。

これは日本社会のあり方の問題である。問題解決には、条約の変更は必要ではなく、国内法で支払いを認めれば済むことなのである。

(2) 日韓条約で「法的に解決済み」であっても、日本政府は問題解決に取り組んできた教訓を生かして

日本政府は、日韓請求権協定で「完全かつ最終的に解決した」と言いながらも、日本軍「慰安婦」問題でもその解決に動き、韓国人被爆者問題でも次官通達を撤回し援護対象とした、サハリン在住韓国人問題でも資金提供をした。しかし、根本的な解決に至っていないのが現状である。

その理由の一つは、被害当事者と向き合わないままの政府間解決であったこと。二つ目は、国が行った加害事実を認めず、あいまいな事実認定のままでのお詫びの言葉でしかなかったことがあげられる。

たとえ「法的には解決済み」であったとしても、日本政府は解決のための努力をしてきているのである。それが未だ解決に至っていないとしても、そこから教訓を汲み取り解決の努力を続けなければいけない。

その教訓の一つに被害当事者とその遺族が持っている損害賠償請求権を法的に消滅させてこなかったこれまでの作為の誤りがある。

日本政府は、賠償の支払いを拒み続けるあまり、被害者の損害賠償請求に応じてこなかった。韓国政府に提供した無償3億ドル、アジア女性基金の医療福祉支援の政府資金約7億5000万円、2015合意の10億円

7

の支出の時に、日本政府の加害の事実を認め賠償金として支払われていたならば、被害者の損害賠償請求権を法的に消滅させ得たかもしれないが、日本政府はそうすることをしなかった。

　それは何故なのか、それは、政府も国民も被害事実に目をつむり帝国主義(植民地主義)を脱していないからだと思われる。

4.　歴代政権の努力をつなごう

　日本は、十分ではないにせよ日本国憲法を生かし、これまでも東アジアでの平和実現の努力を続けできたのも事実である。歴代総理大臣は、歴史の節目で談話を発表し、それは日本社会に受け入れられてきている。

　だが、最近の日本社会の風潮ではそれも受け入れられなくなって来ているのかも知れない。既に、安倍政権は、2010年の菅総理大臣談話を首相官邸のホームページから削除している。

　ここで表明され繰返し使われている「お詫び」という言葉を、日本政府は韓国語では「謝罪」と訳して広報している。「謝罪」とは、罪を認めて謝る言葉であるが、日本政府は「罪」を認めないまま「謝罪」という言葉だけを使っている。日本の言語文化がこのように壊されている。このことも、日本社会にとっては大きな問題である。

1995.08.15 の村山談話
「「植民地支配と侵略によって、多くの国々、とりわけアジア諸国の人々に対して多大の損害と苦痛を与えました。私は、未来に誤ち無からしめんとするが故に、疑うべくもないこの歴史の事実を謙虚に受け止め、ここにあらためて痛切な反省の意を表し、心からのお詫びの気持ちを表明いたします」

1998.10.08 日韓共同宣言 −21 世紀に向けた新たな日韓パートナーシップ−
　我が国が過去の一時期韓国国民に対し植民地支配により多大の損害と苦痛を与えたという歴史的事実を謙虚に受けとめ、これに対し、痛切な反省と心からのお詫びを述べた」

2002.09.17 日朝平壌宣言
「日本側は、過去の植民地支配によって、朝鮮の人々に多大の損害と苦痛を与えたという歴史の事実を謙虚に受け止め、痛切な反省と心からのお詫びの気持ちを表明した。

　双方は、国交正常化を実現するにあたっては、1945年8月15日以前に生じた事由に基づく両国及びその国民のすべての財産及び請求権を相互に放棄するとの基本原則に従い、国交正常化交渉においてこれを具体的に協議することとした」

2010,08.10 菅直人内閣総理大臣談話 閣議決定
「本年は、日韓関係にとって大きな節目の年です。ちょうど百年前の8月、日韓併合条約が締結され、以後36年に及ぶ植民地支配が始まりました。三・一独立運動などの激しい抵抗にも示されたとおり、政治的・軍事的背景の下、当時の韓国の人々は、その意に反して行われた植民地支配によって、国と文化を奪われ、民族の誇りを深く傷付けられました。

　私は、歴史に対して誠実に向き合いたいと思います。歴史の事実を直視する勇気とそれを受け止める謙虚さを持ち、自らの過ちを省みることに率直でありたいと思います。痛みを与えた側は忘れやすく、与えられた側はそれを容易に忘れることは出来ないものです。この植民地支配がもたらした多大の損害と苦痛に対し、ここに改めて痛切な反省と心からのお詫びの気持ちを表明いたします」

(2019 年 12 月 6 日)

8

強制動員ではなく就職？朝鮮人"逃亡者"40%はなぜ

<『反日種族主義』反論特別寄稿 (2)強制徴用>
2019年9月2日ハンギョレ新聞

2015年ユネスコ日本大使も「韓国人強制労役」を公式認定
イ・ウヨン、日帝総動員令には目を瞑り偏向した資料を根拠にごり押し歪曲
強制性はなく自由だった？現場離脱者を"逃走"と表現
賃金は正常に支払った？日本人より少なく控除は倍
日本で稼ぐことがロマンだった？強制労働に抵抗、警察と戦闘まで

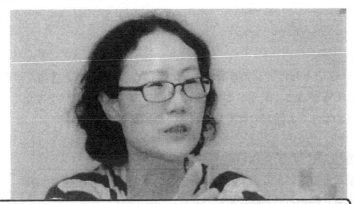

チョン・ヘギョン日帝強制動員＆平和研究会研究委員

「日本は1940年代に一部施設で多くの韓国人とその他の国民が本人の意志に反して動員され、苛酷な条件下で強制的に労役し、第2次世界大戦当時に日本政府も徴用政策を施行したという事実を理解できるようにする措置を取る準備ができている」

　2015年7月5日、ドイツのボンで開かれた第39回ユネスコ世界遺産委員会で「明治日本の産業革命遺産、製鉄・製鋼・造船・石炭産業」搭載と関連して、佐藤地(さとうくに)駐ユネスコ日本大使がした公式発言の一部だ。この発言は、日本が初めて国際機構でアジア太平洋戦争(1931～1945)当時の強制動員を公式に認めた事例だ。もちろん、日本政府は佐藤大使の発言の翌日に強制性を否定した。日本政府も発言の重量感を分かっていたためだ。

　当時、韓国国内の一部マスコミの報道のように、日本が「意外にも強制労働を素直に認定」したのだろうか。決してそうではない。2015年2月から「強制」(forced)という用語を入れるために私たちは韓国外交部と共に孤軍奮闘した。日本政府は頑強だった。「23の施設地に徴用された韓国人はいくらにもならない」「募集や官斡旋(官庁の紹介と志願)が強制動員になるのか」と抗弁した。しかし結局、日本政府は認めた。否定できない明確な根拠があったためだ。すなわち強制動員は日本の国家権力がアジア太平洋戦争を遂行するために運営した体制だという点。日本政府は「ただの1人でも被害者がいるならば強制動員は実在した事実」というわれわれの主張に反論を提起できなかった。

アジア太平洋戦争は、朝鮮民衆が初めて経験した近代戦争であると同時に、すべての国力を投じた総動員戦争だった。総動員戦争の思想的土台である「総力戦」思想は、第1次世界大戦当時に世界的に広がった近代戦争観だ。第1次世界大戦末期、フランスが初めて総力戦という用語を使った。日本はこの総力戦思想を受け入れて、国家総動員体制を確立した。1918年4月、陸軍の督励の下に内閣は軍需工場動員法を制定し、6月には軍需局を新設した。軍需工場動員法は、総力戦実行のために平時から人材、物資、資金など全国家の資源を調査し、戦争が起きた時の補給計画をたてるための法だった。1919年12月には軍需調査令を制定し、植民地である「朝鮮と台湾」を調査対象地域に含め、1925年4月には国家総動員機関設置委員会を設置した。こうした歩みは、アジア侵略の本格化とともに一層早まった。1937年中日戦争後、1938年4月に国家総動員法を制定し、国家総動員体制を確立した。

> 1941年、朝鮮総督府が日本の北海道に動員された朝鮮人に送った手紙。1939年から2年期限で募集・動員され故郷に戻る時になった朝鮮人に対し朝鮮総督府は「逃げることなく産業戦士として仕事をせよ」「帰ってこずに誠実に仕事をせよ」と書いた

　国家総動員体制は、一部の軍の将軍らが運営した体制ではなかった。国家総動員法に基づき約860の法令（改正を含む）と制度、組織を通じて運営されたシステムだった。朝鮮総督府は、該当部署を設置して地方単位まで組織を完備した。これはすべて1970年代以降に日本から出た資料集と研究で明らかになった内容だ。国家総動員法と下部法令は「国民動員」を明示し、毎年国民動員計画数を設定した。就職ではなく「動員」だ。労働者と資本家の相互契約関係にともなう労働者が消え、一方的義務だけが残った労務者の時期だ。

　韓国政府が「強制」を入れさせるために孤軍奮闘していた2015年春、韓国内の報道機関に直接報道資料を送った研究者がいた。成均館大学経済学科出身のイ・ウヨン博士であった。膨大な公開資料と研究成果を無視して、偏向的に取捨選択した資料を根拠とする歪曲された主張だった。彼が『反日種族主義』に収録した内容と同一だ。当時、韓国内のメディアは簡単に報道したが、その後日本の極右指向の産経新聞には詳しく掲載された。これが「偶然の一致」であろうか。

10

『反日種族主義』で彼は強制動員を否定している。「1910年に朝鮮人は日本の臣民になったので、差別は存在しない」として「アジア太平洋戦争期の動員は、法的根拠により成り立った合法行為」という認識を土台にするためだ。強制動員は、日本帝国主義全般にわたった政策で、すでに国際労働機関(ILO)の協約を自ら破った行為であるので差別とは関係ない。また、法的差別がなかったという平等論も誤りだ。1910年以後、朝鮮人は義務では日本人だが、権利では日本人と区別される存在として扱われた。すでに2000年代に明らかになった法制史研究の一貫した結論だ。

　この主張の最大の問題点は、上で説明した日本の国家総動員体制を度外視した点だ。その他にも統計の背景を理解する能力が足りず、帝国運営の実態、日本地域一般渡日者(日本に渡っていった人)と移入労務者の区分、職種別労働実態に対する理解も不足している。1938年以前に100万人に達した一般渡日朝鮮人と動員政策にともなう強制動員朝鮮人を区分できず、炭鉱現場に対しても根拠のない主張を展開した。私は、九州の筑豊と長崎の炭鉱、常磐炭田、北海道の炭田、南サハリンと満州の炭鉱まで坑内を直接見て回った。イ博士の「1930年代になると日本の炭鉱の多くの坑道は、人の背をはるかに超える高さと5メートル以上の幅を維持するものが一般的」という表現は荒唐そのものだ。そのような炭鉱が日本に何箇所あったというのか。

　このようなイ・ウヨン博士のごり押し主張に、いちいち対応する必要はないが、歴史に関心を持つ市民のために説明することは研究者の役割だ。紙面の限界により幾つかだけを話してみる。　「生活は非常に自由だった」。強制性がなかったという主張だ。イ博士はこの主張の根拠を明らかにしていない。それでは常識的な質問をしてみよう。当時すべての日本政府と企業の資料は、現場離脱者を「逃走した」と明示した。なぜ退社ではなく逃走と表現し、逃走者を捉えてリンチを加えて命まで奪い取ったのか。当局は工場と炭鉱を管理する監督機関を設置して、労務者の統制と管理を担当した。集団農場も例外ではなかった。米国議会図書館が所蔵した資料の中には、中西部太平洋地域(当時南洋群島)の国策会社である南洋興発が労働時間と作業量を記録し、毎日警察の駐

日帝強制動員被害者が、新日鉄住金(現、日本製鉄)を相手に出した損害賠償請求訴訟で13年8カ月ぶりに被害者の勝訴判決が下された昨年10月30日午後、最高裁(大法院)前で強制動員被害者イ・チュンシク氏(94)が感想を述べ涙を流している

在所に提出した報告書がある。

「日本人と朝鮮人は分け隔てなく、賃金は正常に支払われた」。戦時体制期の賃金体制を平時と同一に認識することも問題だが、誤りは実際に受領した金額にある。イ博士は「控除金は朝鮮人が58ウォンで、日本人の26ウォンよりはるかに多く、貯金も朝鮮人の金額が多かったために手取り金額には大きな差」が現れたとし、民族別差別を認めた。その一方で「朝鮮人は賃金の4割以上を直接渡され、その金で消費したり送金することができた」と断定した。手取り金額では日本人と差があったが「正常支払い」だったという評価はそれ自体が矛盾だ。また、イ博士が日本人との賃金差別がなかったとして提示した賃金台帳でも、朝鮮人の月収入は日本人より少なかった。

「当時、朝鮮人青年たちにとって日本は一つの『ロマン』だった」。良い稼ぎ口と考えて行ったという主張だ。この主張を問い詰めるのに先立ち、根本的な問題から考えてみよう。騙されて渡ったとしても、良い稼ぎ口と考えて行ったのならば強制性が消えるのか。そんなことはない。稼げるとだまされた個人のせいではなく、だまして人材を動員した体制の問題であるからだ。当時、日本やドイツなどの枢軸国は、稼ぎ口と良い職場という"ニンジン"を主に使った。具体的な内容を見てみよう。日本に稼ぎに行く機会が開かれ、工場で技術も習うことができるという言葉に乗せられて「連絡船内で歌を歌って」行ったという人々はいた。この事例だけで「ロマン」と表現したとすれば、他の事例を見よう。1939年から朝鮮民衆の離脱は始まった。脱出者は1939年には全体の5.2%の2千人だったが、この数字は1940年には37.2%に、1943年には40%に増えた。日本の領土に到着してもあきらめずに輸送列車から飛び降りて命を失う例もあった。1944年初めには抵抗が一層激しくなり、徴用令書（徴用通知書）を伝達しに訪ねてきた官憲に暴行し、慶尚北道慶山（キョンサン）郡に住む青壮年27人は「決心隊」を結成し、竹槍と鎌を持ち20日間山で抵抗して警察と接戦を行い勝利をおさめた。当時の高等裁判所検査局の資料と第85回帝国議会説明資料の内容だ。「ロマン」なのになぜ脱出をして官憲に暴行して集団抵抗したのか。

もし学問的目的以外に他意がなく、研究者としての誠実さと自分の悩みだけがあったとすれば、このような無責任な一般化は不可能だ。誠実でも実証的でもない主張は、事実の重みを何とかして無視しようとする偏狭さだけを表わした。『反日種族主義』は、学者の外皮をかぶった政治行為の結果に過ぎない。

「明治産業革命遺産」における日本政府の「歴史修正主義」

強制動員真相究明ネットワーク事務局長　中田光信

1　顕著な普遍的価値(Outstanding Universal Value)からみた「明治産業革命遺産」

　2015年7月、九州を中心とする8県11市にまたがる23の資産が「明治日本の産業革命遺産　製鉄・製鋼、造船、石炭産業」（以下「明治産業革命遺産」と略す）としてユネスコの世界文化遺産に登録された。

　明治産業革命遺産が世界文化遺産として「顕著な普遍的価値」を有する理由は「封建社会の日本が、欧米からの技術移転を模索し、西洋技術を移転する過程において、具体的な国内需要や社会的伝統に合わせて応用と実践を重ね、20世紀初めには世界有数の産業国家に変貌を遂げた道程を顕し」「製鉄・製鋼、造船、石炭産業など、基幹産業における技術の集合体として、非西洋諸国において初めて産業化に成功した、世界史上類例のない、日本の達成を証言」しているためとされた。

　しかし「富国強兵」「殖産興業」のスローガンのもと国策によって進められた明治期の産業近代化は、朝鮮の植民地支配、それに続く中国大陸への侵略を支える基盤となった。そして満州事変を機に中国大陸への侵略を本格化させ日中戦争に突入した日本は、侵略戦争のための「総力戦体制」の構築のため、国家の全ての人的・物的資源を国家が管理統制運用するための法律＝「国家総動員法」を制定し、植民地支配下の台湾・朝鮮をその体制下に組み込んでいった。この総力戦を支えるために当時植民地支配下の朝鮮半島から、中国大陸から、そして戦争捕虜をも労働力として使役し、多大の犠牲者を生み出した末に大日本帝国は崩壊した。「明治産業革命遺産」に含まれる八幡製鉄所、三井三池炭鉱、高島炭鉱、端島（軍艦島）、三菱長崎造船所の歴史は、明治期から敗戦に至るまでの日本の近代史の縮図でありその「全体の歴史」を未来に向けて継承していくことこそ教育・科学・文化を通じて戦争の惨禍を繰り返さないことを目的に設立されたユネスコ精神に沿うものである。明治の一時期だけを切り取るのではなく産業発展に付随する労働者の犠牲や一部の資産に含まれている強制労働の歴史などの負の側面も含めた「全体の歴史」にこそ「顕著な普遍的価値」が有するのである。

2　国際公約である「ステートメント」[1]を反故にした日本政政府の立場表明

1) 登録決定に際しての岸田外務大臣（当時）の談話（2015年7月5日）
「この発言は，これまでの日本政府の認識を述べたものであり，1965年の韓国との国交正常化の際に締結された日韓請求権・経済協力協定により，いわゆる朝鮮半島出身者の徴用の問題を含め，日韓間の財産・請求権の問題は完全かつ最終的に解決済みであるという立場に変わりありません。」

2) 外務省のホームページ「国際機関を通じた協力」に記載の「第39回世界遺産委員会における7月5日日本代表団発言について」（2017年7月14日）における外務省の説明[2]
（日本政府ステートメント）
　日本は，1940年代にいくつかのサイトにおいて，その意思に反して連れて来られ，厳しい環境の下で働かされた多くの朝鮮半島出身者等がいたこと，また，第二次世界大戦中に日本政府としても徴用政策を実施していたことについて理解できるような措置を講じる所存である。

13

（外務省コメント）

→「意思に反して連れて来られ（brought against their will）」と「働かされた（forced to work）」との点は，朝鮮半島出身者については当時，朝鮮半島に適用された国民徴用令に基づき徴用が行われ，その政策の性質上，対象者の意思に反し徴用されたこともあったという意味で用いている。

→「厳しい環境の下で（under harsh conditions）」との表現は，主意書答弁書（参考）にある「戦争という異常な状況下」，「耐え難い苦しみと悲しみを与えた」との当時の労働者側の状況を表現している。

（日本政府ステートメント）

日本は，インフォメーションセンターの設置など，犠牲者を記憶にとどめるために適切な措置を説明戦略に盛り込む所存である。

（外務省コメント）

→「犠牲者」とは，出身地のいかんにかかわらず，炭坑や工場などの産業施設で労務に従事，貢献する中で，事故・災害等に遇われた方々や亡くなられた方々を念頭においている。

（日本政府ステートメント）

日本政府は，本件遺産の「顕著な普遍的価値」を理解し，世界遺産登録に向けて協力して下さったベーマー議長をはじめ，世界遺産委員会の全ての委員国，その他関係者に対し深く感謝申し上げる。

（外務省コメント）

→今回の日本代表団の発言は，従来の政府の立場を踏まえたものであり，新しい内容を含むものではない。

→今回の日本側の発言は，違法な「強制労働」があったと認めるものではないことは繰り返し述べており，その旨は韓国側にも明確に伝達している。

3　ユネスコ決議を無視した 2017 年の保全状況報告書[3]

2015 年の世界文化遺産登録時の決議[4]は「日本が発したステートメントに留意」して「各サイトの歴史全体についても理解できるインタープリテーション（展示）戦略とすること」を勧告したにも関わらず 2017 年 11 月 30 日付で出された日本政府の保全状況報告書は以下の点においてこの決議に応えるものではなかった。

〇「全ての構成遺産で一貫した顕著な普遍的価値の共通展示」「各サイトの「歴史全体」の更新」については「内閣官房，関係自治体」の担当とされたが「朝鮮人労働者を含む労働者に関する情報収集」は一般財団法人産業遺産国民会議という一民間機関に委任（丸投げ）された。

〇戦時下の「強制労働」についてはすでに数多くの研究蓄積や当事者の証言があるにも関わらず「これまでほとんど検討されなかった一次史料の調査」を進めるとして、従来の研究成果を無視した。

〇ステートメントで使われていた「強制労働」（forced to work）という文言を朝鮮半島労働者が産業を「支えた」（support）と表現するなど強いられた（forced）労働を支えた（support）と「言い換え」を行った。ステートメントは朝鮮人強制労働問題だけを取り上げているが、「歴史全体」を理解するには当時中国人・連合軍捕虜も強制労働を強いられたことも含め戦時下の強制労働の全体像を記載しなければならない。

〇遺産のほとんどが九州・山口地域に集中しているにも関わらず情報センターは東京に設置することにな

14

っており、当該資産から遠く離れた場所におけるインタープリテーションは来訪者のアクセスを考えた場合全く無意味である。

〇報告書作成に当たって行われた「インタープリテーション監査」は当該資産に詳しい歴史学者や資産周辺の関係者及び強制労働に従事させられた当事者の証言などは一切とりあげられず監査に立ち会ったのは日本政府及び産業遺産国民会議関係者と県の職員・ボランティアのみでそれ以外の意見を聴取した形跡が見られない。このようなプロセスはイコモスの各憲章[5]にも反している。

4 杜撰極まりない「産業遺産国民会議」の調査研究報告書[6]

日本政府は2017年の保全状況報告書において「産業労働に係る調査研究」を「明治産業革命遺産」の登録を推進した「一民間機関」である産業遺産国民会議に担当させて調査研究を委託した。しかし、そのホームページのトップは「軍艦島の真実－朝鮮人徴用工の検証」というサイトが立ち上げられ、元島民の証言だけが掲載され当事者である強制動員被害当事者の証言は一切なくこれまで公表されてきた様々な証言や著作の記述などを一方的に批判するなど公平に「調査・研究」を行う機関として不適切な団体であった。

そして情報公開請求で入手した3ヵ年の調査研究報告書の内容を検討すると、2016年の報告書には、海外資料の翻訳として「戦中期日本へ労務動員された朝鮮人炭鉱夫の賃金と民族格差」と題する李宇衍（イウヨン）氏のものと推測される論文の翻訳が掲載され、2017年、2018年の報告書には端島（軍艦島）や三井三池炭鉱の関係者への検証抜きのインタビュー記録は掲載されているが、関係するサイト全体についての調査は十分行われておらず、3ヵ年の報告書全体を通して見てもほとんど断片的な資料の羅列であり「全体の歴史」をインタープリテーションする基礎資料としては全く不十分であることが明らかとなった。しかも、このような杜撰な報告書に対して3ヶ年合計で360,524,520円（÷全838ページ＝@430,220円／ページ）もの多額の契約金が支出されていたのである。このため強制動員真相究明ネットワークは11月1日付で『「明治日本の産業革命遺産」の産業労働に関する再調査を求める要請書』（別添）を提出したが、日本政府からは「産業遺産国民会議の調査は十分な内容であり再調査しない」との口頭での回答がなされただけであった。

5 今年の保全状況報告書[7]の問題点と今後の課題

2017年の保全状況報告書を審査した昨年の第42回世界遺産委員会は改めて勧告[8]を出した。その中で、インフォメーションセンターの設置場所及びインタープリテーションの内容について「ベストプラクティス」を考慮すること、関係者との協議を継続することが指摘されたにも関わらず今年11月27日付で提出された保全状況報告書では「インタープリテーションに関する事項については、インタープリテーション戦略に基づき、適切にインタープリテーションが実施された」「関係者との対話については、「明治日本の産業革命遺産」の関係者間において、定期的に協議を行い、幅広い対話に努めてきた」と記載されているが「インタープリテーション全体については、産業遺産情報センターが完成され次第、改めて報告する予定」であるとし

てさらに先延ばしすると同時に関係者との「幅広い対話に努めてきた」と言いながら、この間韓国政府や各資産の歴史に詳しい専門家などとの対話は一切なされなかった。

　報告書では「産業遺産情報センターの設置に向けた検討・準備」を「インタープリテーション戦略に基づき、国内外の有識者の意見も踏まえつつ、既存施設（東京都新宿区若松町）の改修工事を行うなど着実に準備を進めている。同センターは、今年度中を目途に設置する予定である。」として「産業情報センター」をなし崩し的に東京の既存の政府庁舎を改修し設置しようとしているが展示内容も未だ公開されていない。

　今後、東京に開設される「産業情報センター」の展示内容を注視するとともに、産業遺産国民会議への杜撰な調査委託について日本政府を追及すると同時に改めて産業労働についての再調査を日本政府に求めていかなければならない。

1　2015 年 7 月 5 日世界遺産委員会における日本側発言（日本語）全文
議長、
日本政府を代表しこの発言を行う機会を与えていただき感謝し上げる。
日本政府としては，本件遺産の「顕著な普遍的価値」が正当に評価され，全ての委員国の賛同を得て，コンセンサスで世界遺産登録されたことを光栄に思う。日本政府は，技術的・専門的見地から導き出されたイコモス勧告を尊重する。特に、「説明戦略」の策定に際しては，「各サイトの歴史全体について理解できる戦略とすること」との勧告に対し，真摯に対応する。
より具体的には，日本は，1940 年代にいくつかのサイトにおいて，その意思に反して連れて来られ，厳しい環境の下で働かされた多くの朝鮮半島出身者等がいたこと，また、第二次世界大戦中に日本政府としても徴用政策を実施していたことについて理解できるような措置を講じる所存である。
日本はインフォメーションセンターの設置など，犠牲者を記憶にとどめるために適切な措置を説明戦略に盛り込む所存である。
日本政府は，本件遺産の「顕著な普遍的価値」を理解し，世界遺産登録に向けて協力して下さったベーマー議長をはじめ，世界遺産委員会の全ての委員国，その他関係者に対し深く感謝し上げる。
2　https://www.mofa.go.jp/mofaj/pr_pd/mcc/page3_001285.html
3　https://www.cas.go.jp/jp/sangyousekaiisan/state_of_conservation_report.html
4　第 39 回世界遺産委員会決議 39 COM 8B.14　勧告部分 g)推薦資産のプレゼンテーションのためのインタープリテーション（展示）戦略を策定し、各構成資産がいかに顕著な普遍的価値に貢献し、産業化の 1 または 2 以上の段階を反映しているかを特に強調すること。また、各サイト の歴史全体についても理解できるインタープリテーション（展示）戦略とすること。 注) 1 世界遺産委員会は，委員会のサマリー・レコードに記載されているとおり，パラ 4． g で言及されている各サイトの歴史全体について理解できるようにするインタープリテーション 展示 戦略に関し，日本が発した ステートメント に留意する。
5　1964 年の「記念物と遺跡の保存と修復に関する国際憲章」（ヴェニス憲章）、2006 年の「産業遺産ニジニータギル憲章」、2008 年の「文化遺産サイトのインタープリテーション及びプレゼンテーションに関するイコモス憲章」、2010 年の「産業へリテージを継承する場所、構造物、地域及び景観の保存に関する ICOMOS＝TICCIH 共同原則」など
6　https://drive.google.com/drive/u/0/folders/1Ks1P4Cdmcrlur_jhmCRlt63v_1XxObvj
7　https://www.cas.go.jp/jp/sangyousekaiisan/seikaiisan_houkoku/pdf/191129/siryou_jp00.pdf（日本語）
　　https://whc.unesco.org/en/documents/179734（英語）
8　第 42 回(2018 年)世界遺産委員会決議の勧告 g)に関係する部分のみ抜粋
世界遺産委員会は、
1　WHC/18/42.COM/7B の文書を審査した上で；
2　第 39 回世界遺産委員会（2015 年ボン）で採択された決議 39COM8B.141 を想起し；
3～6　略
7　インタープリテーションが全てのサイトで準備され、デジタル形式のツールが開発された一方，開設予定のインフォメーションセンターを含め更なる改善が図られる予定であることに更に留意し；
8　センターが完成され次第、インタープリテーション全体について改めて報告するよう締結国に更に要請し；
9　OUVによってカバーされている期間及びそれ以外の期間も含め、資産の歴史全体のインタープリテーションやデジタル形式のインタープリテーション資料に関する作業を引き続き行う上でインタープリテーション戦略に関する国際的なベストプラクティスを考慮に入れるよう締約国に強く促し；
10　関係者との対話を継続することを促し；
11　決議 39 COM 8B.141 を完全に履行するとともに，2020 年の第 44 回世界遺産委員会による審議に付するため、2019 年 12 月 1 日までに，資産の保全状況と上記の履行状況について更新した報告書を世界遺産センターに提出するよう締約国に更に要請する。

16

2019 年 11 月 1 日

内閣総理大臣　安倍晋三様
（担当　内閣官房　産業遺産の世界遺産登録推進室）

「明治日本の産業革命遺産」の産業労働に関する再調査を求める要請書

強制動員真相究明ネットワーク
共同代表　庵逧由香　飛田雄一

　2015 年 7 月九州を中心とする 8 県 11 市にまたがる 23 の資産が「明治日本の産業革命遺産　製鉄・製鋼、造船、石炭産業」（以下「明治産業革命遺産」と略す）としてユネスコの世界遺産に登録されました。登録に際して日本政府は各遺産において強制労働の歴史があった事実を記載する旨の「ステートメント」[1]を発しました。そしてユネスコ世界遺産委員会はこの「ステートメント」の進捗状況について 2017 年 11 月 30 日までに報告することを勧告[2]しました。

　日本政府は、勧告に基づき 2017 年 11 月 30 日付でユネスコへ保全状況報告を提出しましたが、そのインタープリテーション（説明）計画（別紙）では、本来政府が責任を持って行うべき「朝鮮人労働者を含む労働者に関する情報収集」について一般財団法人産業遺産国民会議が調査を行うこととされ、すでに「平成 28 年度明治日本の産業革命遺産」産業労働にかかる調査」という名目でこの調査が産業遺産国民会議に委託されていたことが情報公開請求によって明らかとなりました。しかし、この調査報告書には、1 つの論文（黒塗り）と海外文献翻訳や契約締結以前に行われた調査と思われる結果が記載されているだけで、仕様書に書かれている有識者（黒塗りで氏名不詳）からの意見聴取なども行われたのかも不明であり、調査した結果の分析も記載されていない杜撰なものでした。

　ところが、日本政府は 2017（H29）年度、2018（H30）年度も産業遺産国民会議にこの調査を委託しました。その後提出された報告書も 2017(H28)年度の調査報告と同様、強制労働が行われた八幡製鉄所、三井三池炭鉱、高島炭鉱、端島（軍艦島）、三菱長崎造船所についての産業労働の「全体の歴史」についての調査・分析はされず、端島（軍艦島）の関連で年表やインタビュー記録、三井三池関連で一人のインタビュー記録（調査報告書の 3 分の 1 の約 100 ページを占める）が記載されているだけです。報告書でのインタビュー記事は、戦時の朝鮮人の強制労働を否定する意図により、質問が誘導されています。動員された被害者の証言は含まれていません。このような報告書はユネスコの勧告に到底耐えうる内容ではありません。

　2018 年 7 月、日本政府が提出した保全状況報告書を審査したユネスコ第 42 回世界遺産委員会は改めて日本政府に 2019 年 12 月 1 日までに保全状況報告書の提出を求める勧告[3]を出しました。勧告では「関係者との対話を継続することを促」すように指摘されたにもかかわらず、その後日本政府が韓国政府や強制労働の被害当事者、研究者らの意見を聴取した形跡は一切ありません。

　また、この杜撰な産業遺産国民会議の調査分析報告書に 3 ヶ年で 360,524,520 円もの公費を支出しています。他の「保全活用に関する調査研究」（3 ヵ年で 18,360,000 円）「展示戦略に関する調査研究」（3 ヶ年で 98,244,000 円）と比較しても、また予算執行額の比率からしても突出した金額です。このような調査結果報告書を検査「合格」とした政府の責任も重大です。このような不十分な調査結果に基づいて保全状況報告書を提出することは許されません。

　したがって、私たちは「明治産業革命遺産」の産業労働に関する調査について改めて政府自身によるか若しくは信頼できる機関（大学などの研究機関）に再調査を委託することを強く求めます。

　ついては、ユネスコへの保全状況報告書の提出期限前の(2019 年 11 月 20 日)までに御回答頂きますよう要請いたします。

＜参考資料＞
　○2017 年度保全状況報告書のインタープリテーション計画部分抜粋
　○情報公開請求で入手した委託契約一覧
　○2016(H28)、2017(29)、2018(H30)各年度報告書の目次と内容一覧

　　連絡先　　兵庫県神戸市灘区山田町 3 丁目 1-1（公財）神戸学生青年センター気付
　　　　　　　強制動員真相究明ネットワーク　事務局長　中田光信 tel. 090-8482-9725
　　　　　　　e-mail mitsunobu100@hotmail.com　URL　http://www.ksyc.jp/sinsou-net/

17

1 「日本は，1940 年代にいくつかのサイトにおいて，その意思に反して連れて来られ，厳しい環境の下で働かされた多くの朝鮮半島出身者等がいたこと，また，第二次世界大戦中に日本政府としても徴用政策を実施していたことについて理解できるような措置を講じる所存である。日本はインフォメーションセンターの設置など，犠牲者を記憶にとどめるために適切な措置を説明戦略に盛り込む所存である。」

2 2015年 39 回世界遺産委員会決議（39 COM 8B.14）の勧告 g）に関係する部分
g)推薦資産のプレゼンテーションのためのインタープリテーション（展示）戦略を策定し、各構成資産がいかに顕著な普遍的価値に貢献し、産業化の 1 または 2 以上の段階を反映しているかを特に強調すること。また、各サイトの歴史全体についても理解できるインタープリテーション（展示）戦略とすること。1

　　1)世界遺産委員会は，委員会のサマリー・レコードに記載されているとおり，パラ4．g で言及されている各サイトの歴史全体について理解できるようにするインタープリテーション展示戦略に関し，日本が発したステートメントに留意する。

3 2018年 42 回世界遺産委員会決議（42COM 7B.10）の勧告 g)に関係する部分
7 インタープリテーションが全てのサイトで準備され、デジタル形式のツールが開発された一方、開設予定のインフォメーションセンターを含め更なる改善が図られる予定であることに更に留意し；
8 センターが完成され次第，インタープリテーション全体について改めて報告するよう締結国に更に要請し；
9 OUVによってカバーされている期間及びそれ以外の期間も含め，資産の歴史全体のインタープリテーションやデジタル形式のインタープリテーション資料に関する作業を引き続き行う上でインタープリテーション戦略に関する国際的なベストプラクティスを考慮に入れるよう締約国に強く促し；
10 関係者との対話を継続することを促し；
11 決議 39 COM 8B.141 を完全に履行するとともに，2020 年の第 44 回世界遺産委員会による審議に付するため，2019 年 12 月 1 日までに，資産の保全状況と上記の履行状況について更新した報告書を世界遺産センターに提出するよう締約国に更に要請する。

旧強制動員委員会報告書・口述集などの日本語版 4 冊を発刊
－日帝強制動員手記集及び委員会発行本の翻訳版発行記念会 in ソウル－

強制動員真相究明ネットワーク会員　竹内康人

2019 年 12 月 16 日、ソウルで、旧韓国強制動員委員会（2004 年から 2015 年）が作成した報告書と口述集などの発刊記念会が、日帝強制動員被害者支援財団の主催によってもたれた。旧韓国強制動員委員会とは、韓国政府内に置かれた日帝強占下強制動員被害真相糾明委員会、のちに対日抗争期強制動員被害調査及び国外強制動員犠牲者等支援委員会と名称を変えた組織のことである。日帝強制動員被害者支援財団はこの旧委員会の事業を継承する財団であり、韓国の行政安全部の下にある。

今回発刊された本は、口述集の「ポンポン船に乗って海の幽霊になるところだったよ」（忠清道から福岡、長崎、佐賀など九州への動員）、「朝鮮という私たちの国があったのだ」（大阪造兵廠、捕虜監視員など軍属として日本、東南アジア、中国への動員）、調査報告書の「朝鮮人 BC 級戦犯に対する調査報告」、「ハワイ捕虜収容所における韓人捕虜に関する調査」である。また、韓国語の「太平洋戦争実記集」（沖縄の阿嘉島への動員、特設水上勤務 103 中隊）も発刊された。

これまで、旧委員会によってシベリア抑留、崎戸炭鉱、長生炭鉱、広島長崎原爆などの調査報告書の日本語版が出されてきたが、委員会の解散によって発行は停止した。2018 年に韓国を訪問した際、その再開を目指して支援財団と意見交換し、韓国の行政安全部には要請文を送った。その結果、2019 年に入り、支援財団が日帝強制動員出版事業をすすめて日本語版を発行することになり、強制動員真相究明ネット内にその発行に向けて新たに日本語翻訳協力委員会を置くことになった。

戦争は国家による暴力であるが、それを正当化するためにさまざまな美辞麗句が使われる。その暴力の実態を戦争被害者の視点でとらえ直すことが大切である。韓国の強制動員被害者の証言は戦争の実相を示すものであり、貴重なものである。その翻訳本を発行することで、これまで知ることのできなかった多くの事実を知ることができる。日本側の歴史認識にとって重要な資料となる。その発行は、真実を伝え、歴史の歪曲をただすことにつながる。

口述記録は強制動員された人びとが生きぬいてきた物語である。60 年以上前の出来事には不鮮明な部分があるが、それを含めて歴史の証言として受け止めたい。その体験からの思いを分かち、分析しよう。その戦争動員の体験を思想化することで、戦争動員をおこない、その責任をとることなく、いまも事実を否認しようとする動きを、変えていく力とすることができるだろう。

大法院判決から1年余－文喜相法案を超えて強制動員問題の解決へ

強制動員問題解決と過去清算のための共同行動　矢野秀喜

　昨年10月30日の大法院判決から1年余が経過しました。しかし、判決は履行されず、被害者の人権も回復していません。その第一の要因は、日本の安倍政権が、判決を「国際法違反」と非難し、「解決済み」を主張して被害者を省みず、ただ「国際法違反状態の是正」を韓国政府に求める態度に固執しているからです。

　このような中、12月18日、韓国の国会議長である文喜相（ムン・ヒサン）氏が、強制動員問題の解決に向けて、「記憶・和解・未来財団」法案等を韓国国会に発議しました（提案議員は文喜相議員以下14名）。

　文議長が発議した同法案の骨子は以下のとおりです－
▽「記憶・和解・未来財団」を設立し、強制動員被害者に対する慰謝料支払、追悼・慰霊事業、調査・研究等を遂行する
▽「記憶・和解・未来財団」の基金は、①日韓両国企業の自発的寄付金、②両国市民の自発的寄付金、等によって構成する。寄付募集に際し、強制してはならない
▽強制動員被害者とは、判決で強制動員被害を受けた者と認められた者および他の法に基づき強制動員被害者・犠牲者・遺族と認定された者とする。ただし、「慰安婦」被害者は除く
▽被害者に支給する慰謝料は、「満州事変以降太平洋戦争に至る時期に国外強制動員された期間中にあった反人道的な不法行為に対する精神的な被害に相応する金銭」とする
▽被害者が財団から慰謝料を受け取る場合、大法院判決による日本企業の韓国内資産差し押さえの強制執行の請求権、または裁判請求権を放棄したものと見なす。被害者が裁判係争中の場合、財団は訴訟の取り下げを条件に慰謝料を支給できる
▽財団が強制徴用被害者に慰謝料を支給すれば、「第三者任意返済」と見なし、被害者の承諾を得て、財団が「債権者代位権（債務者が持っている権利を代わって行使できる権利）」を取得したと判断する

　この法案は、韓国、日本で様々の議論をまきおこしています。
　韓国の世論調査では、この法案に「賛成」53.5％、「反対」42.1％と（12.11〜13、「韓国リサーチ」実施）という結果が出ています。しかし、被害者団体、弁護団などは法案反対の声明を出しています。「政府も原則に反するという立場であり」、「国会の反応もそれほど肯定的ではない」との報道もなされています（12.19付ハンギョレ）。事実、文議長は全国会議員にこの法案への賛成、共同発議を呼びかけましたが、発議者に名前を連ねたのは結局13名にとどまりました（姜昌一韓日議連会長、千正培議員らは反対）。
　他方、日本では、河村建夫日韓議連幹事長が、文提案について「解決策はこれだけだ」と語り（11.27付「中央日報」）、安倍首相も「強制執行（差し押さえられた日本企業の資産の現金化）」以前に法整備があれば良い」（同前）と語ったと報じられています。今まで、安倍政権、与党からは「韓国は約束を守れ」「国際法違反状態の是正を」との声しか出てきませんでしたが、今回の文提案に対しては「解決に向けての選択肢」として評価しているかのようです。その背景には、大法院判決＝強制動員問題を契機とする日韓間の「対立」が、日本の経済、とりわけ地域経済等に否定的な影響を及ぼしていることがあるのかも知れません。

10・30大法院判決の唯一の生存者原告 李春植（イチュンシク）さん（右側）

文氏は、この法案を「悪化の一途をたどっている韓日の両国関係が過去を直視すると同時に、未来志向の関係に進むよう、呼び水の役割を果たす政治的・立法的な解決策として提案」すると言っています（12.16付「聯合ニュース」）。また、「先制的な立法を通じ、両国が対立する懸案について包括的に交渉し譲歩・和解できる大義名分を提供することを期待する」とも述べています（同前）。これを聞く限り、文氏は、日韓首脳会談で強制動員問題の包括的解決に向けて交渉、議論していくための"タタキ台"として法案を提出したと思われます。その限りでは、文提案は問題解決に向けて、膠着した事態を動かす狙いがあるとも言えます。

しかし、被害者団体などがこの法案に反対するのは、以下のような問題点があるからです―
① 日本政府・企業が強制動員を行った事実と責任の認定、謝罪についての規定がないこと
② 日本企業に「自発的寄付金」を求めつつ、他方で、財団から「慰謝料」支給を受けた被害者の債権を消滅させるのは、実質的に日本政府・企業の強制動員責任を免責するものであること
③ 強制動員を行った企業が「寄付金」を拠出しない場合でも、何の責めも負わないこと
④ 日韓企業の寄付金で設立する財団で、軍人軍属動員被害者をも救済対象とできるか不明であること

このような問題点を解消しない限り、文提案で強制動員問題の解決を図ることは難しいと言わざるを得ません。

改めて確認するまでもありませんが、強制動員問題の解決には、①事実を認めての謝罪、②謝罪の証としての賠償、③次世代への継承、の原則が貫かれるべきです。

安倍政権が被害者に背を向ける姿勢をとり続けようと、日本政府、企業は強制動員を行った不法行為責任から免れることはできません。韓国政府、受恵企業にも、強制動員問題の解決を怠った責任が残されています。4者がそれぞれその責任と役割を果たしていく必要があります。

私たちは、この法案が、被害者らの批判、要求を受け入れることなく、そのままで韓国国会を通過するようなことには反対せざるを得ません。法案が、2005年に国連総会で採択された被害者の権利（正義・賠償・真実）の基本原則に沿い、強制動員問題解決の原則を踏まえた内容へと修正されるよう、韓国の被害者、支援団体等とともに運動を続けていきます。（2019年12月19日）

長生炭鉱の遺骨発掘に向け、確かな一歩を！

長生炭鉱の水非常を歴史に刻む会
書記　山内弘恵

○遺骨問題を課題の中心に2度の日本政府との交渉

1991年長生炭鉱の水非常を歴史に刻む会が発足してから22年の歳月を経てやっと追悼碑が建立できました。そして、今、更なる大きな課題である遺骨収集へ向けて取り組んでいます。遺骨収集と一口で言っても、この長生炭鉱の場合、遺骨は海の底。とても市民の力だけでなしえるものではありません。そこで、日本政府、韓国政府への直接的な働きかけを開始しました。

2018年2月8日、社民党福島みずほ議員の助力のおかげで、初の日本政府との交渉が開催できました。政府側は「人道調査室」「外務省」「内閣官房副長官付補」等6名が出席し、その中で長生炭鉱の悲劇は何人たりとも否定できない「人権」の課題であることが改めて共通の認識として確認されました。日本政府の言い訳として、「韓国政府からの正式な要請がない」ことを理由として挙げられ、私たちは、韓国政府に協力を要請する必要性を感じました。

第2回の日本政府との交渉は同じ年の2018年12月3日に開催されました。この時は、沖縄の日本人犠牲者遺族である島袋隆さんが同席してくださり、「遺族も高齢になっている、早く協力して欲しい」と述べられました。また、この時は日程の都合により同席できなかった韓国遺族会から託された建議書を井上洋子共同代表が読み上げ、手渡しました。しかし、1年以上経った現在もその建議書に対する回答は届いていません。

2004年12月の小泉純一郎・盧武鉉両首脳会談において、朝鮮半島出身民間徴用者遺骨の返還について合意がなされましたが、調査対象は遺骨が返還できる状態のものに限られ、長生炭鉱の遺骨は「海の底にある」という理由でその対象からはずされました。しかしながら、長生炭鉱の遺骨は遺骨問題の象徴的課題であることは明白です。その理由は、戦時中の一度の事故では最大の犠牲者数183名を出し、その内136名が朝鮮人であること　②危険な炭鉱であると地元では知られ日本人は就労を避けていたため、朝鮮人が占める割合は80％という異常なまでに朝鮮人に頼らざるを得ない炭鉱で、地元では「朝鮮炭鉱」と呼ばれていたこと　③事故は法律で禁止されていた浅い層を掘っており度々出水していたにもかかわらず、発掘を強行した人災であったこと　④会社側鉱務課の「集団渡航鮮人有付記録」には、募集の氏名や逃亡の記録等残っていること　⑤犠牲者は救出されることなく遺骸は海の底に放置されたままであること　⑥韓国遺族会が存在し長年にわたり遺骨奉還を要請しているが、事故から78周年を迎え存命されるご遺族は年々減少にあり焦眉の課題であること　⑦会社は1974年に解散し責任を放棄していること等々多岐にわたります。

私たちは2度の日本政府との交渉で、とにかく事実と向き合い、まず現地に調査に来るように要請をしていますが、この間の日韓の外交上の問題もあり、困難を極めているのが実情です。

○初の韓国政府との交渉

一方、日本政府の取り組まない理由として挙げられていた「韓国政府からの要請がない」ことを打破するため、2019年2月末、井上洋子共同代表が韓国の文在寅大統領に宛てて手紙を書きました。内容は、6月に開催されるG20サミットで来日されるとき、ぜひとも長生炭鉱跡地を訪れて欲しいというものでした。そして、それに対して、韓国外交部より返信が届きました。もちろん、大統領本人からでありませんが、韓国政府・外交部が窓口を提示しくれました。この機会を逃すわけにはいかないと、面談を申入れ、直接の担当課である「行政安全部」が対応してくれることとなりました。

2019年6月3日(月)　10時45分～12時、韓国・ソウル　KTスクエア　14Fにて、井上洋子共同代表

と私、韓国遺族会より副会長・楊玄（ヤン・ヒョン）さん、事務局長・孫鳳秀（ソン・ボンス）さんをはじめ、合計10名のご遺族と共に韓国行政安全部　過去史関連事業支援団　強制動員犠牲者遺骸奉還課との交渉を行いました。韓国遺族会にとって、結成された92年に日本政府と韓国政府両方に建議書を提出していますが、韓国政府と交渉を持ったのは今回が初めてでした。もちろん、「刻む会」にとっても韓国政府との交渉は初めてのことでした。私たちの交渉に参加するために韓国政府側は、全国から関係部署の職員が7名同席しました。今回初めて知ったことですが、行政安全部の中に過去史関連業務支援団・強制動員犠牲者遺骸奉還課という部署が昨年11月にでき、これまで韓国政府が調査してきたことや、日韓条約及び日韓首脳会談等を踏まえ、遺骸奉還問題について、現在のデッドロック状態を解決するために新たにできた部署だということでした。最初は、緊張感に包まれ、面談が始まりましたが、「刻む会」のこれまでの活動の紹介や何を目的に交渉に来たかを伝えると、お互いの意見が同じ方向を向いていることが分かり、良い雰囲気に変わっていきました。

　まず、「刻む会」から、昨年2回の日本政府との交渉を経て、日本政府が韓国政府からの具体的な要求がないことを理由としているので、長生炭鉱の遺骨収集について日本政府に具体的に要求して欲しいということ、そしてその実現のために、現地調査に来て欲しいということ、さらに、現在日本とは外交上、難しい状況であることは理解しているが、人権上の問題として外交問題と切り離して対応して欲しいという3つのことを要求しました。

　遺骸奉還課の黄棟俊（ファン・ドンジュン）課長は「ぜひ現地に行きたい！」と意欲的で、発掘に向けた専門家の調査を検討したいとも述べてくださいました。

　さらに、「刻む会」が行っているDNA調査についても、遺族会からの申請があれば、韓国政府で行うことも可能との話や、遺族会が把握できていない遺族についても橋渡しをしてくれるなど協力的な姿勢がありました。今回の面談で、これまで韓国政府にも門前払いで悔しい思いをしてきたが、政府と話し合いをもつ日が来るなんて…と、遺族会の孫鳳秀事務局長がとても喜んでいたことが印象的でした。

　そしてその後、何と！1か月も経たないうちに、韓国行政安全部の黄棟俊（ファン・ドンジュン）課長ら3名が7月1日、長生炭鉱現地訪問が実現しました。

　追悼ひろばを訪れた課長は、胸に詰まるものがあったと目に涙を浮かべ、追悼碑に献花をしてくださいました。
今回の訪問はあくまでも、韓国遺族たちの要請を受け、遺族の気持ちに寄り添うために、机の上でなく実際の現場を見ようというものでしたが、韓国政府と遺骨収集の実現に向けてお互い協力していくことを改めて確認できたことは、非常に大きな意義がありました。

○長生炭鉱の遺骨問題に結集を！

　日韓関係は今非常に難しい状況になっていますが、遺骨返還という問題は、政治とは切り離して対応しなければならない問題です。長生炭鉱の遺骨発掘実現から奉還までの困難な道のりは、一歩進むごとに犠牲者の尊厳を回復していく道となり、同時にまた強制連行・強制労働の実態を日本社会に問いかけ、歴史的事実を明らかにしていく過程と重なります。それは日本が犯してきた取り返しのつかない行為を見据え、その傷を癒すために日本政府と日本人は何をなすべきかを問うていくことになるでしょう。

　「刻む会」はもとより全力で国境を越えた遺骨発掘のための政府レベル、市民レベルの環境作りに奔走する覚悟ですが、遺骨問題に関わる全ての皆さまの力をここ「長生炭鉱の遺骨問題」に結集して頂くよう心からお願い申し上げます。

以上

第13回研究集会・フィールドワーク案内

＜1日目　研究集会＞

日　時　2020 年 5 月 23 日(土) 午後

場　所　富山県民共生センター　サンフォルテ

主　催　強制動員真相究明ネットワーク

協　力　コリア・プロジェクト@富山／クローバーの会

○富山の報告

　　・富山平和マップを作成して　　・黒部発電工事と朝鮮人

　　・不二越女子勤労挺身隊　など

○全国報告

・神岡鉱山に労働者遺骨の遺族探し

・明治産業革命遺産問題　など

＜交流会＞　ボルファート　杜里

＜2日目　フィールドワーク＞

日　時　2020 年 5 月 24 日(日) 午前中

　　・愛本堰堤・呂野用墓　・宇奈月ダム

　　・下山(にざやま)発電所美術館など　　（調整中）

【 会 費 振 込 の お 願 い 】

個人一口 3000 円、団体一口 5000 円

２０１９年度会費納入がまだの方は、

　　同封の振込用紙にて振込みをお願いします。

送金先：[郵便振替口座]

　　00930－9－297182　真相究明ネット

強制動員真相究明
ネットワークニュース No.16 2020年3月16日

編集・発行：強制動員真相究明ネットワーク

（共同代表／飛田雄一、庵逧由香　事務局長／中田光信　事務局次長／小林久公）
〒657-0064 神戸市灘区山田町 3-1-1 (公財)神戸学生青年センター内
ホームページ：http://www.ksyc.jp/sinsou-net/　E-mail：mitsunobu100@gmail.com（中田）
TEL 078-851-2760 FAX 078-821-5878（飛田）　郵便振替＜00930－9－297182　真相究明ネット＞

＜目　次＞

＜第13回研究集会予告＞

▽地域から戦争と平和・人権を考える機会に―『平和と人権とやまガイド』を作成して

富山県歴史教育者協議会　松浦晴芳　-2-

▽黒部発電工事と朝鮮人

コリア・プロジェクト＠富山　堀江節子　-3-

▽不二越女子勤労挺身隊訴訟　闘いの報告

不二越強制連行・強制労働訴訟を支援する北陸連絡会事務局　中川美由紀　-4-

名古屋三菱・朝鮮女子勤労挺身隊問題の解決を！金曜行動 500 回

強制動員真相究明ネットワーク会員　竹内康人　-5-

歴史修正主義者の国際連帯―「反日種族主義」が投げかけるもの

日本製鉄元徴用工裁判を支援する会　中田光信　-7-

第 13 回強制動員真相究明全国研究集会案内

一日目　「語りつぐ強制連行の歴史」　-10-

二日目　フィールドワーク　-11-

1

地域から戦争と平和・人権を考える機会に
―『平和と人権とやまガイド』を作成して

　　　　　　　　　　　　　富山県歴史教育者協議会　松浦晴芳

　富山県歴史教育者協議会と治安維持法犠牲者国家賠償要求同盟富山県本部は、2011年8月に『平和と人権とやまガイド』を刊行しました。その趣旨は、「はじめに」にある文の通りです。

　このガイドは、中学・高校生をはじめ広く県民を対象に、平和・人権の視点から、県内にある近現代の旧跡や石碑などを紹介したものです。

　日本は、明治初期からアジア太平洋戦争に至るまで、侵略戦争を推し進め、近隣諸国を植民地にしました。国内では民主主義や平和を求めた民衆の運動を抑圧する、暗い政治が長く続きました。戦後こうした歴史の反省の上に、「戦争放棄・戦力不保持」の9条や、言論・結社の自由などの基本的人権を規定した新しい憲法が公布されました。しかしながら、憲法の理念と日本の現実との間に、いまだに大きな隔たりが生じています。

　教育の場では、いま偏狭な「愛国心」を押しつけるような動きもみられますが、それが隣国との友好を妨げるものであってはなりません。また為政者中心に書かれたガイドブックに比べ、地域に暮らす庶民の目線で作られた出版物は多くありません。この度、『平和と人権とやまガイド』を発刊した理由でもあります。

　このガイドを通して、戦争の愚かさや人権の尊さを実感していただき、平和で民主的な社会を築いていくきっかけにしていただけたら幸いです。

　このたび、本富山集会にあわせ、増補改訂版を発行します。

黒部川電源開発と朝鮮人

● 1920年前後から土木労働者が多数来県

富山県は急峻な山々に源を発する清流が大小300あまりの河川となって流れる。いずれの川も雪融けの春先や強雨となれば洪水となり、1920年前後から河川改修や道路工事、植林事業などに朝鮮人労働者が来県している。大正期に入って電源開発が進むにつれ一気にその数が増えた。なかでも県東部を流れる黒部川上流の電源開発は、未踏の渓谷に調査用登山道、建設資材運搬用軌道を敷設し、上流へと発電所とダムを次々と建設していったが、黒部では労働者の三分の一が朝鮮人だったといわれる（根拠は明らかではない）。彼らは高い報酬を求めて、危険な仕事を請け負った。

昨年4月末末、一旦場所がわからなくなっていた「呂野用墓」を竹内さんが見つけ出した。

● 黒部川電源開発

1936年から1940年にかけて「黒部第三ダム・発電所」工事が行われた。年間4000ミリの雨量に加えて、5ヵ月間は深い雪に覆われる。冬期から春にかけて雪崩事故が多発し、朝鮮人にも多くの犠牲者を出した。「水平歩道」は、V字谷の切り立った崖の中腹を人一人が辛うじて通行できる高さと幅をくり貫いた道や崖に数本の丸太を番線で縛り付けた桟道である。川ははるか数十メートル下、場所によっては百メートルを超える。ボッカは百キロもの資材を担いで運んだが「黒部ではケガ人が出ない」と現在もいわれている。また、高熱隧道工事では、岩盤温度がダイナマイトの発火点を超える160度以上もあった。調査不足、ルート変更不能、昼夜作業敢行の突貫工事、人命無視の作業計画などで元佐藤工業黒三工事事務所長によれば、第1と2工区だけでも233人、全工区の犠牲者は300人を超えた。このように多数の犠牲者を出しながら、下賜金を出しても国策事業として関西の軍需産業のため、戦争のため工事は強行された。

● 「黒三」を完成？させた金泰景

吉村昭の歴史小説『高熱隧道』に朝鮮人労働者は描かれていない。だが、上記の隧道工事を引き受けた朝鮮人飯場頭は金泰景だった。済州島出身で隧道工事を専門にする一方、事故補償や賃上げ交渉し、ときにはストライキも辞さない太っ腹な親方だった。あまりに貧しい同胞の生活に内鮮労働親愛会宇奈月支部を立ち上げるが、内部の非合法グループとともに検挙される。1年半後に起訴猶予で出所、直後に高熱隧道の工事を引き受け、多くの犠牲を出しながらも完成する。朝鮮人がいなければ「黒三」は完成しなかったといわれる由縁である。その功績により組を起こし、地下工場工事を多数担った。

1945年、解放後の11月には済州島に帰る。四・三事件では、親日派として投獄されていたおかげで命拾いし、やがて済州空港の建設に関わったと聞く。30年ほど前に聞き取りをした娘と息子は亡くなったが、この2月に3人の息子が生存していることがわかった。「金本のオヤジ」と呼ばれた男性の帰国後を知りたいと3月に訪韓する予定にしていたが、新型コロナウィルス肺炎の影響で行けなかった。早期に終息すれば、5月の集会で報告したい。

なお、30年前に地元の女性3人で『黒部・底方の声』を書いたが、これを韓国の3人の女性が朝鮮語に翻訳した。近日の出版を期待したい。

（堀江節子／コリア・プロジェクト@富山）

不二越女子勤労挺身隊訴訟　闘いの報告

不二越強制連行・強制労働訴訟を支援する北陸連絡会
事務局　中川美由紀

富山県の工作機械メーカー不二越は、戦時中、小学校卒業前後の１３～１５歳の少女たちを「女学校に行ける」「お金ももらえる」「お花やお茶も習える」などと騙し、朝鮮半島から女子勤労挺身隊１０９８名（男子徴用工５４０名）を動員し、強制労働をさせました。

１９９２年から始まった不二越訴訟は、現在、韓国で１～３次訴訟が闘われ、2019年、いずれも控訴審判決で原告が勝訴しました。原告たちは一日も早い賠償を求め、大法院判決を待たずに不二越の資産を差し押さえ、現金化の手続きに踏み切りました。現在、大法院判決を待っている状態です（ソウル、光州で各１人ずつ追加提訴しています）。

第１２愛国寮の前で、舎監に出勤前のあいさつをしている。逃亡防止のため点呼を行い、行進して職場との間を往復した

昨年、日本政府が経済制裁を強行したことで、「日韓関係は最悪」と言われる状況になりました。しかし、実際には日本での影響がより深刻で、政府は発動した制裁をどう収めるのか、政治的判断を迫られているのが現状だと考えます。そして、同様に、この間の不二越の対応も「強制労働の事実はないと一貫して主張している」と言いつつ、実際には政府と原告たちの間で非常に苦慮している様子がうかがえます。

９０歳近く高齢となった原告たちは来日することはできなくなっています。嫌韓報道が蔓延する中で、地元マスコミは被害者の声を伝えようと、韓国への同行取材を元にドキュメント番組を制作しました。全国放送でNNNとTBS（予定）放映されました。マスコミの影響は大きく、不二越女子勤労挺身隊問題が、富山県民にとっても注目と感心を集める課題となっています。

昨年、訪韓してお会いした原告たちの声の紹介と、昨年の活動の報告を中心に不二越女子勤労挺身隊問題の現状について報告したいと思います。

名古屋三菱・朝鮮女子勤労挺身隊問題の解決を！金曜行動 500 回

強制動員真相究明ネットワーク会員　竹内康人

●外務省前行動

2020年1月17日、名古屋三菱・朝鮮女子勤労挺身隊動員被害の解決をめざす金曜行動が500回を迎えた。朝、8時30分、東京霞が関の外務省前に「三菱重工は元挺身隊員280余名に未払い賃金を支払え、74年間放置したことに対しても謝罪と賠償せよ、韓国大法院判決に従い、原告に1200万円を支払え」などと記された横断幕を掲げ、60人余りが集まった。

集会では、はじめに名古屋三菱訴訟を支援する会が行動を提起し、三菱長崎と三菱広島の訴訟の会、不二越訴訟の会、日韓共同行動、真相究明ネットワーク、過去清算共同行動などが連帯の挨拶をおこなった。この日の行動には韓国の光州から市民の会の20人も参加し、原告の梁錦徳さんが「アベは謝罪せよ」と声をあげた。

参加者は日本政府による強制労働の否認と訴訟解決への妨害に抗議し、日本政府自身が責任をとり、問題解決に向けて協議すべきと訴えた。日本政府に対する要請書は、日本政府による強制動員の事実の認定と謝罪、その歴史の後世への継承、そして、個人請求権の存在をふまえ日本企業と被害者間の協議を妨害せず、その合意を尊重することを求めるものである。

●三菱重工本社前行動

10時30分には、丸の内の三菱重工業本社前に集まり、三菱は判決を履行せよ！謝罪・賠償せよ！とアピールした。長崎、広島、名古屋、東京などの支援者の発言の後、韓国のグウォンさんが「ニムの行進曲」、原田義雄さんが「フライデーレポート」を歌った。

この日、三菱は9年半ぶりに原告と会い、直接、要請書を受け取った。その席で、原告の梁さんは一刻も早い解決を求め、「何もしないなら、私の涙は川となり、そ

の川に船を浮かべ、世界に怒りを発信する。生きているうちに謝罪と賠償を」と語った。支援の会も「企業は100年続く、判決をふまえ恥ずかしくない対応が求められる。協議を再開して解決を」と呼びかけた。

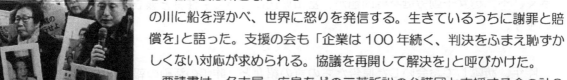

要請書は、名古屋、広島などの三菱訴訟の弁護団と支援する会の計8団体によるものであり、名古屋と広島の動員被害者の尊厳回復のために、判決をふまえて被害者側との協議を再開することを求めるものであった。

それは、三菱による大法院判決以後の判決否認と対話の拒否が日韓関係悪化の原因であり、日本政府による妨害に屈せずに人権回復をすすめることが大切である、人権回復という普遍的価値に反することを続ければ、三菱は市場で安定した地位を得られないとし、協議への参加を呼びかけるものだった。

●金曜行動500回特別集会

　この日の夜には、金曜行動500回特別集会がもたれ、100人が参加した。集会では、名古屋三菱訴訟の弁護団と支援する会から、名古屋訴訟の経過、2007年からの金曜行動、韓国光州での勤労挺身隊ハルモニと共にする市民の会の結成と支援条例の制定、韓国大法院判決後の活動などが話された。三菱名古屋訴訟の経過をまとめた映像も紹介された。

　続いて韓国の市民の会、強制動員と過去清算のための共同行動からの連帯の挨拶がなされた。最後に「心配しないであなた」などが歌われ、安倍政府による歴史の歪曲に屈せず、企業を和解協議に応じさせ、この問題解決に向けて力を合わせていくことを誓った。

●諦めない行動が解決の扉を開く

　名古屋で動員された朴海玉さんの証言を聞いたのは1998年5月のことである。証言では、全羅南道からの少女の連行、強制労働の実態と地震と空襲を経ての富山への移動、解放後の精神的苦しみや「慰安婦」との混同の問題点が示された。印象に残る集会であり、その後、裁判闘争がはじまった。当時、静岡では、東京麻糸紡績沼津工場への朝鮮女子勤労挺身隊の裁判があり、支援していた。東麻裁判は敗訴したが、継承企業の帝人はわずかではあるが解決金を支払った。

　名古屋三菱では敗訴しても、金曜行動が取り組まれ、闘いが継続された。そして、2018年11月、韓国大法院で勝訴し、原告が正義を回復する状況が生まれた。諦めない行動が解決の扉を開いたのである。500回金曜行動の要請書にあるように、三菱が判決を受け入れば、済むことである。それを実現させることができていない、この状況を変えなければと思う。

　金曜に東京に出る折は、品川での三菱金曜行動に参加した。その際の「大きなのっぽの古時計」のメロディでの歌。

　　政府と企業が企んで　強制労働　／　学校でたての少女を　朝鮮から連行
　　空襲や地震で苦しみ　帰国しても差別され　／　でも今は立ち上がり　正義を求める
　　三菱はやく、賠償！賠償！／　三菱はやく、賠償！賠償！／はやく賠償することが優良企業
　　大きな態度の三菱、戦前と同じ　／　裁判で負けても賠償を拒む
　　兵器をつくり金儲け　働く者に冷たい　／　今もまだ変わらない　その企業体質
　　三菱はやく、賠償！賠償！　三菱はやく、賠償！賠償！／戦争責任とるのが　優良企業

※『調査・朝鮮人強制労働④軍需工場・港湾編』（社会評論社2015年）と『韓国徴用工裁判とは何か』（岩波書店2020年）に、三菱名古屋の事例についても記したので、ご一読を。

歴史修正主義者の国際連帯-「反日種族主義」が投げかけるもの

日本製鉄元徴用工裁判を支援する会　中田光信

はじめに

　昨年7月、元ソウル大学教授の李栄薫（イヨンフン）氏の編著「反日種族主義－日韓危機の根源－」が韓国で発売されるや否やベストセラーとなり日本語版も40万部のベストセラーを記録し今も書店に山積みされている。韓国の「ニューライト」を代表する彼は「大韓民国の初代大統領・李承晩の一生を再評価し、彼の理念と業績を広く知らしめすために設立」された韓国の「反共」政権の象徴である李承晩（イスンマン）を賛美する李承晩学堂の校長を勤める。

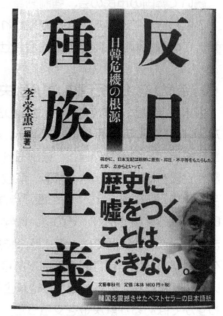

　1987年の「6月民主抗争」を契機に民主化への道を歩みだした韓国社会は時の権力がもたらした「不正義」の「清算」を掲げた。それは光州の民主化運動の犠牲者への補償から100年以上も前の「東学党」を巡る弾圧事件の真相究明、四・三事件や民主化抗争時の「疑問死」事件、在日良心囚問題にまで及ぶ。そして2003年2月に成立した盧武鉉（ノムヒョン）政権は過去のこれら数多くの民衆弾圧についての真相究明、人権権侵害に対する補償や名誉回復措置の基礎となる「真実・和解のための過去事整理基本法」を制定した。その一環として日本の植民地支配の犠牲となった強制動員被害者救済のため「日帝強占下強制動員被害真相糾明等に関する特別法」（2004年）「太平洋戦争前後の国外強制動員犠牲者等の支援に関する法律」（2007年）を制定し強制動員被害の真相究明と被害者への支援を行った。そして李明博（イミョンバク）、朴槿恵（パククネ）の保守政権を経て2017年5月ロウソク革命で誕生した文在寅（ムンジェイン）政権も過去の独裁・保守政権の数々の「積弊清算」を四大政策のひとつに掲げた。このような過去の国家権力による暴力を徹底追求する民主化の流れに危機感を抱いた保守層の巻き返しとして現れたのが「ニューライト」と呼ばれる人たちの活動だった。彼らはいわゆる「親日派」を擁護するために「植民地近代化論」を掲げて歴史を歪曲して日本の植民地支配を正当化・美化する「高等学校の韓国史教科書」をつくり教科書検定を通過させ、朴槿恵政権において教科書国定化を図ろうと日本の「つくる会教科書」と瓜二つの運動を展開したが反対運動の前に国定教科書は日の目を見なかった。この「ニューライト」を代表する一人が李栄薫氏である。

この本の成り立ち

　この本の日本語版の前書きには「韓日自由市民の連帯は、北朝鮮に、さらに中国に、自由民主主義を普及させていく堡塁としてもその役割を果たすことでしょう」また「韓国版の企画段階からそのような提案（日本語版の出版）をされてこられた産経新聞社の久保田るり子記者（編集委員）の役割が重要でした」と書かれている。つまり、この本は日韓の右派人脈の連携のもと韓国においては冷戦時代の「反共」独裁政権の美化と「親日派」擁護、そして日本においては歴史修正主義者の主張を「バックアップ」するという一石二鳥を狙って出版された本である。

　プロローグは「嘘をつく国民」「嘘をつく政治」「嘘つきの学問」「嘘の裁判」が蔓延する韓国社会の根

7

10・30大法院判決の原告の写真を掲げて
（日本製鉄本社前 2018.11.12）

底にあるのが「反日種族主義」であるとの書き出しから始まる。そして「嘘の裁判」では一昨年10月の大法院判決に触れて「裁判の原告は朝鮮人の舎監のもとで強制貯蓄させられ、その後舎監とともに元山に帰国したが、お金を預かった舎監がお金を返さなかった為に起こった民事事件であり、原告たちの嘘の可能性の高い主張を歴史を知らない法律家が国際人道主義を実現するという溢れるばかりの正義感と使命感で下した判決である」と、おそらく判決文・裁判資料も読むことなく自ら想像たくましくつくり上げたストーリーを一切根拠も示さずに事実であるかのように語る。そして自身の勝手な推測による「嘘」には目を閉ざす。その一方で彼は「客観的議論が許容されない不変の敵対感情をもつ韓国の精神文化」が「種族主義」であり韓国人は日本の植民地支配が韓国の近代化に貢献した「歴史」に目をつむり「嘘」にまみれた「物資主義」を基礎とするシャーマニズムに支配されて日本を永久の仇と捉える敵対感情＝反日ナショナリズム＝「反日種族主義」に囚われていると主張する。

ねじ曲げた歴史の嘘の「総動員」

　本論は「第1部　種族主義の記憶」「第2部　種族主義の象徴と幻想」「第3部　種族主義の牙城、慰安婦」の3部構成からなる。

　まず第1部の「種族主義の記憶」では主に日本の「植民地近代化論」と日韓条約解決済論を展開する。落星台（ナクソンデ）経済研究所の李宇衍（イウヨン）研究員が「「強制動員」の神話」「果たして「強制労働」「奴隷労働」だったのか？」「朝鮮人の賃金差別の虚構性」との3つの論文を掲載、戦時下に強制労働の事実はなく、賃金も正当に支払われ民族差別もなかったとの主張を全面展開する。彼は韓国内では「慰安婦と労務動員労働者像設置に反対する会」「反日民族主義に反対する会」などの連名で「慰安婦像撤去と水曜集会中断を求める声明」を出して日本大使館前で毎週取り組まれている水曜集会への直接妨害行動を行った人物である。また昨年7月には「日本の立場から世界に向けて歴史論戦を展開し故ない歴史の非難から日本を護」るために設立された「国際歴史論戦研究所」が国連人権理事会に合わせて『朝鮮半島からの戦時労働者に本当は何が起こったのか？ － 軍艦島の真実』というシンポジウムをジュネーブで開催した時にパネリストとして招請された。シンポでは「韓国の人々は日本政府が第二次世界大戦時に朝鮮人を強制動員し日本企業で奴隷労働をさせたと主張しています。しかしこれは歴史的事実ではありません。日本人は韓国のこのような歴史を歪曲した反日プロパガンダによって、大きく名誉を傷つけられ人権を踏みにじられているのです。私達はその実態を世界に訴えるためにここに来ました。」との主催者挨拶に応えて「朝鮮人炭鉱夫の月収は他職種の朝鮮人や日本人に比べて高かった。賃金の民族差別はなく奴隷労働という「歪曲された歴史認識」が広がっている」と訴えて海を越えた歴史修正主義者の連帯の姿を示した。

　日本政府は軍艦島を含む「明治産業革命遺産」のユネスコ世界遺産登録時の国際公約であったインタープリテーション計画に「強制労働」の記載を盛り込むための調査を「産業遺産国民会議」という一民間機関に委託した。しかしこの団体のホームページのトップは「真実の歴史を伝える端島島民の会を

応援しています」として「軍艦島の真実―朝鮮人徴用工の検証」という特設ページで強制労働はなかったとするキャンペーンを繰り広げている。そしてこの団体が政府に提出した委託報告書には李宇衍氏の執筆と推測される論文が掲載されているのである。安倍政権と日本と韓国の歴史修正主義者の三位一体の姿がここに見事に表れている。

　第2部の「種族主義の象徴と幻想」では最初の「白頭山神話の内幕」で朝鮮民主主義人民共和国（以下「朝鮮」と略す）の建国神話批判から始まり「親日清算という詐欺劇」では盧武鉉政権下での「親日派清算」の取組みを批判して「親北派、従北派清算に力を注ぐべき」と主張し、金泳三政権時に日本の植民地支配の象徴であった朝鮮総督府の建物を解体・撤去したことを「種族主義の極致を示す文化テロ」であるなどと植民地支配の「過去清算」を全否定すると同時に露骨に反朝鮮の立場から一面的な非難を行う。そして盧武鉉政権下の強制動員被害者への支援や大法院判決を「ネバー・エンディング・ストーリー賠償！賠償！賠償！」と題して揶揄し朝鮮戦争

日本政府を免罪する法案への反対行動
（韓国国会前2019・11・27）

の被害の賠償をなぜ朝鮮に要求しないのかと「ネトウヨ」バリの主張を展開する。

　第3部「種族主義の牙城、慰安婦」では日本軍性奴隷問題をジェンダーの視点を全く欠落させた朝鮮半島における「公娼」制度の歴史の中に埋没させ朝鮮戦争時や米軍の性奴隷問題などと対比させて「相対化」を図り「慰安婦」問題の本質が戦時性暴力・女性への人権侵害であることを徹底的に覆い隠そうとする。そして過去の歴史を蒸し返して日韓関係を悪化させている団体が「挺隊協」（正義記憶連帯）でありその目的は韓日関係を破綻させることであると断定する。そしてエピローグにおいても「李承晩の自由論」と題する李承晩礼賛論を展開する一方で日本軍性奴隷被害者支援の運動は「少女像を誰も犯すことのできない神聖なトーテムだとするアマチュア社会学者と職業的運動家が巫女となって全国的に繰り広げる鎮魂グッ（慰霊祭）でありそこに全国民が動員されている」として韓国社会は「シャーマン」に操られる「種族主義」に陥っていると決めつけて女性であるがゆえに日本軍性奴隷として人権蹂躙された元「慰安婦」の権利回復の闘いに執拗に悪罵を投げかける。

過去の捏造を許してはならない

　韓国での「ニューライト」の台頭と日本の歴史修正主義者の跋扈の問題は日本と韓国だけの問題ではない。世界的に貧富の格差が拡大し人々の不満が高まる中、アメリカのトランプ政権や欧州諸国でも移民排斥の右派政党が躍進し差別排外主義が蔓延している背景にはその国に住む人々のよって立つ「基盤」への自信の揺らぎを絡めとろうとする右派の共通の動きがある。私たちが未来に向けての選択を誤らないためにもこのような右派による「過去の捏造」を決して許してはならない。

　この本の日本語版の帯には「歴史に嘘をつくことはできない」と書かれている。植民地主義克服の課題や自国の過去の負の歴史そして何より自ら受けた過去の人権侵害の回復をめざして必死で闘っている人々を貶める彼にこの言葉をそっくり返したいと思う。

第13回強制動員真相究明全国研究集会
「語りつぐ強制連行の歴史」
日　時　2020年5月23日（土）13:30～17:30
場　所　富山県民共生センター（サンフォルテホール）
参加費　1000円（一般1000円　学生500円）

研究集会（一日目）

開会挨拶
＜富山の報告＞
・地域から戦争と平和・人権を考える機会に―『平和と人権とやまガイド』を作成して
　　　　　　　　　　　　　　　　　　　　　富山県歴史教育者協議会　松浦晴芳
・黒部川電源開発と朝鮮人　　　　　　　　コリア・プロジェクト＠富山　堀江節子
・不二越女子勤労挺身隊訴訟　闘いの報告
　　　　　　　　不二越強制連行・強制労働訴訟を支援する北陸連絡会事務局　中川美由紀

＜徴用工問題について＞
・「韓国大法院「徴用工」判決後の課題」　　強制動員真相究明ネットワーク会員　竹内康人
・「広島三菱徴用工被爆者・韓国訴訟の現状」韓国の原爆被害者を救援する市民の会　市場淳子
・「名古屋三菱・朝鮮女子勤労挺身隊訴訟」
　　　　　　　名古屋三菱・朝鮮女子勤労挺身隊訴訟を支援する会共同代表　寺尾光身
・「日鉄裁判の現状について」（仮）　　　日本製鉄元徴用工裁判を支援する会　山本直好

＜明治産業革命遺産について＞
　「明治産業革命遺産問題についてのこれまでの取組みと今後の課題」
　　　　　　　　　　　　強制動員真相究明ネットワーク事務局長　中田光信

＜遺骨問題について＞
・「朝鮮人遺骨問題」の現状と課題　～各地の取り組みに基づいて　福岡教育大学　小林知子
・「韓国で神岡鉱山労働者遺骨の遺族を捜す」強制動員真相究明ネットワーク会員　下嶋義輔
・「地元宇部で朝鮮人青年の強制連行があった」長生炭鉱の水非常を歴史に刻む会共同代表　井上洋子

＜地域の取組み＞
・「天理柳本飛行場説明板について」
　　　　　　　　天理・柳本飛行場跡の説明板撤去について考える会　髙野眞幸
・「大阪空襲の朝鮮人犠牲者調査について」
　　　　　　大阪空襲75年朝鮮人犠牲者追悼集会実行委員会　川瀬俊治
・「石川県七尾港への中国人強制連行」　七尾強制連行への戦後補償を実現する会　角三外弘

質疑・意見交換
閉会挨拶
18:00～　懇親会　　会費　４０００円

主催　強制動員真相究明ネットワーク
協賛　コリアプロジェクト＠富山／クローバーの会
（連絡先）〒657-0064　神戸市灘区山田町3-1-1 （財）神戸学生青年センター内
ホームページ：http://www.ksyc.jp/sinsou-net/　mail mitsunobu100@hotmail.com 携帯 090-8482-9725

フィールドワーク（2日目）

富山県民共生センター サンフォルテ
〒930-0805　富山県富山市湊入船町6-7
TEL：076-432-4500　FAX：076-432-5525

5月24日（日）
9:00 富山駅集合　14:00 富山駅解散
コース　愛本堰堤～呂野用墓～
　　　　追悼碑～宇奈月ダム

※定員50名で締め切ります
※バスは富山駅に戻りますが、宇奈月からトロッコ電車で欅平まで行くこともできます

富山県内の朝鮮人労働者の足跡

黒部峡谷のダム・発電所のほか県内各地のダム発電所、河川改修、鉄道・道路敷設、富岩運河（富山駅北運河沿に軍需工場が多数あった）の造成、軍需工場建設に多くの朝鮮人労働者が従事しました。当時の塀が残る不二越富山工場には朝鮮女子勤労挺身隊1,090人が強制連行されました。また不二越・文殊寺地下工場跡、三菱重工・雄神地下工場跡などもあります。

※この時期は富山は観光シーズンということなのでホテルの予約が取りにくくなっています。早い目の予約をお願いします。
●また宿泊や観光のアドバイスが欲しいときは
とやま観光案内（076-431-3255）に相談することもできます

時間のある方はぜひ訪れてみてはいかが？
●イタイイタイ病～神通川上流・神岡の三井金属が起こした公害で、まだ解決したといえないイ病ですが、記念する資料館があります。
イタイイタイ病資料館
http://www.pref.toyama.jp/branches/1291/
また富山は米騒動の発祥地です。また北前船の交易が盛んな地域でもありました。魚津地域・滑川地域に数多く史跡が残っています。詳細な地図は、当日発売の『平和と人権とやまガイド』に掲載されています。

今年は4月15日から「立山黒部アルペンルート」も全線開通

＜参加申込みのご案内＞

◎参加申込みされる方は「事前申込」をお願いします
◎集会・懇親会・フィールドワークいずれに参加するかを明記の上
　FAX 075-641-6564 又はメール mitsunobu100@hotmail.com へ
◎申込締切　2020年5月10日（日）
※フィールドワークについては定員（50名）になり次第締め切りますので早目にお申し込みください。
※ 開催予定日前後の新型肺炎の感染状況によっては、集会・フィールドワークの延期も考えられますので、その場合は真相究明ネットのメーリングリストで事前にお知らせします。

強制動員真相究明
ネットワークニュース No.17 2020年9月30日

編集・発行：強制動員真相究明ネットワーク

（共同代表／飛田雄一、庵逧由香　事務局長／中田光信　事務局次長／小林久公）

〒657-0064 神戸市灘区山田町 3-1-1 (公財)神戸学生青年センター内

ホームページ：https://ksyc.jp/sinsou-net/　E-mail：mitsunobu100@gmail.com　（中田）

TEL 078-851-2760 FAX 078-821-5878（飛田）　郵便振替＜00930－9－297182　真相究明ネット＞

「明治日本の産業革命遺産」特集号

＜目　次＞

産業遺産情報センターの展示等の問題に関する記者会見報告

　　　　　　　　強制動員真相究明ネットワーク事務局　　　　　　　-2-

産業遺産情報センターの虚構と実像

　　　　　強制動員真相究明ネットワーク事務局次長　　小林　久公　　-3-

ユネスコ世界遺産のOUV（Outstanding Universal Value）「顕著な普遍的価値」とは何か

　－「明治日本の産業革命遺産　製鉄・製鋼、造船、石炭産業」をめぐって－

　　　　　強制動員真相究明ネットワーク事務局長　　　中田　光信　　-8-

産業遺産情報センターの改善に関する要請書（2020年7月27日）

　　　　　　　　　　　　　　　　　　　　　　　　　　　　-17-

会費納入のお願い　　　　　　　　　-18-

＜集会案内＞

「明治産業革命遺産における強制動員の歴史を伝える」

　2020年10月18日(日)14:00～16:30　zoomで開催　　-19-

1

9・18産業遺産情報センターの展示等の問題に関する記者会見報告

強制動員真相究明ネットワーク事務局

2015年7月、日本政府は「明治産業革命遺産」のユネスコ世界遺産登録時に遺産の中に「意思に反して連れて来られ厳しい環境の下で働かされた多くの朝鮮半島出身者等がいたこと」を記載することをステートメントしました。そしてその公約を果たすための施設である「産業遺産情報センター」（以下センター）が6月15日から一般公開されました。しかし「ゾーン3資料室」には「軍艦島では強制労働はなかった」「朝鮮人差別はなかった」など強制動員の歴史を真っ向から否定する端島（軍艦島）の元証言映像が展示されていました。公開直後から日韓のマスコミもこの問題を取り上げ、7月14日には日韓の65の市民団体が「強制労働否定の展示に抗議し強制労働被害の実態やその証言の展示を求める」共同声明を発表しました。

強制動員真相究明ネットワークも7月27日に①日本政府が強制労働の事実を認めること②軍艦島だけでなく強制動員のあった現場の被害者の証言・記録を収集し遺産の「全体の歴史」を展示すること③韓国政府や市民団体など「関係者との対話」の場を持つことと日本史や朝鮮史を研究する学会関係者からの意見聴収④産業遺産国民会議への事業委託の中止の4項目について日本政府へ要請書（別添）を提出しました。しかし内閣府の産業遺産の世界遺産登録推進室は「ユネスコの勧告に従った展示となっている」と言い逃れるだけで事態の進展が望めなかったため9月18日に参議院議員会館で強制動員真相究明ネットワーク主催で記者会見を行いました。会見には共同通信、朝日、毎日、読売、産経、西日本、赤旗、週刊金曜日、NHKなどの日本のマスコミや韓国からも7社のマスコミが参加するなど記事として取り上げられたのは赤旗と朝日新聞だけでしたがこの問題への関心の高さを示していました。

事務局からは登録直後から一貫して強制労働の歴史を否認する日本政府の態度やユネスコへの報告書の問題点などを指摘するとともにセンターの運営を委託されている産業遺産国民会議の歴史修正主義と日本政府との目に余る癒着ぶりそして不透明な会計処理の実態を報告しました。具体的には産業遺産国民会議がホームページで「軍艦島の真実－朝鮮人徴用工の検証－」と題して軍艦島元島民の証言映像だけを流して軍艦島に「特化」して強制連行はなかったとの一方的な見解を主張していること、日本政府が産業遺産国民会議に「産業労働」に関する調査研究を過去4年間で総額5億円余り、今年はセンターの運営を4億円で委託していること、産業遺産国民会議が多額の公費を受け入れているにもかかわらず定款に定めた決算報告の官報への記載も全く行わず会計の実態が不明なため公告義務違反での告訴も検討していることなどを説明しました。

東京大学の外村大教授からは強制連行とは「1939年から1945年にかけて募集・官斡旋・徴用という形で行われた閣議決定に基づく朝鮮人労働者の動員」であることが歴史用語として定着していることについて1997年3月12日の参議院予算委員会での「一般的に強制連行は国家的な動員計画のもとで人々の労務動員が行われたわけでございまして、募集という段階におきましても、これは決してまさに任意の応募ということではなく、国家の動員計画のもとにおいての動員ということで自由意思ではなかったという評価が学説等におきましては一般的に行われている」との答弁などによって日本政府も認めていたことを解説して頂きました。

今年6月開催予定であった第44回ユネスコ世界遺産委員会はコロナ禍のため延期されていますが、国際社会の場で日本政府の歴史修正主義が裁かれる日は近いと思います。（中田）

産業遺産情報センターの虚構と実像

強制動員真相究明ネットワーク事務局次長　小林　久公

一、当会が日本政府に提出した要請書と回答

　私たちの強制動員真相究明ネットワークは 2020 年 7 月 27 日付けで「産業遺産情報センターの改善に関する要請書」を日本政府に提出し、次の 4 点を求めた。

1. 日本政府はユネスコ世界遺産登録時の発言をふまえ、各地での強制労働の事実を認めること。
2. 端島（軍艦島）だけでなく、戦時に強制労働があった現場の被害者の証言・記録などを収集し、「全体の歴史」を展示すること。
3. ユネスコ第 42 回世界遺産委員会の勧告に基づき、韓国政府や市民団体など「関係者との対話」の場を持つこと。さらに日本史や朝鮮史を研究する学会の関係者からも意見を聴収すること。
4. 民族差別や強制労働の存在を否定する展示やガイド案内については見直すこと。展示内容の改善にあたり、産業遺産国民会議への事業委託を中止すること。

　この要請に対し文書での回答を拒否しながらも、政府の担当者(内閣官房産業遺産の世界遺産登録推進室)日本政府の見解を次のように語った。

1. 2015 年の世界遺産委員会での日本政府のステートメントを踏まえて、例えば徴用について理解できるような展示ですとか、旧朝鮮半島出身労働者の方も日本人も非常に厳しい環境の下で働かされていた状況が分かるような展示になっていると考えている。
2. 「強制労働」については、徴用政策を実施していたことについて理解できるような展示をしている。
3. 「犠牲者を記憶にとどめるために適切な措置」についても出身地のいかんにかかわらず，炭坑や工場などの産業施設で労務に従事，貢献する中で，事故・災害等に遇われた方々や亡くなられた方々を念頭において展示している。
4. ゾーン 3 において端島の元島民の井上氏の証言で、非常に食糧とか物資が不足していたと、落盤事故なども度々起こったということ述べている。⇒　なので、強制労働の展示も行っている。
5. 第 42 回世界遺産委員会の勧告の第 10 項の関係者との対話促進の関係者に韓国政府が含まれており韓国政府との対話は行っている。

　要するに、日本政府は、ユネスコでの日本国のステートメントに基づいて産業遺産情報センターを設置したとの立場であり、世界遺産委員会が日本政府へ勧告した「関係者との対話の促進」についても韓国政府と行っているとの回答である。このステートメントは「注記 i 」に掲載しておく。[i]
　日本政府の担当者が行っていると答えている韓国政府との対話については、昨年 12 月 3 日の韓国外交部が「日本側が韓国人の強制労役を認め、犠牲者をたたえるための措置を取ると約束したにもかかわらず、今回の報告書でも日本政府が履行内容を入れなかったことに遺憾を表明すると述べた。また、<u>日本政府が主要当事国である韓国側の持続的な対話要請に応じず、一方的に報告書を作成、提出したことにも失望を禁じ得ない</u>と指摘した」と報じられている。[ii]
　また、昨年 11 月 29 日に日本政府がユネスコ世界遺産センターに提出した「保全状況報告書」では「関係者との対話については、『明治日本の産業革命遺産』の関係者間において、定期的に協議を行い、幅広い対話に務めてきた」としながら、対話をした先は「『明治日本の産業革命遺産』の関係者である、関係省庁、地方

3

公共団体、資産所有者、管理者をはじめ、国内外の専門家、地域コミュニティ、観光関係の事業者及び地方公共団体・商工会議所・観光協会で構成される協議会等と、積極的な対話に務めてきた」と報告しており、そこには韓国政府の名前は出ていない。[iii]

私は、韓国政府との対話を行っているとの日本政府の主張は、虚構であり真実ではないと考えているが、韓国政府の主張と日本政府の主張の真実は、コロナ禍で開催が延期されている次の世界遺産委員会の場で明らかになるもの思われる。

また、徴用政策の展示については、そもそもこの企画に徴用政策の研究者が参加しておらず、徴用政策の実態を知らないままの展示であり、展示にも当たらない展示の実像が窺い知れる。

産業遺産情報センター関係者の徴用政策についての無知は、軍需会社に対して実施された現員徴用の知識の無さにも際立っている。

日本の徴用政策について、外村大東京大学教授は次のように言う「この国家総動員法（昭和13年法律第55号、1938年4月1日公布、日本内地での施行は5月5日）第4条にいう徴用は、要するに、帝国臣民たる個人に対して日本帝国政府がある種の業務を行うことを命じることであり、命じられた個人は勝手にその業務をやめることはできない（職場を変わることができなくなる）。またその個人の雇用主（国の機関のみならず、民間企業ということもある）は、やはり勝手に徴用された個人を解雇する、あるいは別の業務を命じることは不可能となる。そのような徴用は、徴用された個人のそれ以前の仕事の状況を基準にして、新規徴用と現員徴用に分けることができる」。[iv]

そして、明治日本の産業革命世界遺産に登録された長崎造船所などの三菱重工株式会社、八幡製鉄所の日本製鉄株式会社、高島、端島炭鉱の三菱鉱業株式会社、三池炭鉱の三井鉱山株式会社は軍需会社の指定を受けた企業で、そこでは現員徴用が実施されたものと考えられるが、産業遺産情報センターではこのような徴用政策についての展示は行われていない。

二、日本政府の虚構のはじまり

本年3月の産業遺産情報センターの開所式で主催者挨拶をした内閣府地方創生推進事務局の海堀事務局長は、ユネスコでの日本国のステートメントに触れ次のように述べた。

「『明治日本の産業革命遺産』が世界遺産登録された際に、日本政府代表団から、インフォメーションセンターの設置についてインタープリテーション戦略に盛り込む旨発言し、平成29年11月にユネスコに提出した同戦略の中で、2019年度（令和元年度）中に総合的な情報センターとして「産業遺産情報センター」を東京に設置する方針を示したところです。これを受けまして、産業遺産情報センターに関する関係府省連絡会議において、総務省統計局別館を改修して同センターを設置する方針を決定したのち、昨年度より改修工事に入り、今年度、展示造作工事を進め、本日、開所する運びとなりました」

この挨拶は、茂木外務大臣の昨年12月3日の記者会見での「我が国としては，ユネスコ世界遺産委員会で決議をされました勧告内容を真摯に受け止めており，その実現に向けて，誠実に取り組んでいるところであります」との日本政府の公式見解と同じ脈絡のものである。[v]

だがこれは、日本政府の虚構である。この虚構は、明治日本産業革命遺産として世界遺産に登録が決定した2015年7月5日の第39回世界遺産委員会の閉会直後から始まっている。

前述した「注記i」のステートメントはその時に発表されたものだが、その直後に、しかも日曜日の夜中の22時49分から外務省で開始された岸田外務大臣の記者会見で「我が国代表の発言における『forced to work』との表現等は，『強制労働』を意味するものではありません」と述べた。[vi]

この時から、登録された世界遺産に徴用現場があり、そこでの強制労働を展示すると言いながら、その実態を覆い隠すダブルスタンダードの主張を始めたのである。これは、一面ではユネスコ決議を尊重すると言いながら、実際には自ら述べたステートメントを無視するものであり、日本政府の品格を貶めている。この被害を蒙っているのは日本の市民であり、このダブルスタンダードは許されるものではない。

4

三、日本政府と産業遺産情報センターのセンター長加藤康子氏との葛藤

　日本が世界遺産委員会で約束した「日本は，1940年代にいくつかのサイトにおいて，その意思に反して連れて来られ，厳しい環境の下で働かされた多くの朝鮮半島出身者等がいたこと，また，第二次世界大戦中に日本政府としても徴用政策を実施していたことについて理解できるような措置」として東京に設置されたのが産業遺産情報センターである。

　しかし、その産業遺産情報センターの展示内容と管理・運営を一般財団法人産業遺産国民会議に日本政府が事業委託したことにより事態はより一層深刻なものになっている。

　一般財団法人産業遺産国民会議の専務理事である加藤康子氏が同センターのセンター長に就任した。その加藤康子氏は、私とは別な意味で日本政府のダブルスタンダードが気に入らないらしい。加藤氏は、2015年の「明治日本の産業革命遺産」が世界遺産登録された際の世界遺産委員会の会議に出席しており、日本政府代表団のインフォメーションセンターの設置についてのステートメントに立ち会っていた。そして「日本政府の発言を、砂を噛むような思いで聞いていました」と言っている。[vii]

　それは「日本の外務省はあまりにも紳士的な外交に終始してしまった」という思いでもあった。[viii] 加藤康子氏は、日本政府が「1940年代にいくつかのサイトにおいて，その意思に反して連れて来られ，厳しい環境の下で働かされた多くの朝鮮半島出身者等がいたこと，また，第二次世界大戦中に日本政府としても徴用政策を実施していたこと」を認めたことが悔しくてしょうがなかったのである。そして、その後この日本政府の「意思に反して連れて来られ，厳しい環境の下で働かされた多くの朝鮮半島出身者等がいたこと」を認めた歴史認識を覆すために奮闘する。その結果、産業遺産情報センターの展示は一層ゆがめられるものとなった。この状況について、元外務省の美根慶樹氏は次のように述べている。[ix]

「世界遺産登録に際し、日本政府は遺産の全体像を説明する施設の設置を表明しており、その約束にたがわぬ行動が必要である。在日韓国人2世の元島民の証言だけで約束を履行したとみなすのはあまりにも稚拙である。そんなことをすれば、センターは日本に都合の良いことだけを展示しているとみられてしまう。国家と国家の関係には、単純に処理できない複雑さがある」

　美根慶樹氏は既に外務省を去った人間であるが、現在の外務省の担当者も同様の姿勢であると思われる。そのことについて加藤康子氏はいらだちを隠さない。外務省の担当者に「少し刺激が強すぎる。外務省の仕事じゃないなぁ」と言われたことに「そういう弱腰な姿勢だからダメなんですよ」と思い「いまは私一人で日本の一部マスコミ、韓国のプロパガンダに反論しており、政府は及び腰です」と孤立感を公言する。[x]

四、加藤康子氏の事実を否定する手口

　私はコロナ禍で未だに産業遺産情報センターに足を踏み入れることが出来ないでいるが、同センターのホームページと産業遺産国民会議のホームページや見学してきた人の話し、所管する内閣府の担当者の説明を聞き、どのような展示になっているか、おおよその想像がつく。

　民間の産業遺産国民会議のホームページで主張していることが、国の施設である産業遺産情報センターでも主張していると思われる。そこには、独り奮闘する加藤康子センター長の手口が映し出されている。

手口1. 官と民の区別が分からず、責任の所在をはぐらかす

　『週刊金曜日』(1292号)が報じた利益相反行為についてもそうであるし、同号が報じたセンター長として知り得た個人情報を流布して相手を攻撃する手法もとんでもないものである。

　産業遺産国民会議のホームページは、どこまでが民間のページなのか、官と民の境が分からない作りになっている。例えば、そのページの右肩に明治日本の産業革命世界遺産の公式ページのアイコンがあるが、この公式ページは誰が作った公式ページか不明である。この公式ページに各エリアについての公式な説明が掲

載されており、「保全・人材育成」蘭に、「『明治日本の産業革命遺産』インタープリテーションマニュアル」や「『明治日本の産業革命遺産』インタープリテーション教本」が掲載されているが、それらのマニュアルや教本で日本政府のステートメントに関連した記載は見当たらない。発行者は「人材育成実行委員会」となっているがその責任所在は不明である。

手口2　AとBは異なることなのに、Aが無ければBも無かったことにするすり替え

　端島の朝鮮人の強制労働について加藤康子氏は、「軍艦島の歴史は島に生まれ、島に育った島民が一番知っている。70人以上に話しを聞いたが、戦前も戦後もみな一緒に島の産業を支え、助け合い、仲良く暮らしていたという証言ばかりだ。いじめられた話は聞かなかった」として、朝鮮人の強制連行、強制労働の実態解明をせずに「いじめられた話」が有ったか無かったかに論点をずらし、朝鮮人の強制連行、強制労働を否定する。xi

　別な証言映像では、創作の絵本を見せて「こんな奴隷労働があったのですか」と問い、「私の知る限りこんなことはなかったでしょう」と答えさせる。また、「鉄格子の牢屋に入れられている」と絵本を見せて「こんな話は聞いたことがない」と答えさせるのである。

　証言者が否定しているのは絵本に描かれた場面の否定なのだが、加藤氏はそれを持って軍艦島には強制労働は無かった証言している証言をすり替えるのである。

　そして、人間の人格と肉体を他者に所有されている奴隷労働と意思に反して連行され働くことを強制される強制労働とは違うものなのであるが、加藤氏は奴隷労働と強制労働との違いも知らないと思われる。

　そもそも、加藤氏が話しを聞いたとされる70人以上の証言について、どのような証言であったのかを産業遺産国民会議は公開していない。また、それらの証言の科学的歴史的検証をしないままで、それが事実であるかのごとく公表する手法は、少なくとも国の施設での展示としてはまったくひどいものである。

　それらの証言の一部を産業遺産国民会議がホームページで公開しているが、私が見る限りその証言者は、嘘をついておらず自分の知っている事実を語っていると思われる。そして、それらの証言を総合すれば強制労働の実態が浮かび上がってくるものと考えられる。しかし、加藤氏はせっかくの証言を良いところ取りというよりも、自分が欲しい答を得るための質問を繰り返し、証言される真実を歪曲しているように思われる。

五、軍艦島（端島）での強制労働の事実について

　軍艦島（端島）で強制労働はなかったとする加藤康子氏の論に対して、軍艦島（端島）での強制労働の事実について『世界』（9月号）に竹内康人氏が「軍艦島・否定できない強制労働の歴史」を書いているのでそれをご覧いただきたい。

　そこでは端島に強制動員された朝鮮人のお一人である崔璋燮（チェ・ジャンソプ）氏本人が書いた手記を紹介している。「四面が海であり周囲の防波堤の擁壁に波がたたきつけられ、私たち一行はどうすることもできず、鉄格子のない監獄生活の身の上になった」、「採炭することで一年中汗まみれになり、現場ではバンツ一つで暑さに苦しみながら、涙で歳月を過ごさなければならなかった。国を失った悲しみの中で毎日を過ごさなければならなかった」、「いつ故郷に戻れるかの期限も分からず作業することを考えると、本当に自殺も辞さないという思いが沸いてきた」などと述べている。

　この文章を読みながら、私は北海道夕張の角田抗に連れて来られて働かされた中国人鳳儀萍（フォン・イーピン）氏にお会いしたお話しを聞いたことを思い出した。そこでは多くの中国人が自ら命を絶った、自分も自殺を図ったが発見されて生き延びたとのことだった。私かお会いした時は産科医で既にお年寄ではあったが、生きて帰れる望みが失われた時、一日も早い安息は自死であったことを教えてくださった。xii

　だが、このような展示は産業遺産情報センターにされていない。改善のためには、国が産業遺産国民会議への業務委託を止めることである。

（2020年9月13日）

i　内閣官房ホームページ　https://www.cas.go.jp/jp/sangyousekaiisan/pdf/h270705_siryou4.pdf

---

平成27年7月5日　世界遺産委員会における日本側発言（日本語）

議長,

日本政府を代表しこの発言を行う機会を与えていただき感謝申し上げる。

日本政府としては, 本件遺産の「顕著な普遍的価値」が正当に評価され, 全ての委員国の賛同を得て, コンセンサスで世界遺産登録されたことを光栄に思う。

日本政府は, 技術的・専門的見地から導き出されたイコモス勧告を尊重する。特に,「説明戦略」の策定に際しては,「各サイトの歴史全体について理解できる戦略とすること」との勧告に対し, 真摯に対応する。

より具体的には, 日本は, 1940年代にいくつかのサイトにおいて, その意思に反して連れて来られ, 厳しい環境の下で働かされた多くの朝鮮半島出身者等がいたこと, また, 第二次世界大戦中に日本政府としても徴用政策を実施していたことについて理解できるような措置を講じる所存である。

日本はインフォメーションセンターの設置など, 犠牲者を記憶にとどめるために適切な措置を説明戦略に盛り込む所存である。

日本政府は, 本件遺産の「顕著な普遍的価値」を理解し, 世界遺産登録に向けて協力して下さったベーマー議長をはじめ, 世界遺産委員会の全ての委員国, その他関係者に対し深く感謝申し上げる。

---

ii　韓国聯合ニュース　https://jp.yna.co.kr/view/AJP20191203001100882?section=politics/index

iii　内閣官房ホームページ
　　　https://www.cas.go.jp/jp/sangyousekaiisan/seikaiisan_houkoku/pdf/191129/siryou_jp02.pdf

iv　外村大論文　http://www.sumquick.com/tonomura/note/pdf/181113_2.pdf

v　外務省ホームページ　https://www.mofa.go.jp/mofaj/press/kaiken/kaiken4_000901.html#topic8

vi　外務省ホームページ　https://www.mofa.go.jp/mofaj/press/kaiken/kaiken2_000004.html#topic1

vii　『Hanada』2019年1月号

viii　産経新聞　https://www.sankei.com/politics/news/190805/plt1908050010-n1.html

ix　平和外交研究所ブログ http://heiwagaikou-kenkyusho.jp/date/2020/06/page/2

x　『Hanada』2020年9月号

xi　『Hanada』2020年9月号

xii　鳳儀萍著、足永昭訳『仲間に守られて　僕は、地獄を生き抜いた』（2009年、中国人殉難者全道慰霊祭実行委員会　発行）

7

ユネスコ世界遺産のOUV（Outstanding Universal Value）「顕著な普遍的価値」とは何か

－「明治日本の産業革命遺産　製鉄・製鋼、造船、石炭産業」をめぐって－

強制動員真相究明ネットワーク事務局長　中田光信

1　国際連合・ユネスコの設立と植民地主義克服への国際人権法の歩み

戦禍からの人類の解放をめざし設立された国際連合・ユネスコ

第2次世界大戦の終了直前の1945年6月、サンフランシスコにおいて50カ国の代表が参加して開催された「国際機関に関する連合国会議」において国際連合憲章が採択され「われらの一生のうちに二度まで言語に絶する悲哀を人類に与えた戦争の惨害から将来の世代を救い、基本的人権と人間の尊厳及び価値と男女及び大小各国の同権とに関する信念をあらためて確認し、正義と条約その他の国際法の源泉から生ずる義務の尊重とを維持することができる条件を確立し、一層大きな自由の中で社会的進歩と生活水準の向上とを促進すること並びにこのために寛容を実行し且つ善良な隣人として互いに平和に生活し、国際の平和及び安全を維持するためにわれらの力を合わせ」るための国際機構として「国際連合」が設立された。

そして憲章の第3項において「経済的、社会的、文化的または人道的性質を有する国際問題を解決することについて、並びに人種、性、言語または宗教による差別なくすべての者のために人権及び基本的自由を尊重するように助長奨励することについて、国際協力を達成すること」つまり国際平和実現のためには、戦争を引き起こす原因としての「人種、性、言語、宗教」による差別の根絶と基本的人権の尊重が不可欠であることが明記された。

この「国際の平和及び安全を維持する」という国連憲章の実現のために教育・科学・文化を通じて「国際平和と人類の共通の福祉」に貢献するために国家を越えた人々の協力の推進を図る機関として設立されたのがユネスコである。「戦争は人の心の中で生れるものであるから人の心の中に平和のとりでを築かなければならない。」との有名な前文からはじまるユネスコ憲章第1条は「この機関の目的は、国際連合憲章が世界の諸人民に対して人種、性、言語又は宗教の差別なく確認している正義、法の支配、人権及び基本的自由に対する普遍的な尊重を助長するために教育、科学及び文化を通じて諸国民の間の協力を促進することによって、平和及び安全に貢献することである。」とその設立目的を掲げた。

世界人権宣言からダーバン宣言に至る植民地主義克服への道のり

1948年12月の国連総会において「基本的人権の尊重」の具体的内容を示した「世界人権宣言」が採択された。1966年の国連総会では「経済的、社会的、文化的権利に関する国際規約」（社会権規約、A規約）と「市民的、政治的権利に関する国際規約」（自由権規約、B規約）が採択され、基本的人権を保障する国際人権法が確立された。次に植民地問題について1960年の国連総会は加盟国に植民地主義を早急に終わらせる必要があることを「植民地と人民に独立を付与する宣言」として採択した。1963年の国連総会は、すべての人は基本的には平等であり、人種、皮膚の色もしくは種族的出身に基づく人間間の差別は世界人権宣言に掲げる人権の侵害であり、国家間および人民間の友好的かつ平和的関係に対して障害となることを確認した「人種差別撤廃宣言」を採択し、2年後の1965年には人種主義、民族差別を根絶するための「あらゆる形態の人種差別の撤廃に関する国際条約」が採択された。これにより、締約国は、人種差別を防止し、処罰するために立法、司法、行政、その他の措置を取ることが義務付けられた。人種差別の禁止が国際社会において確認されたのである。

1993年国連総会は「第3次人種主義および人種差別と闘う10年」を宣言し、新しい形態の人種差別主義と闘うためにとくに法律、行政措置、教育および広報による措置をとるよう加盟国に要請した。そして準備会議を経て、2001年9月に南アフリカのダーバンで「人種主義、人種差別、外国人排斥および関連する不寛容に関する世界会議」が開催されダーバン宣言と行動計画が採択された。

8

植民地支配による被害の再発防止を求めたダーバン宣言

　宣言の前文は「人種主義、人種差別、外国人排斥および関連のある不寛容は、それが人種主義および人種差別に等しい場合、すべての人権の重大な侵害であり、その完全な享受の障害となり、すべての人間は尊厳と権利において自由かつ平等に生まれているという自明の真実を否定し、諸人民や諸国の間の友好で平和な関係の障害となり、武力紛争を含む多くの国内紛争や国際紛争の根因となり、住民の強制移送に帰結することを確認し」「普遍的・不可分・相互依存・相互関係的であるすべての人権、経済・社会・文化・政治的権利の完全な享受を保証するために、すべての諸国の男性・女性・子どもの生活条件を改善するために、人種主義、人種差別、外国人排斥および関連のある不寛容と闘う国内活動と国際活動が求められていることを認める」とした。

　そして総論において「人種主義、人種差別、外国人排斥および関連のある不寛容の源泉、原因、形態、現代的現象」として「14　植民地主義が人種主義、人種差別、外国人排斥および関連のある不寛容をもたらし、アフリカ人とアフリカ系人民、アジア人とアジア系人民、および先住民族は植民地主義の被害者であったし、いまなおその帰結の被害者であり続けていることを認める。植民地主義によって苦痛がもたらされ、植民地主義が起きたところはどこであれ、いつであれ、非難され、その再発は防止されねばならないことを確認する。この制度と慣行の影響と存続が、今日の世界各地における社会的経済的不平等を続けさせる要因であることは遺憾である。」と述べて現在もなお続く植民地主義の犠牲となっているアジア、アフリカ、先住民などの被害者の存在を認めその被害の再発防止を促した。そして宣言は、植民地主義がもたらす「人権の重大な侵害」に対する「国家、地域、国際レベルの効果的な救済、回復、是正、補償その他の措置」を行うため「国家レベル、地域レベルおよび国際的レベルの市民社会の完全な関与のもとにすべての国家」が責任をもって国内活動、国際活動を推進していくことを求めた。

　1910年から36年に及ぶ日本の朝鮮植民地支配と太平洋戦争下における朝鮮人のみならず中国人・連合軍捕虜も含めた強制動員の歴史は、国連憲章、ユネスコ憲章やダーバン宣言が掲げる植民地主義克服の観点から見ていかなければならない。

2　世界遺産の「顕著な普遍的価値」ＯＵＶ（Outstanding Universal Value）とは

　アスワンハイダムの建設による水没からヌビア遺跡を守るための国際キャンペーンを契機に人類共通の「遺産」の保護を求める声が高まり、「遺産」保護のための国際的な枠組みとして1972年の第17回UNESCO総会において「世界の文化遺産及び自然遺産の保護に関する条約」（以下条約）が採択された。

　条約は世界遺産について次のように定義している。
第1条（文化遺産）
・歴史上、美術上又は科学上顕著な普遍的価値を有する「記念工作物」
・歴史上、美術上又は科学上顕著な普遍的価値を有する「建造物群」
・歴史上、観賞上、民族学上又は人類学上顕著な普遍的価値を有する「遺跡」
第2条（自然遺産）
・観賞上又は科学上顕著な普遍的価値を有する「自然の記念物」
・明確に限定された区域で科学上又は保存上顕著な普遍的価値を有する「地質学的及び地文学的生成物並びに脅威にさらされている動物及び植物の種の生息地及び自生地」
・科学上、保存上若しくは自然の美観上顕著な普遍的価値を有する「自然地区又は明確に限定された自然の区域」

　つまり保護すべき「遺産」はいずれも「顕著な普遍的価値」（Outstanding Universal Value）（以下ＯＵＶ）を有しなければならない。このＯＵＶを判断するにあたって「世界遺産条約履行のための作業指針」は10の評価基準[1]を定めている。文化遺産のＯＵＶを判断するにあたっては自然遺産と違い「文化」をどのように評価するかてで意見が分かれる。人類の歴史は多様な人種・民族によって過去数千年にわたり多岐に及ぶ営みが織りなしてきたものである。このように文化については多様な価値観が錯綜するものの近代の「産業遺産」のＯＵＶの判断にあたって参考とすべき指針は奇しくもダーバン宣言が発せられたのと同じ2001年10月の第31回ユネスコ総会で採択された「文化的多様性に関する世界宣言」にある。

　宣言は、文化的多様性は人類にとって必要不可欠な人類共通の遺産であり現在及び将来の世代のためにその重要性が認識されなければならず、社会が多様性を増している今日において多元的で多様な文化的ア

9

イデンティティーを持つ民族や集団同士が共生しようという意志を持って調和の取れた形で相互に影響を与え合う環境が確保されなければならないとする。そしてそのような「文化的多元主義」は民主主義と「文化的権利」の保障のもとで実現されるものであると指摘した。

　近現代においては「文化」は西洋文明を中心に語られその普遍性・優位性が当然視されてきた。しかし現代社会はダーバン宣言が指摘したようにかつて西洋を中心とした国々による非西洋地域の植民地化がもたらした格差・貧困・差別をいまだに克服できていないという現実を抱えている。このような西洋を中心に文化を語ることの反省から出されたのが「文化的多様性に関する宣言」であったと言える。

　この視点に立てば、日本の明治期の近代化は、西洋技術の「輸入」によって成し遂げられたが、その後日本は朝鮮を植民地化し侵略戦争へと歩みを進めていった。そしてひたすら「西洋化」の道をたどった末に大日本帝国は崩壊した。「明治日本の産業革命遺産　製鉄・製鋼、造船、石炭産業」（以下「明治産業革命遺産」）のOUVを判断するにあたっては文化としての西洋技術と同時に植民地主義も移入をした歴史を見なければならない。

3　OUV（顕著な普遍的価値）からみた「明治産業革命遺産」

西洋技術の移転と同時に移入された「脱亜入欧」の精神

　明治産業革命遺産は 2009 年に「九州・山口の近代化産業遺産群－非西洋社会における近代化の先駆け」として暫定リストに登録された。暫定リストには「九州・山口」地域の 6 県 11 市にまたがる 22 資産が挙げられていた。その後「明治日本の産業革命遺産－九州・山口と関連地域」とその名称や構成資産の変更を経て最終的に 2015 年の第 39 回ユネスコ世界遺産委員会において「明治産業革命遺産　製鉄・製鋼、造船、石炭産業」として静岡県（韮山反射炉）、岩手県（橋野鉄鉱山）の資産を加えて最終的には 8 県 11 市（追加の自治体、中間市、佐賀市、釜石市、伊豆の国市、削除の自治体、飯塚市、田川市、唐津市、下関市）にまたがる 23 資産[2]が登録された。

　これは当初から日本の産業近代化をテーマとしてシリアルノミネーション[3]を目指したのではなく九州・山口地域の産業遺産以外の資産も含めて登録しようとしたものの果たせなかったため九州・山口という地域性を外し構成資産も製鉄・製鋼、造船、石炭産業に関係するものに限定したためである。

　登録された 23 資産は、すでに使用されていないもの、近年まで稼働していたもの、あるいは現在も稼働している資産によって構成され中には端島（軍艦島）のように対象時期の建造物がごくわずかしか残されていない資産や「対象期間」後に加工が加えられて当時の姿が十分残されていない資産や直接の産業資産ではない資産（萩城下町、松下村塾）などが混在する。日本の産業近代化を「西洋の技術移転」という視点から注目するのであれば「富岡製糸場と絹産業遺産群」に代表される繊維産業や鉄道、発電などあらゆる産業分野で「西洋技術」は導入されており、製鉄・造船・石炭産業に限られるものではない。また石炭産業は九州だけでなく北海道も重要な位置を占めていた。当初九州・山口エリアを中心とした明治期の「遺産」を登録対象としようとしたがゆえに明治産業革命遺産はユネスコのOUVの評価基準ⅱ「ある期間にわたる価値観の交流又はある文化圏内での価値観の交流」あるいはⅳの「歴史上の重要な段階を物語る建築物、その集合体」の視点からは中途半端に終わったと言うべきである[4]。

　幕末から明治にかけての日本の近代史の最大の特徴は「脱亜入欧」の精神のもと「富国強兵」「殖産興業」のスローガンを掲げ国策によって進められた産業近代化がその後の朝鮮の植民地支配とそれに続く侵略戦争を支える基盤となった点にある。満州事変を機に中国大陸への侵略を本格化させ日中戦争に突入した日本は、侵略戦争のための「総力戦体制」の構築のため、国家の全ての人的・物的資源を国家が管理統制運用するための法律＝「国家総動員法」を制定し、植民地支配下の台湾・朝鮮をその体制下に組み込んでいった。総力戦を支えるために当時植民地支配下の朝鮮半島から、侵略していた中国大陸から、そして連合軍捕虜をも戦争遂行体制を支える労働力として使役し多大の犠牲者を生み出した末に大日本帝国はポツダム宣言を受諾して崩壊した。明治産業革命遺産に含まれる八幡製鉄所、三井三池炭鉱、高島炭鉱、端島炭鉱、三菱長崎造船所は、明治期から敗戦に至るまでのこのダイナミックな日本の近代史を象徴する遺産である。

植民地支配の歴史を抜きにした顕著な普遍的価値はありえない

　日本に限らず世界的に見てもいわゆる近代の「産業遺産」とされる鉱山や工場の中には国内労働者のみな

10

らず植民地からの労働力の供給など多くの人々の犠牲のうえに成り立ったものが含まれる。近代の産業遺産の登録に際しては「産業」とそれを支えた「労働」との関係を見ていかなければならない。

そして日本が西洋からの技術移転により急速な産業発展を果たした後に第二次世界大戦中に行った朝鮮人・中国人・連合軍捕虜の強制労働という「負の歴史」があったことも含めて「全体の歴史」を説明しなければ将来に向かって「平和及び安全に貢献する」というユネスコの精神にも適わない。

明治産業革命遺産について強制労働が行われていた資産が含まれていたことから韓国は登録に反対の立場をとったが、日本政府は対象期間が1910年まででありそれ以後の歴史は対象外であると主張し最終的に「1940年代にいくつかのサイトにおいて，その意思に反して連れて来られ，厳しい環境の下で働かされた多くの朝鮮半島出身者等がいたこと，また，第二次世界大戦中に日本政府としても徴用政策を実施していたことについて理解できるような措置を講じる」との「ステートメント」[5]を発したことで第39回世界遺産委員会は「各サイトの歴史全体についても理解できるインタープリテーション（展示）戦略とすること」を条件とする勧告[6]を出し登録を承認した。

このような登録の経過をもって明治産業革命遺産の登録を「日韓の妥協の産物」と評する意見もあるが、世界遺産委員会は近代史における植民地支配がもたらした負の歴史も含めた歴史全体を記述することが後世に残すべき普遍的価値を有することとなると判断したと解すべきである。各遺産の全体の歴史がインタープリテーション（説明）されることにより明治産業革命遺産ははじめて世界遺産としての資格を持つ。1910年までで区切ることでかえってその遺産の持つ意義をも歪めてしまうのである。

4 ユネスコ世界遺産委員会の勧告を無視しつづけた日本政府

(1)登録時の「ステートメント」を反故にした登録直後の日本政府の対応

しかし登録決定に際して発したステートメントについて岸田外務大臣（当時）は登録時に「この発言は，これまでの日本政府の認識を述べたものであり，1965年の韓国との国交正常化の際に締結された日韓請求権・経済協力協定により，いわゆる朝鮮半島出身者の徴用の問題を含め，日韓間の財産・請求権の問題は完全かつ最終的に解決済みであるという立場に変わりありません。」との談話を発した[7]。（2015年7月5日）

そして外務省のホームページ「国際機関を通じた協力」の「第39回世界遺産委員会における7月5日日本代表団発言について」（2017年7月14日）ではこの「ステートメント」について外務省による詳細な「解説」がなされている。[8]

> 日本は，1940年代にいくつかのサイトにおいて，その意思に反して連れて来られ，厳しい環境の下で働かされた多くの朝鮮半島出身者等がいたこと，また，第二次世界大戦中に日本政府としても徴用政策を実施していたことについて理解できるような措置を講じる所存である。

【注1】「意思に反して連れて来られ（brought against their will）」と「働かされた（forced to work）」との点は，朝鮮半島出身者については当時，朝鮮半島に適用された国民徴用令に基づき徴用が行われ，その政策の性質上，対象者の意思に反し徴用されたこともあったという意味で用いている。

朝鮮半島からの強制動員を1944年9月から朝鮮半島において実施された「徴用」の期間だけに狭く解釈するとともに国民徴用令に基づく合法的な動員であったので問題がないと主張するが、朝鮮半島からの強制動員は1939年の自由募集に始まり1942年の官斡旋そしてその後の徴用令に基づく動員へと形態は違うものの約80万人[9]を朝鮮半島から日本国内へ動員した歴史的事実を無視した見解である。

【注2】「厳しい環境の下で（under harsh conditions）」との表現は，主意書答弁書（参考）にある「戦争という異常な状況下」「耐え難い苦しみと悲しみを与えた」との当時の労働者側の状況を表現している。

【参考】近藤昭一衆議院議員提出の質問主意書に対する答弁書（平成14年12月20日閣議決定）（抜粋）「いわゆる朝鮮人徴用者等の問題を含め，当時多数の方々が不幸な状況に陥ったことは否定できないと考えており，戦争という異常な状況下とはいえ，多くの方々に耐え難い苦しみと悲しみを与えたことは極めて遺憾なことであったと考える。」

11

朝鮮半島からの強制動員被害者だけでなくすべての労働者が「戦争という異常な状況下」であったため「耐え難い苦しみと悲しみ」を味わっていたと説明することによって民族差別によるものも含めて強制動員被害者が受けた「苦痛」を一般化しようとするものである。

> 日本は，インフォメーションセンターの設置など，犠牲者を記憶にとどめるために適切な措置を説明戦略に盛り込む所存である。

【注3】「犠牲者」とは，出身地のいかんにかかわらず，炭坑や工場などの産業施設で労務に従事，貢献する中で，事故・災害等に遇われた方々や亡くなられた方々を念頭においている。

すべての犠牲者を対象とすることは当然であるが，【注2】と同様「出身地のいかんにかかわらず」との文言で当時から現在に至るまで厳然として存在する民族差別の問題を無視、相対化しようとするものである。

> 日本政府は，本件遺産の「顕著な普遍的価値」を理解し，世界遺産登録に向けて協力して下さったベーマー議長をはじめ，世界遺産委員会の全ての委員国，その他関係者に対し深く感謝申し上げる。

【注4】今回の日本代表団の発言は，従来の政府の立場を踏まえたものであり，新しい内容を含むものではない。

「従来の政府の立場」を踏まえたとしているが、日本政府は過去の日本の植民地支配の問題を棚上げにして締結した1965年の日韓条約締結以降、1995年の村山談話[10]、1998年の日韓パートナーシップ宣言[11]、日朝ピョンヤン宣言[12]において朝鮮植民地支配及びアジア侵略戦争に対する「反省」の立場を表明してきた。

【注5】今回の日本側の発言は，違法な「強制労働」があったと認めるものではないことは繰り返し述べており，その旨は韓国側にも明確に伝達している。

当時の朝鮮人・中国人強制労働についてはＩＬＯ専門家委員会から第29号（強制労働）条約違反を何度も指摘されている。

登録直後に外務省のホームページに掲載されたこれらの「説明」は登録時の「ステートメント」を実質的に否定し当時の「強制労働」は合法であり問題ないとの認識を内外に宣言したものである。

（2） 2017年にユネスコに提出された保全状況報告書

そして2015年の第39回世界遺産委員会勧告を受けて2017年11月30日付でユネスコに提出された日本政府の保全状況報告書は登録時の勧告を完全に無視するもの[13]であった。
報告書の「インタープリテーション計画の概要」には9つのステップが掲げられている。
(1)「全ての構成遺産で一貫した顕著な普遍的価値の共通展示」
(2)「各サイトの「歴史全体」の更新」
(3)「朝鮮人労働者を含む労働者に関する情報収集」
(4)「産業遺産情報センター」（東京）の設置
(5)以下略
(1)(2)については「内閣官房、関係自治体」が担当することとされているが(3)だけが歴史研究とは関わりのない一民間団体である一般財団法人産業遺産国民会議が担当するとされすでに2016年度から「調査研究」が委託されていた。
もともと登録時の勧告(g)の趣旨は、2018年の勧告に明らかなようにＯＵＶが対象とする期間に限定することなく戦時中の朝鮮人強制労働なども含めた近代以降の「製鉄・製鋼、造船、石炭産業」の各分野における産業史を踏まえた該当遺産の「全体の歴史」を記述することにあった。
特に日本の戦前の炭鉱は劣悪な労働条件のもとで犠牲となった数多くの労働者の生活があった。そのよ

12

うな産業労働の歴史に焦点を当てて全体の歴史を説明することが求められていたのである。また戦時下の朝鮮人・中国人強制労働や連合軍捕虜の処遇についてはすでにこれまで数多くの当事者の証言や歴史研究の蓄積があるにもかかわらず報告書では敢えて「これまでほとんど検討されなかった一次史料の調査」を進めるとして従来の研究成果に言及することはなかった。そして「戦前・戦中・戦後に多くの朝鮮半島出身者が日本の産業の現場を支えていたことが理解できる展示に取り組む」としてステートメントの「強制労働」（forced to work）という文言を朝鮮半島労働者が産業を「支えていた」（support）と言い換えた。また、「朝鮮人労働者の徴用政策を含む戦前・戦中・戦後の在日朝鮮人に関する調査」を行うとして朝鮮人だけを取り上げているが「歴史全体」を理解するには中国人・連合軍捕虜も含めた戦時下の強制労働の全体像を記載しなければならないにも係わらず強制労働の歴史を朝鮮人強制労働問題に矮小化しようとした。

　さらに報告書では「産業遺産の保全の普及啓蒙に貢献する「シンクタンク」として「「明治日本の産業革命遺産」の資産全体を中心としつつ、産業労働を含む産業遺産に関する他の情報も発信する」施設として東京に「産業遺産情報センター」を設置するとした。2つの遺産を除く21の遺産が九州・山口地域に集中しているにも関わらず当該資産から遠く離れた東京に施設をつくることは来訪者のアクセスを無視し来訪者が遺産について「学ぶ権利」も奪うものであった。

　また報告書作成に当たって行われたイコモスによる「インタープリテーション監査」は歴史学者や資産周辺の関係者及び強制労働当事者の証言などは一切とりあげられず監査に立ち会ったのは日本政府及び産業遺産国民会議関係者と県の職員・ボランティアのみでそれ以外の意見を聴取した形跡もなく強制労働の歴史にも言及されていない。このことはイコモスの各憲章[14]が掲げている原則にも反していると言わざるを得ない。

(3) 第42回世界遺産委員会の勧告（2018年7月）と2019年の保全状況報告書

　このように当初の公約が果たされなかった2017年の保全状況報告書を審査した2018年7月バーレーンで開催された第42回世界遺産委員会は改めて勧告[15]を出した。
「OUVによってカバーされている期間及びそれ以外の期間も含め，資産の歴史全体のインタープリテーション…に関する作業を引き続き行う上でインタープリテーション戦略に関する国際的なベストプラクティスを考慮に入れるよう締約国に強く促す」と同時に「関係者との対話を継続すること」を勧告した。
　この勧告を受けて2019年12月に提出された保全状況報告書[16]の「エグゼクティブサマリー」において日本政府は「インタープリテーションに関する事項については、インタープリテーション戦略に基づき、適切にインタープリテーションが実施された」「関係者との対話については、「明治日本の産業革命遺産」の関係者間において、定期的に協議を行い、幅広い対話に努めてきた」と記載した。しかし強制動員の被害当事者はおろか韓国政府や各遺産に関わる地域で活動する市民団体などとも一切対話も行わず産業遺産情報センターの展示内容も明らかにしなかった。そして今年6月に2019年の保全状況報告書を審査する予定であった第44回ユネスコ世界遺産委員会もコロナ感染拡大のため2020年9月22日現在開催が延期されている。

5　「産業労働」にかかる調査研究を行う資格のない産業遺産国民会議

　日本政府は2016（H28）年度から2019（R1）年度の4年間にわたり「産業労働にかかる調査」「インタープリテーション更新に係る調査研究」「各サイトの歴史全体におけるインタープリテーションに係る調査研究」「産業遺産情報センターの運営開始に向けた調査研究」の名目で5件・総額505,614,520円の調査研究を一般財団法人産業遺産国民会議に委託した。本来日本政府自身もしくは大学などの公的機関が中心となり調査研究すべきところ産業労働に関する事項だけが歴史研究の経験やノーハウもない一民間団体に委託された。そして2020年度は「産業遺産情報センターにおける普及啓発広報等委託業務」を430,100,000円で委託したのである。
　産業遺産国民会議は2013年9月10日に設立され「設立人　加藤康子　代表理事八木重二郎」とある。名誉会長は今井敬氏（新日本製鐵（現・日本製鉄）相談役名誉会長、元社長。第9代経済団体連合会会長）である。設立趣旨には「産業とその経済活動がもたらした遺産は科学的、技術的、社会的価値を有し、文明社会の形成においてかけがえのない歴史的意義を持つ」「産業を支えた名もなき人々の尊い文明の仕事を次世代に継承することを目的とし、ここに国民会議を設立」し「明治維新の産業革命の世界文化遺産の登録に

13

向け国民の合意形成を図り登録実現を支援する」と書かれている。しかし、この産業遺産国民会議ホームページのトップには「軍艦島の真実―朝鮮人徴用工の検証―」というサイトが立ち上げられ数多くの端島元島民の証言映像が掲載されている。またこれまで公表されてきた朝鮮人強制労働に係る様々な証言や著作の記述に対しては「書籍への反論」と題する批判が掲載されている。またこのサイトの下段には韓国映画「軍艦島」が史実に反するとして抗議文を出した「真実の歴史を追及する端島島民の会を応援しています」との記載もある。ホームページの構成自体が明治産業革命遺産の23の資産のうち軍艦島をめぐる問題だけを主に取り上げ内容も一方的な見解となっている。

　産業遺産国民会議が受託した産業労働に係る調査研究について情報公開で入手することのできた2016～2019年度の調査研究報告書（一部黒塗り）には「製鉄・製鋼、造船、石炭産業」に関する近代以降の産業労働の「全体の歴史」について系統だった調査・分析の記載はなく、調査研究に当たっては有識者の助言を得ることされているが10名の有識者の具体的な肩書氏名は非公開（黒塗り）で誰からどのような助言があったのかも明らかではない。2016年の報告書には産業労働に関する記録の分析調査の項目に有識者で「労働環境等に精通している大学教授[17]」のレポート（黒塗り）と海外資料として韓国の論文[18]が掲載されている。2017年の報告書には戦前の端島に関係する年表とイラスト並びに「一次資料」として戦前の新聞切抜きや様々な著作の切抜きを羅列した作成者不詳(黒塗り)の「朝鮮人鉱夫について(100年の軌跡)」という「報告書」と3人の氏名年齢等不詳(黒塗り)の元端島島民のインタビューが記載されている。2018年の報告書には三池炭鉱で中国人捕虜の監視をしていた経験を持つ元三井鉱山社員のインタビュー証言が全体の3分の1にあたる約100ページにわたって掲載されているが、「全体の歴史」から見れば断片的あり内容もその背景や真偽の検証もなされずに氏名不詳者（黒塗り）の「●●のインタビューを読んで」とのわずか1ページの「感想」が記されているだけである。さらに2019年度の報告書は全425ページのうち約半分が黒塗りでとりわけ調査研究内容の「(2)産業史に関するインタープリテーションの在り方の検討」の項目は一切内容が不明である。

　石炭産業であれば、明治初期からの囚人労働や戦時動員における一般徴用だけでなく勤労報国隊と呼ばれた少年・女子の戦時動員の問題など今日においても課題とされる児童労働や女子労働の問題など様々な角度から「全体の歴史」を明らかにしなければならないがそのような記述もない。また、石炭・製鉄の技術についての記述は一応なされているが造船に係る産業労働の歴史の記述は見当たらない。そして歴史を記述するに当たって最低限必要な年表も端島関係のものがあるだけである。

　情報公開の原則からもこのような一部不開示は問題である。有識者氏名が「個人情報」を理由に不開示、掲載論文についても個人の見解が内閣府の「公式見解」と誤解されかねないため不開示としている。もっとも重要なインタープリテーションのあり方についての検証を行ううえで有識者の情報は単なる個人情報ではなく論文の執筆者氏名や内容も同様である。日本政府が「国際公約」に基づいて公開する内容の前提となる報告書の重要部分を不開示とすることは、情報公開の趣旨に反するものである。

6　明治産業革命遺産を真に世界遺産にふさわしいものへ

　強制動員真相究明ネットワークは、このような杜撰な報告書に基づいて産業遺産情報センターの展示が為されることを危惧して2019年11月に改めて大学などの専門研究機関に調査を委託しなおすことを求める「「明治日本の産業革命遺産」の産業労働に関する再調査を求める要請書」を提出したが日本政府は「調査は十分であり再調査は必要ない」との口頭回答だけで要請に一切応えなかった。

　そして、2020年3月31日に開所式が行われて以降コロナ感染拡大のために延期されていた産業遺産情報センターの一般公開が6月15日から始まった。公開された展示内容については韓国のマスコミだけでなく日本のマスコミ[19]も2015年の登録時の公約を反故にした日本政府の姿勢を批判的に取り上げ、日韓の65の市民団体の連名で「強制労働否定の展示に抗議し強制労働被害の実態やその証言の展示を求める」共同声明も発表された。

　強制動員真相究明ネットワークも産業遺産情報センターの展示について、日本政府が強制労働の事実を認め端島（軍艦島）だけでなく戦時に強制労働があった遺産に動員された被害者の証言・記録などを収集し「全体の歴史」を展示すること、韓国政府や市民団体など「関係者との対話」の場を持って日本史や朝鮮史を研究する学会関係者からも意見を聴収したうえで適切な展示内容とすべきこと、そして産業遺産国民会議への事業委託の中止を求める「産業遺産情報センターの改善に関する要請書」を2018年7月27日付で日本政府に提出したが今回も十分な回答を得ることはできなかった。

強制動員被害者の証言に耳を傾け二度と植民地支配による犠牲者を生み出さないためにも産業発展の影に多くの人々の犠牲があったことを後世に伝えることが明治産業革命遺産を真に人類が未来へ引き継ぐべきユネスコ世界遺産としていくために不可欠である。　　　　　　　　　　　　　　　　2020.09.21

---

1 (i) 人間の創造的才能を表す傑作である。

(ii) 建築、科学技術、記念碑、都市計画、景観設計の発展に重要な影響を与えた、ある期間にわたる価値観の交流又はある文化圏内での価値観の交流を示すものである。

(iii) 現存するか消滅しているかにかかわらず、ある文化的伝統又は文明の存在を伝承する物証として無二の存在（少なくとも希有な存在）である。

(iv) 歴史上の重要な段階を物語る建築物、その集合体、科学技術の集合体、あるいは景観を代表する顕著な見本である。

(v) あるひとつの文化（または複数の文化）を特徴づけるような伝統的居住形態若しくは陸上・海上の土地利用形態を代表する顕著な見本である。又は、人類と環境とのふれあいを代表する顕著な見本である（特に不可逆的な変化によりその存続が危ぶまれているもの

(vi) 顕著な普遍的価値を有する出来事(行事)、生きた伝統、思想、信仰、芸術的作品、あるいは文学的作品と直接または実質的関連がある（この基準は他の基準とあわせて用いられることが望ましい）。

(vii) 最上級の自然現象、又は、類まれな自然美・美的価値を有する地域を包含する。

(viii) 生命進化の記録や、地形形成における重要な進行中の地質学的過程、あるいは重要な地形学的又は自然地理学的特徴といった、地球の歴史の主要な段階を代表する顕著な見本である。

(ix) 陸上・淡水域・沿岸・海洋の生態系や動植物群集の進化、発展において、重要な進行中の生態学的過程又は生物学的過程を代表する顕著な見本である。

(x) 学術上又は保全上顕著な普遍的価値を有する絶滅のおそれのある種の生息地など、生物多様性の生息域内保全にとって最も重要な自然の生息地を包含する。

2 2009 年の暫定リスト以降追加された資産は、大板山たたら製鉄遺跡、寺山炭窯跡、関吉の疎水溝、三重津海軍所跡、三菱長崎造船所第三船渠、同ジャイアント・カンチレバークレーン、同旧木型場、同占勝閣、三池港、三池炭鉱宮原坑、三池炭鉱専用鉄道敷跡、八幡製鉄所修繕工場、同遠賀川水源地ポンプ室、韮山反射炉、橋野鉱鉱山。削除された資産は、八幡製鉄所東田第 1 高炉跡、八幡製鉄所西田岸壁、筑豊炭田旧伊藤伝衛門邸、旧三井田川鉱業所竪坑櫓、第一、第二煙突、旧高取邸、新波止砲台跡、前田砲台跡。

3 Serial nominations「世界遺産条約履行のための作業指針」137〜139 には、「連続性のある資産」の場合それぞれの構成資産が「顕著な普遍的価値」を有しなくても全体として顕著な普遍的価値があればよいとしている。

4 この点に関しては 2019 年に実施されたイコモスによるインタープリテーション監査においても各遺産がそれぞれ全体とどのように関連しているのか明らかとなるような common exhibition の必要性を指摘している。

5 2015 年 7 月 5 日世界遺産委員会における日本側発言（日本語）全文

議長,

日本政府を代表しこの発言を行う機会を与えていただき感謝申し上げる。

日本政府としては，本件遺産の「顕著な普遍的価値」が正当に評価され，全ての委員国の賛同を得て，コンセンサスで世界遺産登録されたことを光栄に思う。日本政府は，技術的・専門的見地から導き出されたイコモス勧告を尊重する。特に，「説明戦略」の策定に際しては，「各サイトの歴史全体について理解できる戦略とすること」との勧告に対し，真摯に対応する。より具体的には，日本は，1940 年代にいくつかのサイトにおいて，その意思に反して連れて来られ，厳しい環境の下で働かされた多くの朝鮮半島出身者等がいたこと，また，第二次世界大戦中に日本政府としても徴用政策を実施していたことについて理解できるような措置を講じる所存である。日本はインフォメーションセンターの設置など，犠牲者を記憶にとどめるために適切な措置を説明戦略に盛り込む所存である。

日本政府は，本件遺産の「顕著な普遍的価値」を理解し，世界遺産登録に向けて協力して下さったベーマー議長をはじめ，世界遺産委員会の全ての委員国，その他関係者に対し深く感謝申し上げる。

6 第 39 回世界遺産委員会決議 39 COM 8B.14　勧告部分

４．締約国が、以下のことを検討するよう 勧告する 。

a) 端島炭鉱の詳細な保全措置に係る計画を優先的に策定すること。

b) 推薦資産（の全体）及び構成資産に関する優先順位を付した保全措置の計画及び実施計画を策定すること。

c) 資産に対して危機をもたらす可能性の高い潜在的な負の影響を軽減するため、各構成資産における受け入れ可能な来訪者数を定めること。

d) 推薦資産（の全体）及びその構成資産の管理保全のための新たな協力体制に基づく枠組みの有効性について、年次ごとにモニタリングを行うこと。

e) 管理保全計画の 実施状況及び地区別保全協議会での協議事項・決議事項の実施状況について、1 年ごとのモニタリングを行うこと。

f) 各構成資産の日々の管理に責任を持つあらゆるスタッフ及び関係者が、能力を培い推薦資産の日常の保全、管理、理解増進について一貫したアプローチを講じられるよう、人材育成計画を策定し、実施すること。

g) 推薦資産のプレゼンテーションのためのインタープリテーション （展示）戦略を策定し、各構成資産がいかに顕著な普遍的価値に貢献し、産業化の 1 または 2 以上の段階を反映しているかを特に強調すること。また、各サイトの歴史全体についても理解できるインタープリテーション（展示）戦略とすること。

h) 集成館及び三重津海軍所跡における道路建設計画、三池港における新たな係留施設に関するあらゆる開発計画及び来訪者施設の増設・新設に関する提案について、『世界遺産条約履行のための作業指針』第 172 項に従って、審議のため世界遺産

15

委員会に提出すること。

<項目 g)への脚注>

1 世界遺産委員会は，委員会のサマリー・レコードに記載されているとおり，パラ４．ｇで言及されている各サイトの歴史全体について理解できるようにするインタープリテーション 展示 戦略に関し，日本が発した ステートメント に留意する。

7 「明治日本の産業革命遺産　製鉄・製鋼，造船，石炭産業」のユネスコ世界遺産一覧表への記載決定について（第39回ユネスコ世界遺産委員会における審議結果）（外務大臣談話）
https://www.mofa.go.jp/mofaj/press/danwa/page2_000104.html

8 外務省ホームページ　https://www.mofa.go.jp/mofaj/pr_pd/mcc/page3_001285.html

9 「韓国徴用工裁判とは何か」竹内康人著　岩波ブックレットＮｏ1017　P.12

10 「わが国は、遠くない過去の一時期、国策を誤り、戦争への道を歩んで国民を存亡の危機に陥れ、植民地支配と侵略によって、多くの国々、とりわけアジア諸国の人々に対して多大の損害と苦痛を与えました。私は、未来に誤ち無からしめんとするが故に、疑うべくもないこの歴史の事実を謙虚に受け止め、ここにあらためて痛切な反省の意を表し、心からのお詫びの気持ちを表明いたします。」

11 「今世紀の日韓両国関係を回顧し、我が国が過去の一時期韓国国民に対し植民地支配により多大の損害と苦痛を与えたという歴史的事実を謙虚に受けとめ、これに対し、痛切な反省と心からのお詫びを述べた。」

12 「 過去の植民地支配によって、朝鮮の人々に多大の損害と苦痛を与えたという歴史の事実を謙虚に受け止め、痛切な反省と心からのお詫びの気持ちを表明した。」

13 2017年保全報告書（日本語版）ｐ45～ｐ47　4.「インタープリテーション計画」の概要
　　　　http://www.cas.go.jp/jp/sangyousekaiisan/pdf/siryou_jp01.pdf

14 1964年の「記念物と遺跡の保存と修復に関する国際憲章」（ヴェニス憲章）、2006年の「産業遺産ニジニータギル憲章」、2008年の「文化遺産サイトのインタープリテーション及びプレゼンテーションに関するイコモス憲章」、2010年の「産業ヘリテージを継承する場所、構造物、地域及び景観の保存に関するICOMOS—TICCIH共同原則」など

15 第 42 回(2018 年)世界遺産委員会決議の勧告 g)に関係する部分の抜粋
　世界遺産委員会は，
1 WHC/18/42.COM/7B の文書を審査した上で；
2 第 39 回世界遺産委員会（2015 年ボン）で採択された決議 39COM8B.141 を想起し；
3～6 略
7 インタープリテーションが全てのサイトで準備され，デジタル形式のツールが開発された一方，開設予定のインフォメーションセンターを含め更なる改善が図られる予定であることに更に留意し；
8 センターが完成され次第，インタープリテーション全体について改めて報告するよう締結国に更に要請し；
9 ＯＵＶによってカバーされている期間及びそれ以外の期間も含め，資産の歴史全体のインタープリテーションやデジタル形式のインタープリテーション資料に関する作業を引き続き行う上でインタープリテーション戦略に関する国際的なベストプラクティスを考慮に入れるよう締約国に強く促し；
10 関係者との対話を継続することを促し；
11 決議 39 COM 8B.141 を完全に履行するとともに，2020 年の第 44 回世界遺産委員会による審議に付するため，2019 年 12 月 1 日までに，資産の保全状況と上記の履行状況について更新した報告書を世界遺産センターに提出するよう締約国に更に要請する。

16 2019年保全報告書（日本語版）ｐ45～ｐ47　4.「インタープリテーション計画」の概要
　　　　http://www.cas.go.jp/jp/sangyousekaiisan/seikaiisan_houkoku/pdf/191129/siryou_jp00.pdf

17 九州大学教授　三輪宗弘氏と推測される。

18 「戦中期（1937-1945）日本へ労務動員された朝鮮人炭・鉱夫の賃金と民族間の格差」　落星台研究所の研究員李宇衍氏の論文の翻訳と推察される。

19 2020年7月9日朝日新聞社説「世界遺産対立　負の歴史見つめてこそ」2020年8月11日東京新聞社説・コラム「＜戦後75年＞日本と韓国　歴史の「影」を忘れない」など

16

（別紙）

2020 年 7 月 27 日

内閣総理大臣　安倍晋三　様
内閣官房長官　菅義偉　様
外務大臣　茂木敏充　　様
産業遺産情報センター長　加藤康子様

産業遺産情報センターの改善に関する要請書

強制動員真相究明ネットワーク
共同代表　庵逧由香　飛田雄一

　わたしたちは、2019 年 11 月 1 日付で「『明治日本の産業革命遺産』の産業労働に関する再調査を求める要請書」を内閣官房の「産業遺産の世界遺産登録推進室」に提出しました。

　「明治日本の産業革命遺産」についてユネスコやその諮問機関イコモスは、「歴史全体」の説明がなされることを求め、さらにユネスコは日本政府に「関係者との対話の継続」（第 42 回世界遺産委員会）を促しました。しかし、日本政府は産業労働に関する調査を一般財団法人産業遺産国民会議に委託し、その報告書には強制労働の存在を否定するような内容が記されました。

　わたしたちはそのような動きのなかで、「明治日本の産業革命遺産」の産業労働に関する調査を、政府自身、あるいは大学などの信頼できる研究機関に委託し、再調査するように求めたのです。その要請に対し文書回答を求めましたが、「産業遺産の世界遺産登録推進室」は「産業遺産国民会議の調査は十分な内容であり再調査はしない」と電話で回答しました。

　そして日本政府は「明治日本の産業革命遺産」に関連する産業遺産情報センターの運営と展示を一般財団法人産業遺産国民会議に委託し、本年 3 月末に東京に開設しました。その展示内容は、端島炭鉱を事例に戦時の強制労働を否定するものとなりました。わたしたちは、このような戦時の強制労働を否定する展示に強く抗議し、その改善を求めます。

　「明治日本の産業革命世界遺産」に登録された八幡製鉄所、長崎造船所、高島・端島炭鉱、三池炭鉱、釜石鉱山などには、戦時に朝鮮人、中国人、連合軍捕虜などが動員され、労働を強制されました。たとえば、八幡製鉄所には朝鮮人約4000人、連合軍捕虜約1350人、八幡港運には中国人が約200人連行されました。高島炭鉱（高島・端島）には朝鮮人が約4000人、中国人が約400人連行されました。三池炭鉱には朝鮮人約9200人、中国人約2500人、連合軍捕虜約1900人が連行されています。長崎造船所にも朝鮮人約6000人、連合軍捕虜500人が連行されました。それらの現場では暴力を含む労務管理がなされ、労働が強制されました。それぞれの現場へと強制動員された人々の証言があります。裁判では強制労働が認定された場所もあります。追悼碑建設に企業側が出資した場所もあります。

　このような否定できない戦時の強制労働の事実により、2015 年 7 月 5 日、日本政府は、ユネスコの世界遺産委員会において、次のように発言したのです、「日本政府は，技術的・専門的見地から導き出されたイコモス勧告を尊重する。特に，「説明戦略」の策定に際しては，『各サイトの歴史全体について理解できる戦略とすること』との勧告に対し，真摯に対応する。より具体的には，日本は，1940 年代にいくつかのサイトにおいて，その意思に反して連れて来られ，厳しい環境の下で働かされた多くの朝鮮半島出身者等がいたこと，また，第二次世界大戦中に日本政府としても徴用政策を実施していたことについて理解できるような措置を講じる所存である。日本はインフォメーションセンターの設置など，犠牲者を記憶にとどめるために適切な措置を説明戦略に盛り込む所存である。」（外務省訳）。

　このように「インフォメーションセンターの設置」は、「意思に反して連れて来られ，厳しい環境の下で働かされた多くの朝鮮半島出身者等」の「犠牲者を記憶にとどめるために適切な措置」として提示されたのです。しかし、この3月に開設され、6月に一般公開された産業遺産情報センターはそのような施設になっていません。

　同センターの運営は一般財団法人産業遺産国民会議に委託され、センター長は同会議の専務理事の加藤

17

康子氏です。この会議の歴史認識は端島を例に戦時の強制労働を否定するというものであり、そのような認識が展示に色濃く反映されています。同センターでは、端島炭鉱では民族差別も強制労働もなかったという展示がなされているのです。ガイドには、「（韓国の宣伝は）いい加減」「ウソ」などと見学者に語る者もいます。同センターは戦時の強制労働の歴史を否定する場になっています。また、センターへの見学者の個人情報や訪問時の対話が、センター長によって一方的に雑誌に公開されています（「Hanada」9月号）。これは公的機関による見学者への人権の侵害です。

　このような状況をふまえ、わたしたちは、以下を要請します。ご検討の上、8月15日までに文書で回答することを求めます。また、この問題について内閣官房担当者との対話の場を設定されることを求めます。

1. 日本政府はユネスコ世界遺産登録時の発言をふまえ、各地での強制労働の事実を認めること。
2. 端島（軍艦島）だけでなく、戦時に強制労働があった現場の被害者の証言・記録などを収集し、「全体の歴史」を展示すること。
3. ユネスコ第42回世界遺産委員会の勧告に基づき、韓国政府や市民団体など「関係者との対話」の場を持つこと。さらに日本史や朝鮮史を研究する学会の関係者からも意見を聴収すること。
4. 民族差別や強制労働の存在を否定する展示やガイド案内については見直すこと。展示内容の改善にあたり、産業遺産国民会議への事業委託を中止すること。

以上

連絡先　兵庫県神戸市灘区山田町3丁目1-1（公財）神戸学生青年センター気付
　　　　強制動員真相究明ネットワーク（担当　事務局次長　小林久公）
　　　　TEL 090-2070-4423　FAX 011-596-5848　e-mail　q-ko@sea.plala.or.jp

【 会 費 振 込 の お 願 い 】

2020年度（2020年4月〜2021年3月）

の会費の振り込みをお願いいたします。

個人一口3000円、団体一口5000円

（本ニュース紙を郵送で受け取られた方は、同封の振込用紙をご使用ください。）

送金先：［郵便振替口座］

00930−9−297182　真相究明ネット

明治産業革命遺産における強制動員の歴史を伝える

2020年10月18日(日)14:00～16:30
zoomにて開催　　参加費　無料

　2015年7月「明治日本の産業革命遺産　製鉄・製鋼、造船、石炭産業」がユネスコ世界文化遺産に登録される時、日本政府は遺産の中に「その意思に反して連れて来られ，厳しい環境の下で働かされた多くの朝鮮半島出身者等がいたこと」をインタープリテーション（説明）することを「公約」しました。しかし2017年にユネスコへ提出した保全状況報告書では「意思に反して連れて来られ」「働かされた」の文言が「支えていた」という言葉に書き換えられていました。そして2019年の報告書でも具体的なインタープリテーションの内容が明らかにされないまま6月15日に「産業遺産情報センター」が一般公開されました。公開された展示内容は「端島（軍艦島）では強制労働はなかった」「朝鮮人差別もなかった」などの証言だけがクローズアップされ強制動員被害者の証言はひとつもありません。この展示と運営を請け負っている団体が「産業遺産国民会議」です。その請負金額は5年間で935,714,520円に上ります。

　本来あるべき展示のあり方と産業遺産国民会議の問題点を明らかにするために標記集会を開催することとしました。ふるってご参加ください！

※　所属とお名前を明記の上10月16日までに shinsoukyumei@gmail.com へ申込お願いします

（ただし定員100名先着順とさせていただきます。またご参加いただけなかった方には後日動画配信等で内容をお伝えさせていただきます。）

「明治産業革命遺産と強制労働」
　　　　　　強制動員真相究明ネットワーク会員　　竹内康人さん
「強制動員の歴史を否定する産業遺産情報センターの展示」
　　　　　　強制動員真相究明ネットワーク事務局長　　中田光信さん
「産業遺産国民会議の財務表問題について」
　　　　　　強制動員真相究明ネットワーク事務局次長　　小林久公さん
韓国からの報告「なぜ強制動員被害者の声が聞こえないのか」
　　　　　　民族問題研究所資料室長　　金丞垠（キムスンウン）さん
＜地域からの報告＞
▽長崎の朝鮮人強制労働
　　　　　　岡まさはる記念長崎平和資料館・副理事長　　新海智弘さん
▽長崎における中国人強制労働
　　　　　　長崎の中国人強制連行裁判を支援する会　平野伸人さん
▽三井三池炭鉱と強制労働
　　　　　　前大牟田地区高等学校人権・同和教育研究協議会会長　　城野俊行さん

主催　強制動員真相究明ネットワーク

（連絡先）〒657-0064　神戸市灘区山田町3-1-1（公財）神戸学生青年センター内

ホームページ：https://www.ksyc.jp/sinsou-net/　mail mitsunobu100@hotmail.com 携帯 090-8482-9725

強制動員真相究明
ネットワークニュース No.18 2021年4月9日

編集・発行：強制動員真相究明ネットワーク

（共同代表／飛田雄一、庵逧由香　事務局長／中田光信　事務局次長／小林久公）
〒657-0064　神戸市灘区山田町 3-1-1 (公財)神戸学生青年センター内
ホームページ：https://ksyc.jp/sinsou-net/　　E-mail：mitsunobu100@gmail.com（中田）
TEL 078-851-2760 FAX 078-821-5878（飛田）　郵便振替＜00930-9-297182　真相究明ネット＞

＜目　次＞

「明治産業革命遺産における強制動員の歴史を伝える」集会報告　　-2-

　　　　　強制動員真相究明ネットワーク会員　竹内康人

第13回研究集会報告　　-5-

　　地方都市・戦後世代・戦後補償運動―コリア・プロジェクト＠富山の活動から

　　　　　コリア・プロジェクト＠富山　堀江節子

旧植民地出身労働者の無縁仏合葬についての要請書を出すにあたっての私の問題意識　-7-

　　　　　強制動員真相究明ネットワーク会員　下嶋義輔

＜「明治産業革命遺産」取組み関連資料＞

内閣府・産業遺産情報センターの展示の改善と産業遺産国民会議による

　　センターの運営委託の中止などを求める要請書（2021年2月6日付）　-9-

ユネスコ世界遺産委員会への報告書　　-11-

世界遺産委員会は日本政府に対し「明治日本の産業革命遺産」の広報施設「産業遺産情報センター」の展示の改善の勧告をすべきである

　　　　　　　　　　　　　　　　　　　　　　　　　　（英文）　-16-

＜シンポジウム開催案内＞

「明治産業革命遺産の展示を問う！」　-22-

2021年5月22日（日）14:00～16:00　zoomで開催

会費納入のお願い　-23-

1

10.18「明治産業革命遺産における強制動員の歴史を伝える」集会報告

強制動員真相究明ネットワーク会員　竹内康人

2020年10月18日、強制動員真相究明ネットワークによる「明治産業革命遺産における強制動員の歴史を伝える」集会がオンラインでもたれ、90人ほどが参加した。この集会での報告をまとめると次のようになる。(文中敬称略)。

1　明治産業革命遺産の問題

産業遺産では、資本・労働・国際関係の視点から複合的にみるべきである。しかし、明治産業革命遺産では明治の産業化、技術導入だけが賛美され、労働や戦争などの国際関係については示されない。産業遺産では、全体の歴史を記すべきであり、戦時の強制労働についての記述は欠かせないが、明治と区分することで示そうとしない。

この明治産業遺産の物語は萩の城下町を起点とする産業化によって日本が世界で地位を確立したという成功の物語であり、それを普遍的価値としている。しかし、八幡製鐵所、三池炭鉱、高島炭鉱、長崎造船所などで戦時に強制労働がなされたのは事実である。それが示されない。

ユネスコは世界遺産を通じて心の中に平和の砦を作ることを求めている。強制労働を認知し、その現場から平和や友好を作ることが大切である。強制労働被害者は存在したのであり、その否定は許されない。事実を認めることから友好や平和が始まる。

2　日本政府の対応の問題

日本政府は、官邸主導で明治日本の産業革命遺産を推進した。2015年の世界遺産登録に際し、「意思に反して連れて来られ」「厳しい環境の下で働かされた」と発言したが、その直後、政府担当者は「強制労働には当たらない」と発言した。また、韓国政府や被害者との対話をすすめることはなかった。

2015年の「働かされた」という言葉は、2017年の「保全報告書」では「支えていた」という表現に変わった。朝鮮人労働については戦前・戦中・戦後の調査とされ、中国人・連合軍捕虜の強制動員については記されなかった。

政府は産業遺産情報センターを東京に設置するとし、産業遺産の調査研究やのセンターの展示内容を産業遺産国民会議に委託した。政府から産業遺産国民会議への2016年から19年にかけての調査研究費は約5億円、2020年の運営業務委託費は約4億3千万円であり、9億円を超える金額を政府から流れている。その調査報告書の内容を情報開示したが、主たる内容での黒塗りの箇所が多い。

日本政府は、強制労働の事実を認め、全体の歴史を展示し、関係者と対話する場を持つべきである。また、産業遺産国民会議への業務委託は止めるべきである。

3　産業遺産国民会議の問題

産業遺産国民会議は加藤康子が専務理事となり、中心になって活動している。加藤康子は安倍晋三の友人であり、それが官邸主導での世界遺産登録につながった。当時、和泉洋人、木曽功らが加藤と共に推進役となった。加藤康子は内閣官房参与となって世界遺産登録を進め、産業遺産国民会

議へと多額の委託もなされるようになった。それは利益相反の状態にあったとみることができる。安倍政治の特徴は行政私物化であるが、ここでも同様である。

産業遺産国民会議は2013年に設立された。この国民会議の目的は、産業を支えた名もなき人々の尊い文明の仕事を次世代に継承することとされているが、実際の活動では、労働者の視点が示されず、明治を賛美し、戦時の強制労働を否定する活動が目立つ。国民会議は、法人登記簿謄本では、学術・科学技術及び文化の振興、国際相互理解の促進に寄与することを目的にあげている。しかし、強制労働否定の言辞は、韓国との国際対立を生んでいる。貸借対照表などの決算書も公告しないまま、これまできていた。評議員会が開かれていない年もある。

世界遺産登録後、国民会議は、軍艦島を事例に、強制労働の、否定を宣伝するようになった。映画「軍艦島」はフィクションであるが、ドキュメントのように見なし、強制労働はなかった、地獄島ではないとする。強制動員された被害者からの聞き取りは示さず、元端島島民の「差別も虐待もなかった」という証言を無批判に示す。動員被害者の証言については細部まで批判して採用することをしないが、元島民の証言については伝聞による証言を含め、無批判に採用している。

国民会議による宣伝は、元端島島民の郷愁を利用し、観光地化に向けての都合のいい物語に過ぎないが、歴史の事実を否定するものである。そのような物語の背景には、韓国の植民地化を合法・正当とし、戦時の「東洋平和」「内鮮一体」「産業報国」「肉弾特攻」（増産強化）のスローガンを肯定する認識があるとみられる。過去の歴史を反省しないのである。

4　産業遺産情報センターの問題

産業遺産情報センターの展示は、このような国民会議の資料を使い、強制労働を否定するものになった。情報センター長は加藤康子である。展示内容は産業遺産国民会議によって作成された。その内容は「動員被害者の声を聞かない」ものである。

また、センターの見学は「コロナ対策」を口実に制限され、自由な閲覧はできず、ガイドによる見学となり、センター側がビデオ撮りをおこなって監視することがある。

加藤康子はセンター見学者の行動や発言が気に入らないと、氏名や発言内容を雑誌「HANADA」に無断で公表している。それは、公的施設のセンター長として知りえた個人情報を無断で公開する行為であり、運営者としての資質に欠けていることを示す。

情報センターは政府の施設であり、学芸員を配置しての全体の歴史の展示が求められる。産業遺産国民会議による強制労働の歴史を否定する展示は改善されなければならない。この間の展示状況は、国民会議の展示委託が失敗であることを示している。

5　数多い動員被害者の証言

韓国での日帝強占下強制動員被害真相究明委員会設立後の真相究明の活動により、多くの証言が収集されている。委員会が出版した証言集には219件の証言が収録され、明治産業革命遺産の施設に関しては12人の証言がある。報告書類にも数多くの証言が収録されている。

証言集には、八幡製鉄への動員者には李天求（1942年）、長崎造船への動員者には任元宰（1942年）、金鐘述（1944年）がいる。サハリンから1944年に高島炭鉱（高島・端島）へと二重動員された者には、金致龍（高島）、鄭福守（高島）、孫龍岩（高島）、文甲鎮（端島）、黄義学（端島）らの証言がある。

サハリンからの動員者の証言には、「サハリンでは罪人扱いし、長崎では犬豚扱いだった」というものがあるが、この一言は彼らの苦痛を代弁するものである。

委員会は、端島については、端島の死亡者火葬関係資料を分析し、さらに15人の証言を収録した調査報告書を刊行している。そこには、生存者による厳しい監視と激しい殴打についての証言がある。なかには、逃亡者が連れ戻され、拷問を受けたという証言もあり、地獄島、監獄島と呼ばれた理由がわかる。

3

6　対立・排斥ではなく友好・親善にむかう展示を

　産業遺産情報センターでは動員被害者についての証言が示されない。長崎の市民団体の調査では、端島での徐正雨、崔璋燮などの証言が収集され、日本人の元島民のTSは、朝鮮人は1階や地下に入れられ、人間扱いされていなかったと証言している。情報センターの展示は文献記録をふまえ、証言を位置づけるという作業をおこなうことなく、「差別や虐待はない」という証言を恣意的に構成するものである。それは元島民と被害者を対立させ、日本人と韓国人を対立させることになりかねないものであり、友好・親善よりも対立・排斥に向かうものである。

　長崎県議会は、2017年に明治産業革命遺産に関する意見書を採択しているが、それをすすめた議員のブログをみると、「軍艦島を守ることは日本を守ること」などと記されている。
このように産業遺産問題をナショナリズムへと煽るものがいる。そのような展示になってはならない。日韓の友好・親善のために何かをしたいという気持ちを持つような展示が求められる。

　高島炭鉱を経営していた三菱鉱業の継承企業、三菱マテリアルの中国人強制連行に関する対応をみれば、被害者による裁判闘争が起きるなか、三菱マテリアルは下請け事業所を含め連行中国人の使用者責任を認めたうえで、痛切な反省と深甚なる謝罪を表明し、和解をすすめた。2016年6月の和解合意では、一人当たり10万元（約200万円）支払い、事業所跡地への追悼碑建設、追悼のための遺族招聘などが提示された。企業がその気になれば、解決できるのである。それが友好への道となる。

　三池炭鉱があった大牟田市内には朝鮮人の追悼碑が2つあり、大牟田市や三井は強制労働の事実を認め、土地を提供し、資金を支出した。世界遺産の観光地化により、不都合なことを隠したがる傾向はあるが、産業遺産としてだけでなく、「囚人労働」「強制連行」「与論労働者の権利闘争」など人権課題が見える現場としての価値があり、人権学習の学びの場として活用する方向が求められる。現場で体感することが大切であり、市民団体による人権冊子の発行（日本語と朝鮮語）やフィールドワークもなされている。

　そのような活動が、ユネスコ憲章にあるような「心に平和のとりで」を形成し、友好親善の基礎となる。

　今後公開される日韓の市民団体による共同サイト「日本の産業遺産　歪曲の現場と抜け落ちた真実」では、歴史否定ではなく、事実を見つめ、その過去を克服することで未来を展望するための資料を提示していきたい。

　集会での報告内容は以下である。

「明治産業革命遺産と強制労働」竹内康人（強制動員真相究明ネット）

「強制動員の歴史を否定する産業遺産情報センターの展示」中田光信（真相究明ネット）

「産業遺産国民会議の財務表問題について」小林久公（真相究明ネット）

「なぜ強制動員被害者の声が聞こえないのか」金丞垠（民族問題研究所）

「長崎の朝鮮人強制労働」新海智弘（岡まさはる記念長崎平和資料館）

「長崎における中国人強制労働」平野伸人（長崎の中国人強制連行裁判を支援する会）

「三井三池炭鉱と強制労働」城野俊行（前大牟田地区高校人権・同和教育研究協議会会長）

「韓国被害者の訴え」李煕子（太平洋戦争犠牲者補償推進協議会）

第13回強制動員全国研究集会（2021年2月20日）
「語りつぐ強制連行の歴史－富山（北陸）編」報告

報告テーマ及び報告者

＜富山（北陸）の取組み＞

①地域から戦争と平和・人権を考える機会に－

『平和と人権とやまガイド』を作成して

富山県歴史教育者協議会松浦晴芳さん

②黒部川電源開発と朝鮮人

コリア・プロジェクト@富山堀江節子さん

③不二越女子勤労挺身隊訴訟闘いの報告

不二越強制連行・強制労働訴訟を支援する北陸連絡会事務局中川美由紀さん

④「石川県七尾港への中国人強制連行」

七尾強制連行への戦後補償を実現する会角三外弘さん

＜各地域の取組み＞

⑤「韓国で神岡鉱山労働者遺骨の遺族を捜す」

強制動員真相究明ネットワーク会員下嶌義輔さん

⑥「長生炭鉱の新しい証言について」

長生炭鉱の水非常を歴史に刻む会共同代表井上洋子さん

⑦「大阪空襲の朝鮮人犠牲者の遺家族はどう生きたか」

「天理市の旧柳本飛行場敷地内の説明板問題について」

大阪空襲75年朝鮮人犠牲者追悼集会実行委員会川瀬俊治さん

⑧「ここが問題、産業遺産情報センター」

強制動員真相究明ネットワーク会員竹内康人さん

集会の報告資料集は

ネット検索で「強制動員真相究明ネットワーク」へアクセス。https://www.ksyc.jp/sinsou-net/
「第13回研究集会富山ZOOM、資料集」の「資料集」をクリックするとダウンロードできます。
－直接ダウンロードする場合は下記から－

https://www.ksyc.jp/sinsou-net/20210220toyama-zoom.pdf

地方都市・戦後世代・戦後補償運動－コリア・プロジェクト@富山の活動から

コリア・プロジェクト@富山　堀江節子

　第13回第全国研究集会「語りつぐ強制連行の歴史－富山（北陸）編」では、「コリア・プロジェクト@富山」（以下コリアP）は名ばかりの協賛と三テーマで報告をした。よい機会を与えていただき感謝し

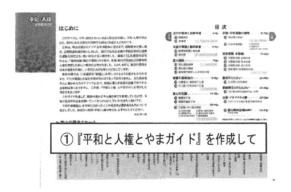

①『平和と人権とやまガイド』を作成して

ている。コロナ禍で延期、オンラインになって富山に来ていただいて米騒動やイタイイタイ病問題などを紹介する機会を逃したのは惜しい（富山に来られることがあれば案内します）が、幅広い人たちが参加されたのはオンラインのおかげであった。

今回の発表内容は「報告集」に任せて、コリアＰの趣旨や運営方法は、人口の少ない地方での運動に向いていそうなので、紹介したい。

2009 年当時も「慰安婦」問題などで韓国との関係は相変わらずだった。韓国との歴史認識の共有だけでは問題は解決せず、「女性の人権」からアプローチすることで新しい展望が開けるのではないかと、関心をもっている人に声を掛けて、「戦争と女性の人権を考える集い」を開催した。ちょうど在特会が盛んだったころで、開催前から妨害を受け、当日も会場に押しかけられた。しかし、事前にメディアが大きく報道し、多くの人たちの協力で、池田恵理子さんの講演と映画「オレの心は負けてない」上映は大成功だった。

翌年 2010 年は「韓国併合」から百周年だった。不二越勤労挺身隊問題、教科書問題、右派研究、「慰安婦」問題などに取り組む人たちが集まり、コリアＰ主催で、「連続講座『韓国併合』

②黒部川電源開発と朝鮮人

富山という地域にこだわり、自分たちが知らなかったことを学び、学んだことを運動に生かしたいと、「韓国との善隣友好」と「在日の人権」を課題に（近年、「アジアの平和」を加えた）、6 回の講座を組んだ。スタートから乗りに乗って、キックオフには「趙博コンサート」を行い、平和・戦跡フィールドワークも含めて１１回も講座・イベントを楽しんだ。高橋哲也さんの講演は 300 人の会場がいっぱいになった。

１年だけのつもりだったのが、いつのまにか 11 年目となった。「在日」のお話を聴く会やチャンゴコンサート、韓国料理実習、韓国留学生との交流、韓流ドラマ、映画上映会、韓国交流ツアーなども行った。光州の高校生との交流も楽しかった。各地の講師に来てもらい、またメ

③不二越女子勤労挺身隊訴訟闘いの報告

ンバーが講師となり、硬軟取り混ぜた幅広い企画に、多様な年代の参加者が意見交換した。大都市では問題別に会があるが、富山ではそうはいかない。その代わり、多様な関心をもつ運営委員が企画を練った。こうして学ぶなかで多角的視点が形成され、クロスオーバーした企画ができた。地域や市民の身近な問題として考えることもできた。

ところが、10 年過ぎると 60 代の人も 70 代になり、遠方の人は参加が難しくなった。参加者も固定してきた。そして、このコロナ禍である。メーリングリストで週１回ほどランダムに情報を発信しているが、講座は昨年 3 月に開いたきりになっている。それでも、2 月の研究集会には 10 数人がオンライン参加したようだ。

日本周辺の国際環境は厳しさを増している。2021 年度は 12 年目、ぼちぼち始めてみようか。

旧植民地出身労働者の無縁仏合葬についての
要請書を出すにあたっての私の問題意識

強制動員真相究明ネットワーク会員　下嶌義輔

李道致さんの故郷の田園風景

　いきなり固い表題のニュースになりましたが、事の始まりは、浜松の竹内さんからの紹介で2020年10月13日と14日朝日新聞の記者を案内して神岡鉱山やダム・発電所と飛騨地方の朝鮮人労働者遺骨の状況を見てもらいました。（記事は、2020・12・11 夕刊　現場へ！強制労働の足跡をたどる⑤阿久沢悦子記者）

　この時、高山市と飛騨市にある2007年の「朝鮮・韓国の遺族とともに」のフィールドワークで回ったお寺を3ヶ寺訪問しました。その中で曹洞宗のお寺は朝鮮人の遺骨はもうお寺にはなくなっていて一か所に集められているようでした。その集めた遺骨をどうするのかは、まだうかがっていません。

　実は、韓国へ留学中この曹洞宗のお寺にあった李道致さんという方の遺族を探すのも韓国に留学した目的のひとつだったのです。残念ながら遺族はいないことがわかりましたが、調査の際に出会った人たちはとても協力的でした。

　金蓬洙さんが2000年に出した「ピッタム」の中で「神岡にて」という文を書いていますが、その中の名簿に － 李道致　1895年4月1日生　土工　慶尚北道義城郡　船津「脳溢血」1941年3月13日没－とあり、私が当時調査した中で遺骨と名簿が合致した二人の中の一人でした。義城郡以下の住所は、曹洞宗が飛騨市に調査を依頼して調べてもらい判明しました。

　現地に行くと住所に〇〇面〇〇洞の洞が1洞と2洞があり迷いましたが、1洞で聞くと「ここは、義城金氏という一族だけが住む村だ。」といわれ2洞を中心に調べました。しかし、現地ではほとんど何もわかりませんでした。しかし、面事務所には李道致さんとともに家族の戸籍も残っており、その情報を今回は提供いただきました。

　今回の取材に兼ねて遺骨のあった曹洞宗のお寺に調査の時撮ってきた李道致さんの故郷の写真をご遺骨に見ていただこうとパソコンを持って行き見てもらおうとしましたが、すでにご遺骨は曹洞宗本部が回収されていました。

　ちょっと話がそれましたが、案内したお寺で話を聞いていくと2ヶ寺が無縁仏を合葬する予定があり朝鮮人労働者の遺骨も一緒に入れるという話なので、私は、「合葬すると個別性がなくなる」とお寺に朝鮮人の遺骨の合葬をしないように要請してきたところです。

7

いぜん九州で、遺族が情報をもとにお寺にたどり着いたのですが、遺骨はすでに合葬されていたといったことがありました。責任は合葬したお寺ではなく、働かせていた企業と遺骨の存在を知りながら調べようともしなかった国にあります。愛知県でも同じようなことがあったとおもいます。個別性がなくなるというのは遺族にとっては第二の死であると思います。

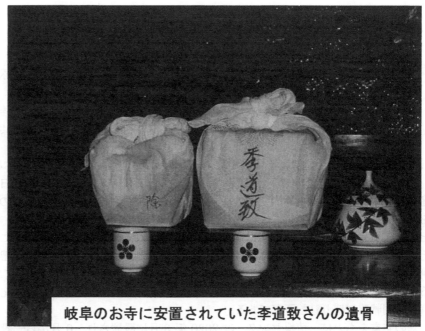

岐阜のお寺に安置されていた李道致さんの遺骨

そして、地方の小都市では、過疎化と少子高齢化や遺骨を預けて連絡の取れなくなる人などがあり無縁仏が増え続けていると聞きます。それで供養塔を建て合葬するというお寺が増えているのだろうと思います。

個別性を保ったまま遺骨を遺族にお返しすることは強制労働をさせた日本人として最低限の任務であり、そのために今回の全日仏への要請を考えました。

事務局より

下嶋さんの記事にありますように、日本政府が動かないなかで時間の経過とともに「合葬」の問題だけでなく強制動員被害者の遺骨を「家族の元へ還す」ことがますます難しくなっていく状況を迎えています。ネットワークとしても、この問題に関してまず全日本仏教会へ遺骨の「個別性」が失われてしまう合葬についての要望書の提出を現在検討しているところです。

2021年2月6日

内閣総理大臣　菅義偉　様

内閣府・産業遺産情報センターの展示の改善と
産業遺産国民会議によるセンターの運営委託の中止などを求める要請書

強制動員真相究明ネットワーク
共同代表　庵逧由香　飛田雄一

1.　産業遺産国民会議による情報センターでの展示・運営は設置目的に反するものです

　産業遺産情報センター(以下、情報センター)は、2015年7月5日の「明治日本の産業革命遺産」の世界遺産登録時の日本政府代表団の発言に基づいて設置されました。その発言は次のものでした。「〔イコモス勧告を尊重し〕特に、『説明戦略』の策定に際しては、『各サイトの歴史全体について理解できる戦略とすること』との勧告に対し、真摯に対応する」。「より具体的には、日本は、1940年代にいくつかのサイトにおいて、その意思に反して連れて来られ、厳しい環境の下で働かされた多くの朝鮮半島出身者等がいたこと、また、第二次世界大戦中に日本政府としても徴用政策を実施していたことについて理解できるような措置を講じる所存である。」「日本はインフォメーションセンターの設置など、犠牲者を記憶にとどめるために適切な措置を説明戦略に盛り込む所存である。」

　この発言をもとに、情報センターは2020年3月に設置され、6月から一般公開されました。情報センターはこの「インフォメーションセンター」にあたり、「意思に反して連れて来られ、厳しい環境の下で働かされた多くの朝鮮半島出身者等」の展示や「犠牲者を記憶にとどめるために適切な措置」がなされるはずでした。この運営・展示は、産業遺産国民会議(以下、国民会議)に委託されましたが、その展示は、戦時の強制労働を否定するものとなり、犠牲者を記憶にとどめるものにはなっていません。それは、国との「産業遺産情報センターにおける普及啓発広報等委託業務の委託契約」での「勧告事項への対応を着実に行う」という記載に反するものです。

2.　産業遺産国民会議は国の調査委託で十分な調査を実施せず、自己資本を増殖しています

　国民会議は2016年度から4年間にわたり、明治産業革命遺産に係る産業労働やインタープリテーションに関する調査・研究で計4億9351万円、2020年度の情報センターの運営委託で4億3千万円など、総額で9億3571万円を政府から得ています。その結果、1億円の自己資本を増殖しています。

　国民会議が受託した調査研究では、強制労働を否定する論文やインタビュー記録などを収集し、強制動員された被害者の記録は収集されていません。ユネスコの求める「全体の歴史」に関する調査・分析として不十分なものです。また、産業発展の過程で犠牲となった人々の歴史についても十分な調査がなされていません。この調査委託の成果報告について、国は情報公開請求に対して主要部分を黒塗りでしか公開していませんが、このような調査は国際的な約束を履行しない不誠実なものであり、契約相手方として不適当であることを示すものです。

3.　産業遺産国民会議への国の委託は、公共機関の私物化による利益相反行為です。

　2015年から2019年まで国民会議の加藤康子専務理事は内閣官房参与を務めていました。また、内閣参与を辞職してからも引き続き「稼働資産を含む産業遺産に関する有識者会議」委員、「明治日本の産業革命遺産の保全委員会」副会長、その下にある「インタープリテーションワーキンググループ」(以下、WG)の座長の任についています。このWGの設置要綱では、加藤氏が座長と明記され(設置要綱2条2)、インタープリテーションの推進では「産業遺産国民会議の助言を受ける」(同2条6)と記されています。

　加藤氏と産業遺産国民会議がインタープリテーションの推進の中心的役割を果たすように仕組まれているのです。それにより、強制労働を否定する歴史認識を持つ加藤氏とその団体に利益が誘導され、国の施設を使っての一方的な歴史認識の宣伝がなされています。国民会議専務理事であり、内閣官房参与、保全委員会副会長、WG座長の地位にある加藤氏の意向が反映され、公共組織が私物化され、国民会議へと業務委託がなされていたのです。そのような委託は利益相反行為です。

9

4. 加藤康子センター長は公的施設管理業務を行う資質を有してはいません

加藤センター長は公的施設であるセンター長として知り得た見学者の個人情報を産業遺産国民会議専務理事の名で雑誌（月刊 Hanada2020 年 9 月号など）に掲載しています。そこでは個人情報の守秘義務を無視し、特定の新聞社や個人の行動を非難しています。強制動員の真相究明の活動を「反日」と中傷しています。それは管理者としての資質に欠ける姿を示すものです。

5. 産業遺産国民会議は「一般社団法人及び一般財団法人に関する法律」に違反してきました

産業国民会議は、財団設立時から、「一般社団法人及び一般財団法人に関する法律」に定められた決算の公告を怠っていました。それは過料の対象となるものです。市民団体から再三指摘を受け、ようやく昨年 10 月に過去 7 年分の決算を官報に公告しました。国民会議は法に反する状態を続けてきたのです。

6. 虚偽記載と法律違反は現在も続いています

産業遺産国民会議の現在の事務所(東京都中野区)に電話をかけると職員が出ます。そこは登記簿に登記されている住所ではありません。私たちが弁護士に依頼して 2020 年 9 月 5 日に産業遺産国民会議の登記簿上の住所(東京都中央区日本橋萱場町三丁目 2 番 10 号)に出した郵送文書は、宛所不明で返送されてきました。主たる事務所が長期にわたり移転しているにも関わらず、現時点でも、移転登記をしていません。登記法違反と契約書の虚偽記載の状態が続いているのです。

7. 国民会議による委託業務は、故意による役務の粗雑、不正にあたり、その能力を有していません。

「予算決算及び会計令」（1947 年勅令第 165 号）では、国の入札資格として「一般競争に参加させることができない者」を「当該契約を締結する能力を有しない者」であるとし、「一般競争に参加させないことができる者」としては、「契約の履行に当たり故意に工事、製造その他の役務を粗雑に行い、又は物件の品質若しくは数量に関して不正の行為をしたとき」と規定しています。

国民会議は、動員被害者の資料収集を行わずに、一方的に強制労働の否定を宣伝しています。「意思に反して連れて来られ，厳しい環境の下で働かされた多くの朝鮮半島出身者等」を示さず、「犠牲者を記憶にとどめるために適切な措置」についても示さないわけですから、展示は世界委員会での国際約束に反するものです。それは、「勧告事項への対応を着実に行う」とする受託契約にも反する行為なのです。

このようにみれば、国民会議は、「予算決算及び会計令」での「契約を締結する能力を有しない者」にあたり、一方的な展示は、「故意による」「役務の粗雑」にあたります。センター長による雑誌での個人情報の暴露や中傷は委託契約での「不正の行為」にあたります。

「予算決算及び会計令」に基づいて内閣官房・内閣府が定める「物品等の契約に係る指名停止等措置要領」の別表 2 には「虚偽記載」、「契約違反」があります。現状での国民会議の虚偽記載と法律違反は指名停止の措置にもあたります。

このように国民会議の不誠実な実態は、国の契約相手方としては不適当です。産業遺産国民会議に国の委託が続けられることは適切ではありません。国の入札からは排除し、委託は中止すべきです。

よって、以下を要請します
1. 産業遺産国民会議への情報センターの運営委託を中止すること
2. 「不正・不誠実」な行為を続ける産業遺産国民会議を入札から排除し、指名停止とすること
3. 情報センターの展示に「厳しい環境の下で働かされた多くの朝鮮半島出身者等がいたこと」を示し、「犠牲者を記憶にとどめるために適切な措置」の場とすること、その展示を改善するまで、閉館すること
4. 今後の展示、運営、管理については政府の直轄、あるいは大学等の信頼できる研究機関に委託すること
5. 加藤情報センター長に対し、個人情報の守秘義務違反を謝罪させ、再発防止策をとること

※本文書到着後、2 週間以内にこの要請に対する考え方を文書でご回答をお願いします。

連絡先　強制動員真相究明ネットワーク　事務局次長　小林久公
061-2273　札幌市南区豊滝 2 丁目 9-6　電話　090-2070-442

2021.04.03

ユネスコ世界遺産委員会への報告書

世界遺産委員会は日本政府に対し「明治日本の産業革命遺産」の広報施設「産業遺産情報センター」の
展示の改善の勧告をすべきである

強制動員真相究明ネットワーク

　強制動員真相究明ネットワークは日中戦争から太平洋戦争にかけて日本政府によってなされた強制労働
の調査、その被害者の尊厳回復、その歴史の正しい継承をすすめる団体である。われわれは日本政府によ
る「明治日本の産業革命遺産」の広報施設「産業遺産情報センター」の展示が、歴史否定論の影響を受
け、強制労働を否定し、犠牲者を記憶しない展示になっていることを指摘し、その改善を呼びかける。

1　明治日本の産業革命遺産の主要施設では戦時に朝鮮人・中国人・連合軍捕虜の強制労働がなされた

　日本の幕末から明治にかけての急速な近代化により、日本は朝鮮を植民地とし、中国大陸を侵略し、アジ
ア太平洋戦争を経て、1945 年の敗戦に至った。日本は侵略戦争を遂行するために総力戦体制を構築し、植
民地の朝鮮・台湾からも人々を労務動員した。日本には朝鮮半島から約 80 万人、中国大陸から約 4 万人、
連合軍捕虜は約 3 万 6 千人が強制連行され、強制労働のなかで数多くの犠牲者が出た。
　石炭産業をみれば、過酷な労働や事故によって多くの犠牲者が出た。受刑者の強制労働もなされ、無名の
死者も多い。戦時中には朝鮮人・中国人・連合軍捕虜への強制労働がなされた。戦後には、三池炭鉱では 1
年に及ぶストライキが起きた。また 450 人以上が死亡、約 800 人が CO 中毒となった大きな炭鉱事故が起
きている。
　明治産業革命遺産の構成資産のうち、日本製鉄八幡製鉄所、三井鉱山三池炭鉱、三菱鉱業高島炭鉱、三菱
鉱業端島炭鉱、三菱重工業長崎造船所などで、朝鮮人 3 万人以上、中国人 4000 人以上、連合軍捕虜約 5000
人が動員された。戦時の強制連行は人道に反する罪であり、ILO 専門家委員会は朝鮮人・中国人の強制労働
について、強制労働に関する ILO29 号条約違反を指摘している。
　日本政府は、明治日本の産業革命遺産について、「西洋から非西洋国家に初めて産業化の伝播が成功した
ことを示す」ものであるとし、「対象期間」を 1910 年に限り、以後の歴史を対象外とした。しかし、強制労
働などの負の歴史を隠すことはできない。
　日本の明治期の産業化だけを賛美する説明は、国内外から批判を受けた。そのため、日本政府は 2015 年
の第 39 回世界遺産委員会で、「各サイトの歴史全体について理解できる戦略とする」、「具体的には 1940 年
代にいくつかのサイトにおいて，その意思に反して連れて来られ，厳しい環境の下で働かされた（forced to
work）多くの朝鮮半島出身者等がいたこと，また，第二次世界大戦中に日本政府としても徴用政策を実施
していたことについて理解できるような措置を講じる」、「インフォメーションセンターの設置など，犠牲者
を記憶にとどめるために適切な措置を説明戦略に盛り込む所存である」とステートメント[1]した。それによ
って世界遺産委員会は登録の承認を勧告したのである。
　世界遺産委員会において、この遺産の解説では、歴史全体の記述をおこなうこと、そこに戦時の強制労働
についても記されること、犠牲者を記憶にとどめる措置をとるということが約束されたのである。しかし、
日本政府は forced to work は強制労働ではないと説明するようになった。

2　日本政府は戦時の強制労働を否定し、犠牲者の記憶のない展示をすすめた

　登録時の勧告（g）の趣旨は、明治期の「顕著な普遍的価値」が対象とする期間だけでなく、戦時中の朝鮮
人強制労働などの歴史も含む「全体の歴史」を「説明」するということだった（第 39 回世界遺産委員会決
議 39 COM 8B.14）。
　それをふまえて日本政府は 2017 年に保全状況報告書を出した。その報告書の「インタープリテーション
計画の概要」(p49)では、以下の 9 つのステップを掲げた。(1)「全ての構成遺産で一貫した顕著な普遍的価

11

値の共通展示」、(2)「各サイトの「歴史全体」の更新」、(3)「朝鮮人労働者を含む労働者に関する情報収集」、(4)「産業遺産情報センター」(東京)の設置、(5) 略、(6)人材育成研修と研修マニュアル、(7)〜(9) 略。

しかし、この 2017 年報告書では勧告の趣旨が歪められていた。2015 年ステートメントにあった「働かせた」(forced to work)の文言は、産業を「支えていた」(support)と言い換えられ、強制を示す用語を排除した。また「朝鮮人労働者の徴用政策を含む戦前・戦中・戦後の在日朝鮮人に関する調査」を実施するとし、産業労働の語を用いて強制を示す表現を採用しなかった。さらに中国人・連合軍捕虜の関する強制労働の歴史についても記載されなかった。そして、産業遺産の保全の普及啓蒙のための施設として、東京に「産業遺産情報センター」を設置するとした。九州・山口地域に多くの遺産が集中しているにも関わらず、遠く離れた東京に情報センターをつくるとしたのである。

この報告書の作成に先立って実施された「インタープリテーション監査」では、歴史の専門家や関係資産の周辺の市民団体の声などはとりあげられなかった。日本政府及び関係者と県職員やボランティアが立ち会って意見聴取はなされたが、それ以外の意見は収集されなかったのである。このような手法は、産業遺産についての「ニジニータギル憲章」、「産業ヘリテージを継承する場所、構造物、地域および景観の保全に関する ICOMOS – TICCIH 共同原則」などに反するものであった。

2017 年の保全状況報告書を審査した第 42 回世界遺産委員会は改めて、対象期間に関わらず「歴史全体」についてインタープリテーションを行うこと、産業遺産情報センターが完成次第、インタープリテーション全体について報告すること、「関係者」との対話の継続などを勧告[2]した。

それに対して日本政府は 2019 年に保全状況報告書を出したが、その報告書の冒頭 1 エグゼクティブサマリーにおいて、「適切にインタープリテーションが実施された」、「関係者間において定期的に協議を行い、幅広い対話に努めてきた」と記載した。しかし、事前に行われたインタープリテーション監査の現地調査においては、関係遺産に関わる地域で活動する市民団体や歴史学者、ＮＧＯ、そして強制動員当事者の出身国である韓国政府などとの対話はなされてはいないのである。

3 一般社団法人産業遺産国民会議、加藤康子専務理事による強制労働否定のプロパガンダ

一般財団法人産業遺産国民会議は 2013 年 9 月、産業革命遺産の登録推進をすすめるために設立された。設立をすすめたのは遺産登録を推進した加藤康子氏であり、この団体の専務理事となった。また加藤専務理事は世界遺産登録にあたり、2015 年に内閣官房参与の地位を得て、内閣官房の中に入り込んだ。さらに加藤氏はこの遺産の保全委員会の副会長、その下のインタープリテーションワーキンググループの座長となり、内閣官房と産業遺産国民会議との関係を強めていった。

この団体のウェブサイトには、軍艦島と呼ばれる端島炭鉱に関して、「軍艦島の真実—朝鮮人徴用工の検証—」というサイトが置かれている。そこでは、元端島居住者による「朝鮮人差別はなかった」「みんな一緒に仲良く暮らした」などの証言映像を流している。また、朝鮮人強制労働に関する歴史や証言を記した著作をあげ、反論している。さらに「真実の歴史を追及する端島島民の会を応援しています」のバナーを掲げるなど、産業遺産全体でなく端島(軍艦島)だけをクローズアップするという特異な構成となっている。元端島居住者端島島民は強制労働はなかったと証言していると宣伝し、それを以て各地域でなされていた強制労働の事実自体を否定しようとしているのである。これは強制労働の歴史を否定するプロパガンダである。強制労働の歴史否定の志向を持つ加藤専務理事がこの宣伝をすすめている。

この団体は日本政府から、産業労働・インタープリテーションに関する調査研究と産業遺産情報センターの運営を受託した。2016 年から 19 年の 4 年間で約 5 億 5,600 万円の調査研究費が支払われた。また 2020 年度には産業遺産情報センターの普及啓発広報等業務を約 4 億 3000 円で受注した。国民会議は 10 億円近い資金を日本政府から得て、調査研究・展示運営を独占した。

政府から委託された調査研究報告は 2015 年のステートメントの実現に向けて作成されるものであり、インタープリテーションの基礎となる文書である。しかし、われわれが情報公開請求したところ、日本政府はその重要な部分を不開示とした。調査研究に当たって助言を得た有識者の肩書や氏名も非公開とされている。誰からどのような助言があったのかが明らかにされない。開示された箇所を見ても、近代以降の産業労働の「全体の歴史」について系統だった調査・分析の記載はない。

2016 年の報告書では強制動員された労働者と日本人との間に賃金差別はなかったとする韓国人研究者の論文が掲載されている。2017 年の報告書には、端島炭鉱に関係する年表、イラスト、新聞切抜きなどがあり、強制動員当事者ではない 3 人の元端島居住者のインタビューが収録されている。2018 年の報告書では、

12

三池炭鉱で中国人捕虜の監視をしていた元三井鉱山社員のインタビューが報告書全体の3分の1を占めているが、その社員は、朝鮮人強制連行を「集団就職」であったとし、強制動員を否定している。2019年度の報告書に至っては、全425ページのうち約半分が非公開であり、公開文書からはその内容を知ることができない。これらの調査は強制労働否定のための活動とみることができる。産業遺産情報センターの管理運営について記された文書は目次さえも非公開である。センターの展示パネルの全体像や管理運営の実態を知ることができない状態が続いている。

日本政府はこの非公開の理由に「国際機関との信頼関係が損なわれるおそれ」や「利害関係者からの妨害・介入を惹起するおそれ」などをあげている。これは批判を恐れての非開示であり、非開示理由として不当である。このように産業遺産の調査研究や管理運営の実態は隠蔽され、強制労働を否定する活動がすすめられているのである。

4 産業遺産情報センターは強制労働を否定し、見学者の人権や文化情報へのアクセス権を侵害している

2020年11月30日にユネスコに提出された「インタープリテーション戦略の実施状況についての報告」（日本政府・内閣官房）は、産業遺産国民会議による調査研究報告書に基づいて作成されたものであり、批判的な考察が求められる文書である。

「インタープリテーション戦略の実施状況についての報告」(p13)の「「歴史全体」のインタープリテーションの実施」に示される「各サイトの歴史全体の考察」の一覧には、強制労働の歴史の記載はない。「エリア別のインタープリテーションのあり方の検討」(p16)の項目にも取り上げられていない。「(3)旧朝鮮半島出身労働者等（朝鮮人労働者）を含む労働者に関する情報収集」(p18)に記載された情報は、この産業遺産国民会議が収集した強制労働を否定する資料である。

日本政府とその意向を受けた産業遺産国民会議による明治産業革命遺産解釈の問題点と「インタープリテーション戦略の実施状況についての報告」の問題点は、2020年に東京に設立された産業遺産情報センターに集約される形で示されている。この展示をみれば、2015年ステートメントが反故にされていることがわかる。その展示内容は、強制労働を否定し、犠牲者を記憶にとどめるものとなってはいないのである。

産業遺産情報センターは2020年6月15日から一般公開された。日本政府から運営を委託されたのは産業遺産国民会議であり、センター長は産業遺産国民会議の加藤康子専務理事である。

「ゾーン3 資料室」(p27)をみてみよう。この展示室について報告書では、第二次世界大戦中の日本政府の徴用政策について徴用の根拠となった法令や徴用された労働者への給与袋の展示パネル、戦前・戦中・戦後の厳しい生活・労働環境に関する証言映像その他幅広い関連資料や書籍が含まれ、世界遺産登録時の日本政府ステートメントを誠実に実施するものと記されている。

しかし、図16では、元端島居住者の顔写真が一面に並んでいる。強制労働を否定する証言者たちである。韓国や中国からの強制動員を証言する者の写真は含まれない。図17の「徴用関係文書を紐解く」では、朝鮮人の官斡旋、徴用による朝鮮人労務動員の資料が提示されているが、1939年からの集団募集による労務動員の文書が欠落している。1939年から45年のかけておこなわれた労務での朝鮮人強制動員の説明になっていない。図18、図27で示される証言映像はすべて元端島居住者であり、強制動員された当事者の映像は皆無である。

図30の「戦時中の三池炭鉱四山坑の思い出」は、朝鮮人強制連行は「集団就職」であり、強制労働はなかったと語る元三池炭鉱職員の青谷昭二の資料が紹介されている。三池炭鉱に動員された朝鮮人、中国人、連合軍捕虜の資料は全くない。図33は「元端島島民による戦前・戦中・戦後の生活状況に関する証言映像」であり、強制労働を否定する元端島居住者の手記が展示されている。図34は「元端島島民（在日韓国人2世）の証言パネル」であり、父が端島で働いていたが、戦時中に事故が増えたため端島から転出したという鈴木文雄氏（故人）の証言を紹介している。強制動員が激しくなった時期ではない体験談をあげ、強制労働が無かったかのように印象づけている。

図35の「徴用された日本在住台湾出身者の給与に関するパネル」は長崎造船所に国内徴用された台湾出身者の給与袋である。戦時に朝鮮から長崎造船所に動員された金順吉は当時のメモなどの資料や証言を残している。かれは日本の裁判で強制労働の事実を認定されている。しかしそのような資料は展示されない。長崎造船所に動員されていた連合軍捕虜の資料も示されていない。給与支払いを示す文書を掲げて、強制労働を否定しようとするのである。

このように、ゾーン3は戦時の強制労働の歴史事実を否定する内容となり、犠牲者を記憶する展示する内容にもなっていない。

13

さらに問題は、情報センターの運営方式である。入館案内は「ガイド付2時間ツアー」とされ、自由観覧が許されない（2021年2月現在、パンデミックによる緊急事態のために自由観覧状態）。また、著作権を理由に館内の写真撮影が禁止されている。世界遺産の説明施設での写真撮影は本来自由であるが、ここでは文化情報へのアクセス権が侵害されている。逆にセンター側が見学者をビデオ撮りして監視することもおこなわれている。

この情報センターが公開されると、日本や韓国のマスコミは2015年ステートメントに反するとみなして、その展示を批判した。また、日韓の市民団体65団体は「強制労働否定の展示に抗議し、強制労働被害の実態やその証言の展示を求める」という共同声明を発表した。

他方、加藤康子センター長は中国や韓国へのヘイト記事を掲げる右翼雑誌に寄稿し、そこで批判的な報道をおこなう記者や市民団体関係者の個人情報を暴露し、「反日報道」などと中傷する行為を繰り返すようになった。センター入館時に氏名を記録させ、入館者と問答しているが、センター長として知り得た内容を本人の許可も無く、雑誌に暴露したのである。これは公的施設の館長としての資質に欠ける行為である。センターのガイドが韓国批判を口走ることもある。

われわれは2020年に産業遺産情報センターの展示について、日本政府に対し、日本政府が強制労働の事実を認めること、端島だけでなく戦時に動員された被害者の証言・記録などを収集し「全体の歴史」を展示すること、韓国政府や市民団体など「関係者との対話」の場を持つこと、歴史関係学会など専門家から意見を聴収したうえで適切な展示内容とすべきこと、産業遺産国民会議への事業委託を中止することなどを求める要請書を提出した。しかしその後も全く是正されていない。そのため、2021年2月、「産業遺産情報センターの展示の改善と産業遺産国民会議によるセンターの運営委託の中止などを求める要請書」を改めて日本政府に提出した。

5　ユネスコの理念に合致する遺産への改善を

ユネスコの理念は憲章第1条「国際連合憲章が世界の諸人民に対して人種、性、言語又は宗教の差別なく確認している正義、法の支配、人権及び基本的自由に対する普遍的な尊重を助長するために教育、科学及び文化を通じて諸国民の間の協力を促進することによって、平和及び安全に貢献すること」に示されている。そしてユネスコは人類として後世に残すべき「顕著な普遍的価値」を有する自然・文化遺産の保護を目的として1972年に世界遺産条約をつくった。それは人類の知的精神的連帯を願っての行動である。

また、2001年ダーバン宣言が指摘するように格差・貧困・差別の問題の背景には奴隷制や植民地主義がある。このような認識をふまえれば、近代産業遺産の「顕著な普遍的価値」を考えるにあたり、産業の発展とともに生起した戦争や強制労働など様々な負の歴史にも目を向けなければならないのである。

2001年の第31回ユネスコ総会で採択された「文化的多様性に関する世界宣言」は文化的多様性の尊重を宣言した。そこでは、多元的で多様な文化的アイデンティティーを持つ民族や集団同士が共生できる文化的多様性が、現在及び将来の世代のためにも重要であると指摘されている。

近代産業遺産は産業発展の光の部分だけでなく陰の部分を抱えている。世界遺産での表現は、資本・労働・国際関係などの多様な視点で解説されるべきであり、自己中心的で不寛容なものであってはならない。多様性が示されるとともに、他の国家や集団の相互理解が得られるものでなければならない。

われわれは、明治日本の産業革命遺産でも、強制動員被害者など、産業発展のなかで犠牲となった多くの人々の声に耳を傾け、「全体の歴史」を後世に伝えることが大切であると考える。負の歴史の事実を伝えるなど、多様性が示され、その教訓を未来へと引き継ぐべきと考える。産業遺産情報センターは東アジア共同の犠牲者追悼施設の役割を持つべきであろう。われわれは、今おこなわれている産業遺産情報センターでの強制労働の否定や見学者への人権侵害の現実が変革されるべきと考える。

そのために、世界遺産委員会が日本政府に対して以下を勧告することを要請する。また、これらの問題について、世界遺産委員会が調査団を派遣し、関係するNGOなどとの意見交換の場を持つことを要請する。

1　産業遺産情報センターの展示内容を登録時の2015ステートメントに示されたものに改めること。また、その情報を全面公開すること。

2　産業遺産情報センターの展示、運営、管理について、産業遺産国民会議への委託を中止し、政府直轄、あるいは大学等の信頼できる研究機関に委託すること。

3　日本政府が、戦時の強制労働に関わる国や関係遺産地域の NGO、歴史学者など関係者との対話を進めること。

---

¹ 第 39 回世界遺産委員会での日本政府発言全文

議長，

日本政府を代表しこの発言を行う機会を与えていただき感謝申し上げる。

日本政府としては，本件遺産の「顕著な普遍的価値」が正当に評価され，全ての委員国の賛同を得て，コンセンサスで世界遺産登録されたことを光栄に思う。日本政府は，技術的・専門的見地から導き出されたイコモス勧告を尊重する。特に，「説明戦略」の策定に際しては，「各サイトの歴史全体について理解できる戦略とすること」との勧告に対し，真摯に対応する。

より具体的には，日本は，1940 年代にいくつかのサイトにおいて，その意思に反して連れて来られ，厳しい環境の下で働かされた多くの朝鮮半島出身者等がいたこと，また，第二次世界大戦中に日本政府としても徴用政策を実施していたことについて理解できるような措置を講じる所存である。日本はインフォメーションセンターの設置など，犠牲者を記憶にとどめるために適切な措置を説明戦略に盛り込む所存である。

日本政府は，本件遺産の「顕著な普遍的価値」を理解し，世界遺産登録に向けて協力して下さったベーマー議長をはじめ，世界遺産委員会の全ての委員国，その他関係者に対し深く感謝申し上げる。

² 第 42 回(2018 年)世界遺産委員会決議の勧告 g)に関係する部分の抜粋

世界遺産委員会は，

1　WHC/18/42.COM/7B の文書を審査した上で；
2　第 39 回世界遺産委員会（2015 年ボン）で採択された決議 39COM8B.141 を想起し；
3～6　略
7　インタープリテーションが全てのサイトで準備され，デジタル形式のツールが開発された一方，開設予定のインフォメーションセンターを含め更なる改善が図られる予定であることに更に留意し；
8　センターが完成され次第，インタープリテーション全体について改めて報告するよう締結国に更に要請し；
9　OUVによってカバーされている期間及びそれ以外の期間も含め，資産の歴史全体のインタープリテーションやデジタル形式のインタープリテーション資料に関する作業を引き続き行う上でインタープリテーション戦略に関する国際的なベストプラクティスを考慮に入れるよう締約国に強く促し；
10　関係者との対話を継続することを促し；（下線は真相究明ネットワークによるもの）
11　決議 39 COM 8B.141 を完全に履行するとともに，2020 年の第 44 回世界遺産委員会による審議に付するため，2019 年 12 月 1 日までに，資産の保全状況と上記の履行状況について更新した報告書を世界遺産センターに提出するよう締約国に更に要請する。

April 03, 2021

Report to the UNESCO World Heritage Committee

The World Heritage Committee should recommend that the Japanese Government make improvements to the exhibits at the Industrial Heritage Information Centre, the PR facility for the Sites of Japan's Meiji Industrial Revolution

Network for Research on Forced Labour Mobilization

The Network for Research on Forced Labour Mobilization is an organization that promotes research on the forced labour carried out by the Japanese Government from the Second Sino-Japanese War to the Pacific War, restoration of dignity for the victims of forced labour, and remembrance of the true history of forced labour. We hereto point out that the exhibits at the Industrial Heritage Information Centre, the PR facility for the Sites of Japan's Meiji Industrial Revolution, have been influenced by historical denialism, deny the history of forced labour, and fail to remember the victims of forced labour, and we call for improvements to be made to those exhibits.

1. At the main facilities of the Sites of Japan's Meiji Industrial Revolution, Korean, Chinese, and Allied POWs were put to forced labour during the war

During the rapid modernization of Japan from the Bakumatsu period to the Meiji period, Japan colonized Korea, invaded continental China, and waged the Asia-Pacific War which resulted in Japan's defeat in 1945. In order to wage its war of aggression, Japan established an all-out war system, and mobilized people for labour from Korea and Taiwan, which were under Japan's colonial rule at that time. Approximately 800,000 people from the Korean Peninsula, 40,000 from continental China, and 36,000 Allied POWs were mobilized by force to Japan, and a great number of people were killed, injured, and hurt, physically and mentally, under forced labour.

In the coal mining industry, severe working conditions and accidents brought about many casualties. Inmates were also put to forced labour, and there were many nameless deaths. Korean, Chinese, and Allied POWs were put to forced labour during the war. Even after the war, working conditions were so harsh that there was a major strike that lasted for over a year at the Miike Coal Mine. In 1963, a major accident at the mine killed over 450 people and injured over 800 people by carbon monoxide poisoning.

Among the sites included in the Sites of Japan's Meiji Industrial Revolution, Nippon Steel Yawata Steel Works, Mitsui Mining Miike Coal Mine, Mitsubishi Mining Hashima Coal Mine, Mitsubishi Heavy Industries Nagasaki Shipyard, and other sites mobilized more than 30,000 Koreans, more than 4,000 Chinese, and approximately 5,000 Allied POWs. Wartime forced labour is a crime against humanity. The International Labour Organization (ILO) Committee of Experts noted that the forced labour imposed upon conscripted Koreans and Chinese was a violation of the Convention No. 29, Forced Labour, 1930.

The Japanese Government stated that the Sites of Japan's Meiji Industrial Revolution "show that the spread of industrialization from the West to a non-Western nation succeeded for the first time," and limited the "relevant period" up to 1910, excluding the history that came after that. However, no one can hide the dark history of forced labour.

Such interpretation that only praises the Meiji-period industrialization drew criticism from inside and outside Japan. To address such criticism, the Japanese Government stated at the 39th Session of the World Heritage Committee in 2015[1]:

The Government of Japan respects the ICOMOS recommendation that was made from technical and expert perspectives. Especially, in developing the "interpretive strategy," Japan will sincerely respond to the recommendation that the strategy allows "an understanding of the full history of each site."

More specifically, Japan is prepared to take measures that allow an understanding that there were a large number of Koreans and others who were brought against their will and forced to work under harsh conditions in the 1940s at some of the sites, and that, during World War II, the Government of Japan also implemented its policy of requisition.

16

The Japanese government also stated:

> Japan is prepared to incorporate appropriate measures into the interpretive strategy to remember the victims such as the establishment of information center.

With these commitments on the part of the Japanese government, the World Heritage Committee recommended inscription of the Sites of Japan's Meiji Industrial Revolution: Iron and Steel, Shipbuilding and Coal Mining.

At the 39th Session of the World Heritage Committee, the Japanese Government promised to include the full history, including that of wartime forced labour, and to take measures to "remember the victims." However, the Japanese government explained that "forced to work" did not mean forced labour.

2. The Japanese government denied wartime forced labour and proceeded with the exhibits absent of memory of the victims

Recommendation g) made at the time of the inscription was that Japan prepare an "interpretive strategy" covering not only the period relevant to the determination of "Outstanding Universal Value," but also the "full history" including the history of wartime forced labour of "Koreans and others" (The 39th Session of the World Heritage Committee Resolution 39 COM 8B.14[2]).

With this recommendation in mind, the Japanese government submitted its State of Conservation Report of 2017. In the "Summary of the 'Interpretation Plan,'" (p. 49) the Japanese government set forth nine steps including: (1) "Consistent OUV rollout across all component parts"; (2) "Updates of the full history of each site"; (3) "Information gathering related to workers, including Korean workers"; (4) "Establishment of the 'Industrial Heritage Information Centre,' Tokyo"; and (6) "Human resource training programmes and training manual."[3]

However, the 2017 Report distorted the meaning of the recommendation made at the time of the inscription. The wording "forced to work" in the Japanese government's 2015 statement was replaced by "support," eliminating any word that suggested coercion. The 2017 Report also says that "research on Koreans in Japan before, during, and after the War, including research on the policy of requisition of Korean workers, should be undertaken." Using the word "industrial workers," it failed to adopt any expression that suggested coercion. Moreover, the Report had no reference to the history of forced labour of Chinese and Allied POWs. Additionally, the Report identified Tokyo as the venue for the Industrial Heritage Information Centre for the purpose of "dissemination and enlightenment of industrial heritage conservation." While most of the properties are concentrated in Kyushu Island and Yamaguchi Prefecture, the government planned to establish the Information Centre in faraway Tokyo.

The "Interpretation Audit" conducted prior to the drafting of this Report did not reflect the opinions of historians and the voices of citizens' organizations surrounding the component parts. Hearings were held in the presence of the Japanese government, concerned parties, prefectural staff and volunteers, but other opinions were not collected. Such method was in violation of the Nizhny Tagil Charter for the Industrial Heritage and Joint ICOMOS – TICCIH Principles for the Conservation of Industrial Heritage Sites, Structures, Areas and Landscapes.

Having examined the 2017 State of Conservation Report, the 42nd World Heritage Committee renewed its recommendation, stating that it "further requests the State Party to provide an update on overall interpretation upon completion of Information Centre," "strongly encourages the State Party to take into account best international practices for interpretation strategies when continuing its work on the interpretation of the full history of the property, both during and outside of the period covered by its OUV, and in the digital interpretation materials," and "encourages continuing dialogue between the concerned parties."[4]

In response, the Japanese government submitted the 2019 State of Conservation Report. Its Executive Summary reads, "Regarding items concerning interpretation, interpretation has been implemented properly based on the Interpretation Strategy," and "Regarding dialogue with concerned parties, discussions have been carried on regularly with those involved in the Sites of Japan's Meiji Industrial Revolution, as efforts have been made to engage in a wide range of dialogue."[5] However, the site visits by the Interpretation Audit conducted prior to the report did not involve dialogue with citizens' groups, historians, and non-governmental organizations in the areas where the component sites are located, or with the government of the Republic of Korea, a country from which many of the victims of forced mobilization came.

17

3. Koko Kato, Executive Director of the National Congress of Industrial Heritage, spreads propaganda denying the history of forced labour

The National Congress of Industrial Heritage was incorporated in September 2013 in order to promote the inscription of the Sites of Japan's Meiji Industrial Revolution on the World Heritage list. The key driver of the incorporation was Koko Kato, who promoted the World Heritage inscription, and she became Executive Director of this organization. At the time of the World Heritage inscription, she gained the post of Special Advisor to the Cabinet, and found her way into the Cabinet Secretariat. She also became Vice President of the Conservation Committee of the Sites of Japan's Meiji Industrial Revolution, and became Chair of the Interpretation Working Group of the Committee, strengthening the National Congress' relations to the Cabinet Secretariat.

The website of the National Congress of Industrial Heritage[6] links to a page on the Hashima Coal Mine, which is referred to as Gunkanjima. The page is titled "The Truth of Gunkanjima – Testimonies to Conscripted Korean Workers,"[7] and hosts videos of testimonies by former residents of Hashima, who say things like "there was no discrimination against Koreans," and "everybody lived in harmony." It also criticizes books that tell the history of forced labour and victims' stories. The National Congress of Industrial Heritage website has a peculiar constitution focusing only on Hashima (Gunkanjima) instead of on the component sites in their entirety. For example, it runs a banner that says it "supports the Association of Hashima Residents in Pursuit of the Truth of History." By propagating the testimonies by Hashima's former residents that there was no forced labour on the island, the National Congress attempts to deny the fact of forced labour at all the sites, not just Hashima. This is propaganda that denies the history of forced labour. Executive Director Koko Kato, who is inclined to deny the history of forced labour, is advancing this propaganda.

The National Congress of Industrial Heritage was entrusted by the Japanese government to carry out research related to industrial labour and interpretation and operate the Industrial Heritage Information Centre. It received 556 million yen in research funding from the government over four years, from 2016 to 2019. In 2020, it gained another contract of 400,003,000 yen to promote and raise awareness of the Industrial Heritage Information Centre. In total, the National Congress received almost one billion yen from the government and monopolized research and operation of the Information Centre.

The research report entrusted to the National Congress by the Japanese government was meant to serve as a basis for the government to fulfil the pledges made in its 2015 statement and to set the foundation for the interpretation. We requested disclosure of information, but the Japanese government refused to disclose many important details. The government also refused to disclose the names and titles of the experts who advised the research study. It was not made clear who gave what kind of advice. The parts that the government did disclose do not include any description of systematic research and analysis on the "full history" of industrial labour in modern Japan.

The 2016 report included a paper by a Korean scholar arguing that there was no wage difference between workers who were forcefully mobilized and Japanese workers. The 2017 report included a chronological chart, illustrations, and newspaper clippings related to the Hashima Coal Mine, as well as interviews with three former residents of the island who were not forced labourers. The 2018 report dedicated one third of its content to an interview with a former employee of Mitsui Mining who monitored Chinese captives at the Miike Coal Mine, who described the forced mobilization of Koreans as "mass employment" and denied that there was any forced mobilization. The 2019 report, which has 425 pages, had roughly half of the words redacted, making it impossible to discern what it was saying. It appears that these studies were conducted in order to deny the history of forced labour. The "Research study in preparation for the operational start of the Industrial Heritage Information Centre, 2019," the Japanese document on the management and operation of the Information Centre, which we obtained recently through a request for information disclosure, even had its table of contents blacked out (p36-). We have not been able to ascertain the overall picture of the exhibit panels at the Centre or how the Centre has been managed and operated.

To explain its refusal to disclose certain parts, the Japanese government cited reasons such as the "risk of damaging its relationship of trust with international organizations" and the "risk of inciting obstruction and interference by stakeholders." Fear of criticism appears to be the reason for non-disclosure, and such reason is unjustifiable. This is how the Japanese government covers up the research on the inscribed properties and the reality of the management and operation of the Information Centre and advances activities to deny the history of forced labour.

4. The Industrial Heritage Information Centre denies the history of forced labour and violates visitors' human rights and rights to access cultural information

The Report on the Implementation Status of the Interpretation Strategy submitted to UNESCO on November 30, 2020[8] by the Cabinet Secretariat of the Japanese government was based on the research reports by the National Congress of Industrial Heritage and requires a critical reading.

In the Report on the Implementation Status of the Interpretation Strategy, neither the "Consideration of the Full History of Sites" chart (Page 14) in the "Conducting interpretation of the 'full history'" section nor the "Studies of best practices for interpretation in each Area" (Page 17) presents the history of forced labour. Information presented in "(3) Information gathering related to workers, including former civilian workers from the Korean Peninsula and others" (Page 18) is from materials that the National Congress of Industrial Heritage collected to deny the history of forced labour.

The problems with the interpretation of the Sites of Japan's Meiji Industrial Revolution by the Japanese government and the National Congress of Industrial Heritage under the guidance of the government and the problems with the Report on the Implementation Status of the Interpretation Strategy come together in the Industrial Heritage Information Centre, established in Tokyo in 2020. It is clear from the exhibits at the Information Centre that the Japanese government broke the promise that it made in 2015. The exhibits deny the history of forced labour and do not remember its victims.

The National Congress of Industrial Heritage opened to the public on June 15, 2020. The National Congress of Industrial Heritage was entrusted to operate the Centre by the Japanese government, and the director of the Centre is Koko Kato, Executive Director of the National Congress of Industrial Heritage.

Taking a look at the "Zone 3 Reference Room" (pp. 27-40) in the Report on the Implementation Status of the Interpretation Strategy, it says, "The materials provided here include panel displays showing laws that were the basis of the Japan's policy of requisition during World War II, pay envelopes of a worker who was requisitioned, video testimonies about the harsh living and working conditions before, during, and after the war, and a wide range of other related materials and books. In such ways the Government of Japan has been faithfully implementing its commitment in line with the statement Japan made at the 2015 World Heritage Committee." (p. 34)

However, Figure 16 (p. 27) shows a wall full of head shots of former residents of Hashima in Zone 3 of the Information Centre. These are people who gave testimony denying forced labour on the island. There are no photos of people who testified about forced mobilization from Korea and China. Figure 17, "Describing documents related to the requisition policy" panel, shows documents related to the placement of Koreans by official mediation and Korean labour mobilization by conscription, but lacks any documents related to the labour mobilization by mass recruitment that started in 1939. It is not a complete explanation of the forced mobilization of Korean labour from 1939 to 1945. The testimony videos shown in Figure 18 and Figure 27 are all by former residents of Hashima, and there is no video of those who were forcefully mobilized.

Figure 30, "Reminiscences of the Yotsuyama Pit of the Miike Coal Mine during WWII," shows materials provided by Shoji Aotani, the former employee of the Miike Coal Mine who claimed that the Korean forced mobilization was "mass employment" and there was no forced labour. There are no materials there about the Koreans, Chinese, and Allied POWs who were mobilized to the Miike Coal Mine. Figure 33, "Video testimonies and diaries of former residents of Hashima Island depicting life before, during, and after World War II," shows the diary of a former resident of Hashima who denies that there was any forced labour there. Figure 34, "Testimony of a former Hashima Island resident (second-generation Korean in Japan) displayed on panel" introduces the testimony of the late Fumio Suzuki. His father worked at Hashima, but when the Pacific War started, accidents increased, and he left the island. Quoting someone like Suzuki, who lived on Hashima as a small child before forced mobilization intensified, is the Information Centre's way of creating the impression that forced labour did not exist on the island.

Figure 35, "Panel display about a salary for a requisitioned Taiwanese living in Japan" shows salary envelopes of a Taiwanese person who was conscripted within Japan to Nagasaki Shipyard. The Information Centre presents this material to show that salaries were properly paid to mobilized labourers, but omits other evidence, such as the notes from that time and the testimony of Kim Sun-gil, a labourer mobilized from Korea to Nagasaki Shipyard during the war. Even a Japanese court recognized the fact of illegal forced labour in Kim's lawsuit against Mitsubishi Heavy Industries. But the Information Centre shows no such materials. It does not show any materials about the Allied POWs who were mobilized to Nagasaki Shipyard either. By only showing the salary envelopes of a single Taiwanese labourer, the Information Centre is attempting to deny the history of forced labour.

As seen from the above, the content of Zone 3 of the Information Centre neither remembers the victims of forced labour nor recognizes the historical fact of forced labour; instead, it denies it.

A further problem with the Information Centre is how it is run. It allows only "guided two-hour tours" and does not allow free viewing (as of February of 2021, it allows free viewing while the COVID-19 emergency measures are in place). It prohibits taking photographs, citing copyright concerns. Visitors to the interpretative facilities of the World Heritage properties should be by right allowed to take photographs, but this Information Centre denies such rights to access cultural information. On the contrary, there have been cases of the Information Centre placing its visitors under surveillance by videotaping them.

When the Information Centre opened to the public, Japanese and Korean mass media criticized its exhibits, saying that they dishonour the Japanese government's 2015 statement. Moreover, in July 2020, 65 Japanese and Korean citizens' groups issued a joint statement titled "We protest the exhibits that deny forced labour, and we call for exhibits that show the truth of forced labour and the victims' testimonies."[9]

Meanwhile, Koko Kato, Director of the Information Centre, submitted articles to right-wing magazines that often publish hateful articles against China and Korea. In these articles, Kato exposed personal information of journalists and activists who wrote critically about the Information Centre, slandering them by describing the reports as "anti-Japan."[10] The Information Centre asks visitors to give their names upon entrance, and as Kato interacts with visitors, she gains information about them as the director of the Centre. She took advantage of this to expose personal information about some visitors to the magazines. Such behaviour is unacceptable for a head of a public institution. Guides at the Centre are problematic too, as they often speak slanderously about Korea and Koreans as they give tours of the Centre.

In 2020, we submitted a letter to the Japanese government calling on it to acknowledge the facts of forced labour, and to collect victims' testimonies and records of forced labour, not just of those who worked on Hashima, but also those who were mobilized during the war to other places, to show the "full history." We also urged the government to have "dialogue with concerned parties," namely, with the Korean government and citizens' organizations, to consult with historical experts and academic organizations to modify the content of the Information Centre to be more appropriate, and to stop entrusting the National Congress of Industrial Heritage with the operation of the Information Centre. However, the Japanese government has not addressed any of our concerns. This is why, in February 2021, we repeated our demands in a "letter of request to improve the exhibits at the Industrial Heritage information Centre and stop entrusting the National Congress of Industrial Heritage with the operation of the Information Centre" submitted to the Japanese government.

5. We call for improvements to achieve consistency with UNESCO ideals

The ideal of UNESCO is presented in Article I-1 of the UNESCO Constitution: "The purpose of the Organization is to contribute to peace and security by promoting collaboration among the nations through education, science and culture in order to further universal respect for justice, for the rule of law and for the human rights and fundamental freedoms which are affirmed for the peoples of the world, without distinction of race, sex, language or religion, by the Charter of the United Nations." In 1972, UNESCO adopted the Convention Concerning the Protection of the World Cultural and Natural Heritage, the purpose of which is for the "international community as a whole to participate in the protection of the cultural and natural heritage of outstanding universal value" for subsequent generations. It was an act for the sake of the intellectual and spiritual solidarity of all of humanity.

Additionally, as noted in the Durban Declaration of 2001, slavery and colonialism are underlying factors behind economic disparity, poverty, and discrimination. With recognition of such fact, we need to look at the dark history of war and forced labour which accompanied industrial development when we consider the "outstanding universal value" of modern industrial heritage.

The "Universal Declaration on Cultural Diversity" adopted at the 31st Session of the UNESCO General Conference stresses the importance of cultural diversity that ensures people and groups with plural, varied and dynamic cultural identities to live together, for the benefit of present and future generations.

Modern industrial heritage has both a bright side and a dark side. Interpretations at the World Heritage sites should be made from diverse perspectives, not just from the side of capital but from the side of labour as well, and with consideration to international relations. Interpretations should not be self-centred and intolerant. Diversity as well as understanding by other nations and groups must be ensured.

We believe, with regard to the Sites of Japan's Meiji Industrial Revolution, that it is important to listen to the voices of the many people who were victimized in the process of industrial development, such as forced labour victims, and pass down knowledge of the "full history" to future generations. We should present a diversity of facts, including the dark side of history, and pass on the lessons from this history to the future. The Industrial Heritage Information Centre should serve as a place of mourning and remembrance for the victims, a place that serves all East Asia in that regard. We strongly believe the current denial of the history of forced labour and the violation of visitors' rights should be corrected.

For that purpose, we request that the World Heritage Committee recommend the following to the Japanese government. In addition, we recommend that the World Heritage Committee send an investigation delegation and hear from NGOs and other concerned parties.

1. To correct the exhibits at the Industrial Heritage Information Centre to reflect the Japanese government's 2015 statement, and also to fully disclose all relevant information to the public.

2. To cancel the entrustment of exhibits, operation, and management of the Industrial Heritage Information Centre to the National Congress of Industrial Heritage, and instead form a research organization run directly by the government, or entrust a university or other trustworthy research institution.

3. To engage in dialogue with NGOs, historians, and other parties in the relevant countries concerning forced labour during the war.

Notes

---

[1] Inscription of the "Sites of Japan's Meiji Industrial Revolution: Iron and Steel, Shipbuilding and Coal Mining" on the UNESCO's World Heritage List (Statement by the Japanese Delegation at the 39th Session of the World Heritage Committee of UNESCO). https://www.mofa.go.jp/mofaj/pr_pd/mcc/page3_001285.html

[2] Decision : 39 COM 8B.14
Sites of Japan's Meiji Industrial Revolution: Iron and Steel, Shipbuilding and Coal Mining, Japan.
http://whc.unesco.org/en/decisions/6364/document/

[3] Cabinet Secretariat of Japan, "State of Conservation Report - Sites of Japan's Meiji Industrial Revolution:Iron and Steel, Shipbuilding, and Coal Mining (Japan) (ID: 1484)," Revised Version, 19 January 2018.
http://www.cas.go.jp/jp/sangyousekaiisan/pdf/siryou_en01.pdf

[4] "10. Sites of Japan's Meiji Industrial Revolution: Iron and Steel, Shipbuilding and Coal
Mining (Japan) (C 1484) Decision: 42 COM 7B.10," UNESCO CONVENTION CONCERNING THE PROTECTION OF THE WORLD CULTURAL AND NATURAL HERITAGE, WORLD HERITAGE COMMITTEE, Forty-second session, Manama, Bahrain, 24 June – 4 July 2018.
https://whc.unesco.org/archive/2018/whc18-42com-18-en.pdf

[5] Cabinet Secretariat of Japan, "State of Conservation Report - Sites of Japan's Meiji Industrial Revolution:Iron and Steel, Shipbuilding, and Coal Mining (Japan) (ID: 1484)," 2019.
http://www.cas.go.jp/jp/sangyousekaiisan/seikaiisan_houkoku/pdf/191129/siryou_en00.pdf

[6] National Congress of Industrial Heritage Website (In Japanese only). https://sangyoisankokuminkaigi.jimdo.com/

[7] This page is available in Japanese, English, and Korean. Here is the English page. https://www.gunkanjima-truth.com/l/en-US/

[8] Cabinet Secretariat Japan, "Report on the Implementation Status of the Interpretation Strategy
Sites of Japan's Meiji Industrial Revolution: Iron and Steel, Shipbuilding and Coal Mining (Japan) (ID: 1484)," November 30, 2020. http://www.cas.go.jp/jp/sangyousekaiisan/seikaiisan_houkoku/pdf/201130/siryou_en00.pdf

[9] 65 Japanese and Korean citizens' groups' statement "We protest the exhibits that deny forced labour, and we call for exhibits that show the truth of forced labour and the victims' testimonies."
https://181030.jimdofree.com/%E5%A3%B0%E6%98%8E-%E8%A6%81%E8%AB%8B%E6%9B%B8-1/20200714%E5%85%B1%E5%90%8C%E5%A3%B0%E6%98%8E/

[10] Here are two examples.
Koko Kato, "Kankoku ga sassoku kuremu 'Sangyo joho isan senta"[Korea quick to complain about the Industrial Heritage Information Centre], *Gekkan Hanada*, September 2021 Edition, published on July 21, 2020, pp.108-117.

Koko Kato, "Jijitu keishi Kankoku jushi no Nikkan media no giman"[Disregard for the truth: Delusion of pro-Korea media in Japan and Korea], *Gekkan Seiron*, October 2020 Edition, published on September 1, 2020, pp.160-168.

「明治産業革命遺産の展示を問う！」シンポジウム
2021年5月22日（土）14:00～16:00
zoomにて開催　参加費　無料
（カンパ歓迎！送金先：[郵便振替口座] 00930－9－297182 真相究明ネット）

2015年の「明治産業革命遺産」の世界遺産登録時の日本政府の「公約」に基づき設置された「産業遺産情報センター」が昨年6月に開館しました。しかしその展示は明治産業革命遺産が対象とする期間外も含めた「全体の歴史」を説明するものとなっていません。とりわけゾーン3「資料室」は端島（軍艦島）元島民の写真・インタビューが中心を占めるものとなり、強制労働を否定する展示となっています。「明治産業革命遺産」が取り上げる製鉄・製鋼、造船、石炭産業の労働現場では、強制動員が行われた時期だけでなく、その産業発展を支えた労働は過酷なものでした。このような産業発展での労働者の状態や朝鮮人、中国人、連合軍捕虜への強制労働の実態などを明らかにし、正しく後世に伝えることが大切です。そうすることで「明治産業革命遺産」はユネスコの世界遺産として真に普遍的価値を持つことになります。今回のシンポジウムではそのことを明らかにしたいと考えています。

QRコード

申込みはこちらから⇒　https://forms.gle/oXQWhb72UJ7ZcV3W7

申込みについての問合わせは⇒　shinsoukyumei@gmail.com　まで

＜プログラム＞

「明治産業革命遺産をめぐるこの間の経過」
　－強制動員真相究明ネットワーク事務局長　中田光信

「韓国の被害証言について」
　－ 韓国民族問題研究所責任研究員　金丞垠（キムスンウン）

「長崎の中国人強制動員について」
　－ 長崎の中国人強制連行裁判を支援する会・事務局長　新海智広

「九州における連合軍捕虜の強制動員について」
　－ＰＯＷ研究会共同代表　笹本妙子

「産業遺産情報センターの問題点と対応方案」
　－ユネスコ韓国委員会　全鎮晟（チョンジンソン）

討論者（コメンテーター）
　竹内康人（強制動員真相究明ネットワーク会員）
　金英丸（キムヨンファン）（韓国民族問題研究所対外協力室長）
　庵逧由香（強制動員真相究明ネットワーク共同代表）

主　催　強制動員真相究明ネットワーク
ホームページ：http://www.ksyc.jp/sinsou-net/　mail mitsunobu100@hotmail.com 携帯 090-8482-9725

【会費振込のお願い】

2021年度（2021年4月～2022年3月）の会費の振り込みをお願いいたします。

個人一口 3000 円、団体一口 5000 円（本ニュースを郵送で受け取られた方は、同封の振込用紙をご使用ください。）

送金先：［郵便振替口座］
00930－9－297182　真相究明ネット

強制動員真相究明

ネットワークニュース No.19 2021年11月17日

編集・発行：強制動員真相究明ネットワーク

（共同代表／飛田雄一、庵逧由香　事務局長／中田光信　事務局次長／小林久公）
〒657-0064 神戸市灘区山田町 3-1-1 (公財)神戸学生青年センター内
ホームページ：https://ksyc.jp/sinsou-net/　E-mail：shinsoukyumei@gmail.com
TEL 078-851-2760 FAX 078-821-5878（飛田）　郵便振替＜00930－9－297182　真相究明ネット＞

＜目　次＞

＜特集＞「第４４回ユネスコ世界遺産委員会決議」

「問われる産業遺産情報センター！ ７・２２ユネスコ決議とは?」シンポジウム」報告	-2-
強制動員真相究明ネットワーク　中田光信	
明治産業革命遺産に動員された韓国の被害者証言	
韓国民族問題研究所　責任研究員金丞坤（キム・スンウン）	-4-
明治産業革命遺産に対するユネスコ世界遺産委員会の勧告を支持します	-10-
第44回ユネスコ世界遺産委員会決議（部分訳）	-11-
第44回ユネスコ世界遺産委員会決議の履行を求める要請書	-15-

沖縄南部土砂埋め立て使用反対の運動が遺骨問題への関心高める

韓国政府を通じた沖縄戦韓国人遺族１７０名の照合要求に続き、

進展しない遺骨交渉に１１名が厚労省に直接集団申請行う

　　　　　　　戦没者遺骨を家族のもとへ連絡会　　上田慶司　　　-17-

朝鮮人強制連行に関する政府答弁書への声明

　　　日本政府は強制連行の歴史的事実と強制労働条約違反を認めよ！　-19-

旧植民地出身労働者無縁遺骨の「合葬」についてご配慮のお願い　　　-20-

【韓国真相究明委員会および支援財団発行書籍の日本語版の紹介】　　-21-

第２回強制動員ｚｏｏｍ講座案内・会費納入のお願い　　　　　-22-

1

「問われる産業遺産情報センター！ 7・22ユネスコ決議とは？」シンポジウム」報告

強制動員真相究明ネットワーク　中田光信

最初に「世界文化遺産の「顕著な普遍的価値」（OUV）とは何かを明らかにした今回のユネスコ決議」と題した報告で決議の意義を改めて確認した。勧告に先立ちユネスコとICOMOS（国際記念物遺跡会議）が共同で行ったセンターの調査報告書はセンターの展示には朝鮮人や連合軍捕虜など被害当事者の証言は無く「朝鮮人差別や強制労働はなかった」という端島元島民の証言だけが展示されていると指摘した。そして文化遺産の「解説と展示」についての「文化遺産の解説と展示に関するICOMOS憲章」（略称「ENAME憲章」）に従って各遺産について「全体の歴史」を「解説」することを求めた。ユネスコは「ダーバン宣言」と同じ年の2001年11月に「国際平和と安全保障実現のための最善策は、相互信頼と理解に基づいた文化的多様性、寛容、対話、協力の尊重」であるとして「文化的多様性に関する世界宣言」を採択した。そして2008年のENAME憲章では「解説は、遺跡の歴史的・文化的意義に貢献したすべてのグループを考慮に入れるべき」「解説プログラムの策定にあたっては、異文化的意義を考慮すべき」と定めた。つまり不幸な歴史的・文化的交流であったとしてもそのことを記すことによって世界遺産として顕著な普遍的価値を有することになると指摘し、その実例として世界遺産フェルクリンゲン製鉄所などにおいてナチスの強制労働の歴史を記録していることを暗に示した。この報告書に基づいて今回決議は出された。明治産業革命遺産には戦時期の「強制労働」も含めて日本の近代史において様々な産業労働の「犠牲者」の歴史が刻み込まれている。決議は各遺産の歴史の一部を切り取るのではなく「全体の歴史」を示すことによって戦争のない社会を展望しうる未来に承継すべき世界遺産となることを改めて確認した。

続いて「韓国と反日日本人に洗脳されたユネスコ（加藤康子・正論9月号）を読む」と題して竹内康人さんから報告を受けた。ユネスコが犠牲者を記憶するための適切な展示が「ない」と言ったのを加藤康子氏は犠牲者を記憶にとどめる措置としては「不十分」と誤魔化したり1939年の「募集」から始まる強制動員の時期を示さなかったり、国家総動員法の制定年を誤るなど加藤氏の「不正確な事実認識」を指摘した。そして「産業戦士」という言葉を無批判に使用し戦時体制や戦争責任を否認し「政治の歴史への介入は許されない」と言いながら他の登録候補を押しのけて明治産業革命遺産を登録した経過も含めて自らの「政治的」な行為には頬かむりをして「強制連行はプロパガンダ」「端島は仲良しコミュニティ」「端島島民こそ被害者」などと主張を繰り返していると批判した。また加藤氏はNHK福岡の軍艦島を取り上げた番組「追憶の島」を反日的な国益を損なう番組などと攻撃し「負の歴史」に向き合おうとしない。さらに問題は雑誌にセンターに批判的な個人の情報を暴露して攻撃するなど公的な施設の長としては考えられないあるまじきことを行っている。最後に様々な強制連行の歴史否定の動きがある中で「真実の追及」「被害者の尊厳回復」「差別・ヘイトの克服」の3つの視点を持って植民地主義克服の運動を進めてなければならないと締めくくった。

次に「加藤康子元内閣参与の行政私物化と産業遺産情報センター」と題して小林久公さんが問題点を指摘した。もともと観光アドバイザーの加藤康子氏は世界遺産に登録されれば観光が盛んになると考えて、産業遺産とは関係の無い松下村塾から始まる日本の産業革命という「物語」を作り上げ、産業遺産国民会議（以下国民会議）を立ち上げ文化庁が所管する世界遺産のうち「稼働資産」を含む文化遺産の登録の管轄を内閣府へ移管させ「稼働資産」の所有者に年間1億円の税の減免措置を行った。そして幼馴染みの安倍元首相の全面的なバックアップを得て他の候補を押しのけ明治産業革命遺産を世界遺産に登録させた後、昨年開設されたセンターの長に収まった。明治産業革命遺産の保全管理方針を決める保全委員会の会長は国民会議理事の木曽功氏（加計学園グループ・千葉科学大学学長）、そして副会長と保全委員会のもとに置かれるワーキンググループの座長は加藤康子氏である。さらに規約には「国民会議の助言を受ける」と明記されているのでまずこれから変えさせなければならない。国民会議はこれまで税金から13億円余りの委託金を受け取り、正味財産も1億3千万円、資産規模も7億2千万円まで拡大した。「行政の私物化」の極みである。そこで真相究明ネットは今回の決議を受けて展示を勧告に沿ったものに改めるまでセンターを閉館すること、保全

委員会の会長（木曽氏）・副会長（加藤氏）を解任し「国民会議の助言を受ける」の項を削除すること、センターへの運営委託止め幅広く関係者との対話を行うことを求める要請書を政府に提出した。

　シンポジウムの最後に韓国民族問題研究所の金丞垠（キム・スンウン）さんが今年収録された明治産業革命遺産関連の動員被害者４人の証言ビデオを紹介した。

孫龍岩（ソン・ヨンアム）さん1928年生まれ、サハリン炭鉱⇒高島炭鉱
日帝時代は警察には絶対に服従しなければなりませんでした。令状はありませんでした。当時は絶対でしたから、(行けと言われたら)絶対。その翌朝、東草駅に行くと言われました。そう言われて、そのまま汽車に乗せられました。そこにいた人たちは全員、拉致でした、拉致。

柳奇童 （リュ・ギドン）さん1918年生れ　三井三池炭鉱
　何度か怪我した。天井が落ちて、今も頭に傷痕が４か所ある。こうして柱を両側に立てたが、その下を通るときに、あやまってぶつかると天井が崩れ落ちてしまう。そしたらその下にいた人たちは皆それにやられる。大怪我はしなかったが、３回くらいは死にかけた。ワイヤーが足首に絡まって、引っ張られて怪我した。このようにワイヤーに縛られた傷痕が今もある。

孫成春（ソン・ソンチュン）さん1928年生まれ、三池製錬所
基礎訓練を受けて、全員で「回れ右、前へ進め」をした。上手くできないから歩いていくと(脚絆が)ずれ落ちてしまって、びくっとすると、できていないとひどく言われた。やり方を教えられて、その通りに巻いてもずれ落ちてしまう。日本の人はぴったり巻いて、「前へ進め」と言われたら、きちんと足をそろえて行くが、私たちは下手だから、ずるずると落ちてしまう。１か月訓練を受けて最後の日に査閲、分列行進をした。とても巨大で、工場があまりにも広くて大きいから、誰がどこで何をしているのかも分からない。自分の仕事しか知らない。

李栄炷 （イ・ヨンジュ）さん　1929年生まれ　国内動員の後⇒三池製錬所
私たちのように閉じ込められて働いている人は自由に働いてる人とは違います。やりたいようにさせておくと逃げるからと監視が厳しい。だから許可なく外には出られないし、金がないと出られない。金がないから出ても何もできない。まともに自由を与えると全員逃げてしまう人たちなので、「募集」というのは自分の意志ではないから、そんなところで自由を与えたら皆逃げますよ。自分の思いと合わなければ皆逃げるじゃないか。だから逃げられないように警備するし、だから自由がないということです。

　３つの報告を受けて有田光希さん（岡まさはる記念長崎平和資料館会員）と平野伸人さん（長崎の中国人強制連行裁判を支援する会）がそれぞれコメントした。

　有田さんは「加藤氏が日本政府のユネスコ分担金のことに触れているが「慰安婦」問題での記憶遺産の時のように政治的圧力で歴史がゆがめられてはいけない。今ダークツーリズムがブームだがしっかり過去の歴史に向きあったうえでならば観光政策として世界遺産を打ち出せると思う。歴史を学ぶには資料と場所が重要。岡まさはる記念館では 20 代のメンバーがキャプションの英訳、情報発信、アートの技法を使った資料の整理・目録作り、タブレットアプリづくり、炭鉱内部のＶＲでの再現、維持管理のためのクラウドファンディングなど展示資料の改善に取り組んでいる。歴史修正主義的な感覚は今の時代には合わない。海外の人と交流すると特に感じる。若い人が正しい歴史認識を持つためには公的な教育が必要だがセンターの展示が改められてそのような施設になればよいと思う。」

　長年在韓被爆者問題や被曝二世の活動に取り組んでこられた平野さんは「軍艦島の証言で取り上げられている鈴木文雄さんは、生前軍艦島での強制労働の後被曝した徐正雨さんのことは私が伝えていかなければならないと話していた。その彼が強制連行がなかったというはずがない。インタビュー全体の一部だけが切り取られているのではないか。端島には中国人も 204 人が強制連行され、裁判を経て 2019 年に三菱マテリアルが謝罪をして被害者と和解した。中国人だけでなく韓国やアジアの人々の戦後補償の要求に応えて責任を果たしていかなければならない。」

3

「明治産業革命遺産」に動員された韓国の被害者証言

民族問題研究所　金丞垠（キム・スンウン）

2021 年春、民族問題研究所は日帝強制動員被害者支援財団と共同で韓国の強制動員被害者に対する「証言収集事業」を実施し、「明治産業革命遺産」関連被害者 4 名から証言を得た。その詳細について、2021 年 9 月 18 日、強制動員真相究明ネットワーク主催のシンポジウム「問われる産業遺産情報センター！7・22 ユネスコ決議とは？」で報告したが、被害者の視点で強制動員の歴史を見ることが大切であるため、ここにあらためて 4 名の証言を記録する。

1. 孫龍岩（ソン・ヨンアム）：　1928年生まれ、江原道高城郡出身、2006年・2021年証言

　孫龍岩さんは今年で94歳になる。襄陽（ヤンヤン）国民学校を卒業して進学を準備していた頃に、父親に頼まれて船に使うロープを買いに束草（ソクチョ）へ行った。そこで私服警官に捕まり、そのままサハリンの炭鉱に強制動員された。1943年、16歳の時だった。1944年8月、高島炭鉱に転換配置され、1945年9月に帰国した。

　孫龍岩さんの証言については、2006年、日帝強占下強制動員真相糾明委員会によって記録されたものがある。15年が経過したが、今回、孫龍岩さんは自分にとって最も深い傷跡、印象に残っている部分を正確に語った。

- 動員経緯

　　むかしは「炭鉱ズボン」というものがありました。その姿で刑事だとすぐに分かりました。その人が私を呼んで「どこから来たのか」と聞くので、「襄陽（ヤンヤン）から来た」と答え、また「何しに来たのか」と言うので「船に使う品物を買いに来た」と答えました。その人はじっと考えた後に「ちょっと来い」と言いました。入れと言うので入ったら、部屋にはすでに6〜7人ほどがいました。そして鍵をかけて外に出られないようにしました。引っかかって捕まってきた人たちでした。日帝時代は警察には絶対に服従しなければなりませんでした。「令状」はありませんでした。当時は絶対でしたから、（行けと言われたら）絶対。その翌朝、束草駅に行くと言われました。そう言われて、そのまま汽車に乗せられました。そこにいた人たちは全員、拉致でした、拉致。当時30歳の人もいましたし、20代の人や40歳以上の人もいました。

　　雪がたくさん降ったので、馬そりに乗りましたが、なぜか山奥に入っていくのです。山の中にしばらく入っていくと炭鉱が出てきました。炭鉱の入口には軍服を着た人が見張っていました。

- 強要された「順応」

　　サハリンからそこ（高島）に来ると、逃げようとは夢にも思いません。厳重ですから。もし逃げてばれたら死にますから。逃げようと思うことすらできない。おとなしく従おうとする。高島でも逃げることは考えられませんでした。そこは島で、日本人だらけ。もし許可なく船が出たら大変なことになります。それでも、そこでも逃げる人がいました。そのまま泳いで。死んだのか生き延びたのか、消息は不明です。とにかく泳いで逃げました。

- 死亡・事故の処理

穴を掘って入るじゃないですか。そうすると、こんなに大きな石炭の固まりがあります。それにぶつかったら怪我をするし、掘り終わったら石で埋めますが、その作業をしている時も怪我をしたり、コンベアのようなもので怪我をしたりして、そうして怪我した人たちがいます。でも、大怪我でなければ何でもないんです。働かせ続けます。

（死んだ人もいますか）はい。お墓、火葬しました。当時はまあ、「誰か死んだか？」という程度でした。他の人のことは考えられませんでした。（自分がとてもしんどかったからですか）そう、自分がしんどいから。

- 運命への「諦め」
  運が悪かった。誰かを恨むこともできない。人生が台無しになった。そう思います。いま当時のことを考えるとやりきれません。ただただ運が悪かったと考えています。

  子どもたちに日本に行って何をしたかといった話は一切していない。愉快な話ではないし、そこに行って苦しかったことしかないから。

  私の被害をそのまま話すだけです。当時のことを考えると、今も胸が痛みます。幼かったので忘れられません。

  あそこまで行って、よく死なずに生還できたなと思う。当時きちんと勉強することができなかったから。帰ってきた後に金もたくさん失いました。無知だから、あれこれ手を出して失敗しました。

　孫龍岩さんにとって「拉致」という暴力的な動員方法も問題だったが、使いに行っていなければ動員されることなく勉強を続けることができたのにという悔しさがより強かった。15年前の証言とは異なり、自分が経験したことを「運命」と表現しながら、「諦め」の気持ちが強くなっていたが、自分の体験を記録として残したいという意志は変わらなかった。

2. 柳奇童（リュ・ギドン）： 1918年生まれ、忠清南道公州郡出身、2021年証言

　柳奇童さんは、1942年4月、三井三池炭鉱に動員され、1945年9月に帰国した。動員当時、公州と水原（スウォン）、黄海道（ファンヘド）でそれぞれ100人の「大隊」が編成され、さらに25人ずつ分けられて「小隊」が編成された。柳奇童さんは「公州隊」だった。日本に到着して1か月間訓練を受けた後、採炭現場に投入された。

- 動員経緯
  巡査たちが引っ張っていった。とにかく引っ張られていった。行きたくなくても、とにかく捕まえて連れて行った。金某という巡査がいました。鶏龍（ケリョン）の同じ町に住んでいました。ある日、日本からこうして招待がきているが行くかと聞かれた。巡査に割り当てられたようで。お前も何人連れてこいと。同じ町に住んでいるから、私を入れたのです。それで行ったのです。初めてのことで、何も知らずに引っ張られていった。行かないといけないのだとばかり思って。当時は、行くべきか行くべきでないか、国がやることについて民はどうすることもできない。とにかく行く。来いと言われれば行くしかない。鶏龍からは20名ほどだったが、みんな私と同い年、幼い人はいなかった。みんな私より年上だった。

3つの村から行った。公州隊、水原隊、黄海道隊、この3か所で集められた。同じ時に各地から100人ずつ行った。日本に行ったら、当時は（1942年）は人が多くて大丈夫だったが、日本のやつらは銃を肩に掛けて地面につかなければ、とにかく志願して行った。だから、朝鮮人一人につき日本人が数人いたが、後には朝鮮人はいたが、日本人は何人もいなかった。彼らは皆戦場に出て行ったから。

- 労働環境

  金で買うものは給料からだったが（引かれたが）、たいてい作業服は無料でくれた。作業服といっても褌一丁、全部脱いで褌一丁で働いた。便所に行けるほどの飯はなかった。便が出ないから、8時間でも我慢できる。

- 事故・死亡

  何度か怪我した。天井が落ちて、今も頭に傷痕が4か所ある。こうして柱を両側に立てたが、その下を通るときに、あやまってぶつかると天井が崩れ落ちてしまう。そしたらその下にいた人たちは皆それにやられる。大怪我はしなかったが、3回くらいは死にかけた。ワイヤーが足首に絡まって、引っ張られて怪我した。このようにワイヤーに縛られた傷痕が今もある。絡まっていることに気づかないまま（クルマを）起こそうとしたら天秤にあたって、ここがこれくらい切れた。頭は3か所怪我して。また電車を走らせるためには電線につながなければならないが、（その線が）頭に触れただけでも倒れてしまうから、そこは危険だった。天井が落ちて怪我をしたり、柱が崩れて怪我をして死ぬ人もいるし、ガスで死ぬ人もいるし、自分も知らないうちに怪我をする。

- 空襲の恐怖と被害

  あの時は本当に命拾いした。ある日、夕食を食べた後、10時頃になって飛行機の音が騒がしく聞こえると思ったら、十数機の飛行機がずらっと並んで飛んできて、焼夷弾が雨が降りそそぐように落ちた。落ちて燃えた。瓦葺きの家も全部、あっという間に、一晩で市内が灰の山になってしまった。昼間も関係なく爆撃があって大変だった。安心して暮らせないし、仕事もできない。ある晩は、仕事をしに入って取りかかろうとしたら飛行機の音が聞こえた。そしてその瞬間、電気がパッと消えてしまった。暗闇の中、「ドンドン」という音だけが聞こえた。額に電灯（キャップランプ）をつけていたから歩きまわることはできたが。仕方なく昼過ぎに出ようと、歩いて出て、飯場に行って着替えようと思ったら、飯場が全部焼けてなくなっていた。

　柳奇童さんは小作農で、住み込みで働く極貧層だった。当時、朝鮮人巡査に目をつけられて動員されたということを繰り返し語った。初期には給料をもらって家に送ったという。学校に通えず、日本語をまともに学ぶことがなかったため、「サムジョン（三井）」と「サムジ（三池）炭鉱」以外の動員現場に関する名称は覚えていない。三池炭鉱では1944年に事故・死亡率が急激に高くなるが、これを反証するかのように様々な事故について証言し、また空襲の恐怖についても詳細に語った。日本の敗戦後、黄海道出身者らが日本人に報復行為をしたという事実についても証言した。

3. 孫成春（ソン・ソンチュン）　：　1928年生まれ、全羅北道鎮安郡出身、2021年証言

　孫成春さんは15、16歳の頃に両親を亡くし、住み込みで働きながら極めて貧しい生活を送った。1945年、区長に桑の苗を植えに行くといってだまされ、三池製錬所に徴用された。近隣の面（村）から45人が

6

一緒に徴用された。列車の警備は厳しかったが、途中で脱出した青壮年もいた。徴用に対して朝鮮人がどれほど頻繁に抵抗していたのかを垣間見ることができる。

- 教育水準
  私も文字を学びたかったができなかった。なぜなら、この学校の1学期、つまり1年生、1学期に（定員が）30人だった。30人しか入ることができない。学校に入学願書を出さないといけない。そうすると、学校の先生も自分の息子が入らないといけないといって（願書を）一枚を抜きとる。面長（村長）もまた自分の息子の分。そして面書記や区長も息子がいれば一枚抜きとる。そういう人たちが全部持っていったら一枚残るかどうかだから。そして富豪の息子に一枚渡す。そうして入学願書がいつの間にか30枚なくなって、その人たちだけに（願書が）渡っている。だから、私たちなんかは行きたくても行けない。私もあんなに勉強したかったのに。

- 動員経緯
  区長が来て私に何と言ったかというと、「おい、お前、桑の苗を持ってきて植えなければならないから行こう」、そう言って引っ張っていった。それで行ったら、自分の家に連れて行って、じっとしていろと言う。そしてまた出かけていく。人を連れてくると言って。1時間後にまた1人連れて来た。その人は私より一歳上で、扉を開けて入ってくるや、「お前も引っかかったんだな」と私に言った。そこで徴用に引っかかったと分かった。

- 集団動員と逃亡
  大田（テジョン）を経由して行ったが、大邱（テグ）を通る時に汽車が上っていく区間がある。当時は石炭で走るから、石炭の粉が舞い上がって煙が出てきた時だった。汽車がゆっくり上がっていく時に、人が出てくると、日本軍が両側から出られないようにする。それでも汽車がゆっくり走るから、前のほうで人が飛び降りて、山に逃げていった。私たちは16歳、17歳でやっと物心がついた頃だったが、あの人はどうしたらあんなして飛び降りて行けるのだろうかと思った。汽車に乗ったり降りたりするのにはコツがいる。汽車が走る方向に前に飛び降りたら死ぬ。後ろ向きに立って汽車にしっかりつかまって、汽車をぐっと押すと後ろに倒れる。ひかれずに。前を見て飛び降りたら汽車の下敷きになって死ぬそうだ。要領のいい人たちがそうする。そういう人たちは、当時、30歳以上の人たちだった。

  その年に解放された。私たちが最後に行った人たちだった。私たち45人は、九州の大きな工場で、三井株式会社といった。漢字で書いてあったから読めなかった。私たちは馬霊（マリョン）、朱川（チュチョン）、白雲（ペグン）、上田（サンジョン）の4つの村から行ったが、馬霊の人で漢字を習った人がいたから、どこなのかを聞いて教えてもらって皆で書いておいた。その後に金山（クムサン）から年寄りの部隊が来た。その人たちはひげがこんなふうに生えた年寄りだったから、5小隊と呼ばれていたが、仕事もさせなかった。金山から来た人たちは皆どこかに送ってしまった。

- 訓練と身体検査
  基礎訓練を受けて、全員で「回れ右、前へ進め」をした。上手くできないから歩いていくと（脚絆が）ずれ落ちてしまって、びくっとすると、できていないとひどく言われた。やり方を教えられて、その通りに巻いてもずれ落ちてしまう。日本の人はぴったり巻いて、「前へ進め」と言われたら、きちんと足をそろえて行くが、私たちは下手だから、ずるずると落ちてしまう。

（日本語は）できなかった。18歳だったし。小隊長が24歳で、その人だけが学校に通ったらしく、その人が聞き取って、通訳をした。当時は皆、名前も日本語で呼んだ。1か月訓練を受けて最後の日に査閲、分列行進をした。そして病院に連れて行かれた。全員大きな病院に連れて行かれて、そこで検査を受けた。働くところが空気が悪いから、体が丈夫な人とそうでない人を分けた。そして私たち体の丈夫な人たちは全員献血をした。体が丈夫な人たちだけ献血した。そして体の丈夫な人は工場で石炭の粉を扱った。とても巨大で、工場があまりにも広くて大きいから、誰がどこで何をしているのかも分からない。自分の仕事しか知らない。

- 給料

  金をくれるとも言わず、ひと月したら来いと言う。ハンコを持って行ったら、私のハンコを押して、「この金は家に送る」と言って40銭だけ渡された。40銭。鉛筆を買って、手紙の封筒を買って、切手代として、「家に手紙を1枚ずつ送れ」と言って40銭渡された。「飯も出るし、金は必要ないから、家に送ってやる、分かったな」と言われた。家に帰ってきた後に兄さんに「金はいくら届きましたか」と聞いたら、「何の金？金を送ったのか？」と言われた。「ああ、送らなかったのか」と、受け入れるしかなかった。

  （通帳を見たことはありますか？）通帳なんかどこにありますか。私たちには何もない。そこの人たちが金を渡したという確認、そこに（ハンコを）押しただけ。家に送ったから、そう思っていればいいと言われたから、そうだとばかり思っていた。18歳は世間知らずだから。私たちは言われたとおりに働くだけだった。

- 殴打

  シャベルでの作業が大変だった。シャベルを持って立って、腰が痛くてしばらく休んでいたら、「入れんかい、入れんかい」、「早く入れんかい」と言われた。「腰が痛くて少し休んでいる」と朝鮮語で言ったら、「何だと？」と言って、日本人に口元を拳骨で殴られた。それで歯が一本折れた。朝鮮語で答えたら自分に悪口を言ったと。

孫成春さんの証言は、「労務供出」が親のいない孤児・無職者・極貧者・年少者などを対象に組織的に行われたことを示す代表的な事例である。世間知らずで、抵抗を考えることすらできなかったが、彼が目撃した徴用の実状は、逃走の日常化、集団的強制動員の破綻した断面を示している。

4. 李栄娃（イ・ヨンジュ）： 1929年生まれ、全羅北道鎮安郡出身、2021年証言

李栄娃さんは1944年、新義州（シンウィジュ）での砂採取に1年間「国内動員」された。故郷に戻る途中で、朝鮮人を集めて日本に連れて行くという話を聞き、逃げようとしたが、区長に見つかり、1945年の初めに三池製錬所に動員された。隣村の孫成春さんも一緒だった。「国内動員」で過酷な強制労働に苦しめられ、健康が非常に悪い状態で日本に連れて行かれたため、身体検査で振り分けられ、比較的楽な作業場に配置された。

- 動員経緯

  日帝時代、日本の人たちは工場をすべて北部に建てました。セメントで建てるので砂が必要じゃないですか。鴨緑江の川辺に砂がたくさんあります。そこで、荒目のふるいで砂を採取しました。そこに1年いました。1年経って帰ってきましたが、その途中で「朝鮮人を募集して大勢日本に連れて行く」

という話を聞きました。ここに到着した後、歩いて夜中に家に入りました。目をつけられると連れて行かれるので。目をつけられないように家で静かに横になって、一睡もせずに、開き戸を開けて出たら、人がいた。区長がいた。当時は区長といいました。今は里長といいますが。それで「何ですか」と言ったら、「ある所にちょっと行って来なければならない」と言いました。そして村に連れて行きました。「人が来たら連れて行くから、ここにいろ」と。それでそこにいたら、あちこちから捕まえられてきた。もういっぱいだった。

- 国内動員の経験
  新義州に行った時も人が足りなかったようだ。ひげがもうこんなに生えた人もいた。私たちのように17歳くらいの人もいた。年寄りで、すぐ歩けなくなりそうな人も皆捕まえてきました。持ち堪えることができず苦労した人は皆そこで死にました。少し若い人たちはそこに(動員期間の)最後までいて、少してきぱきしている人は途中で遠くに逃げたが、後に捕まえられてきてひどく殴られた。それで身体が不自由になった人もいた。私たちは(幼くて)言うことをよく聞くから、ビンタされたことも一度もない。こっちに来いと言われればこっちに来て、あっちに行けと言われればあっちに行ったので。1年間空腹で、そうして皮だけの状態で帰ってきました。

- 自由のない監獄暮らし
  私たちのように閉じ込められて働いている人は自由に働いてる人とは違います。やりたいようにさせておくと逃げるからと監視が厳しい。だから許可なく外には出られないし、金がないと出られない。金がないから出ても何もできない。(トリシマ)そういう人に見つかると半殺しにされる。監獄生活をするしかありません。まともに自由を与えると全員逃げてしまう人たちなので。

  あちらからあちらへ行って働いたから、どこも見ることができなかった。あちらで寝て、こうしてあちらにに行って働いたが、工場の中だったから、工場の外だったなら、まあ(別だが)。「募集」というのは自分の意志ではないから、そんなところで自由を与えたら皆逃げますよ。自分の思いと合わなければ皆逃げるじゃないか。だから逃げられないように警備するし、だから自由がないということです。私がそこに行って活動したことだけを知っていて、外部のことはまったく何も知らない。そこから無事に出られたことだけが幸いだと思っている。

- 日本の敗戦と中国人
  (中国人が武装して出てきたとおっしゃいましたが、直接目撃されましたか?)全部見たわけではなく、路地で拳骨で殴っているのは一度見ました。一度だけ。でもその人たちが悪いとは言えない。苦しめられて、その人たちは耐えたのだから。その人たちに自由が少しできたから、とびかかったわけだ。死ぬ覚悟で。互いに敵同士になったら恨みを晴らそうとするに決まってる。その後、日本がまた息を吹き返したら皆いなくなった。全員殺したのか、生き延びたのかは知らないが。静かでした。

　李栄姓さんは母子家庭で育ち、住み込みで働いていた極貧層だった。李栄姓さんの証言の中で「募集」は「徴用」と同じ意味で使われた。「自分の意志ではない」ため、自由を与えれば全員逃げるに決まっていると語った。強制動員・強制労働の意味が、李栄姓さんの言葉にそのまま表れている。解放後、中国人による報復行為を目撃し、その中国人に対して同情心、共感を覚えた。一方、日本人に対しては、彼らからの再報復を恐れるほど恐怖心を強く感じた。

9

明治産業革命遺産に対するユネスコ世界遺産委員会の勧告を支持します

ユネスコ世界遺産委員会は、第44回世界遺産委員会総会に当たって「明治日本の産業革命遺産 製鉄・鉄鋼、造船、石炭産業」（以下「明治産業革命遺産」）において日本政府が世界遺産委員会の決定（39 COM 8B.14 & 42 COM 7B.10）を履行していないことに対して「強い遺憾」を表明する勧告文を公開しました。

第2次世界大戦当時、日本によって行われた朝鮮人、中国人、連合軍捕虜などに対する強制労働の真実を明らかにするために取り組んできた私たち日本と韓国の市民は世界遺産委員会が公開した勧告を支持し歓迎の意を表します。更に第44回世界遺産委員会がこの勧告を採択することを希望します。

去る2015年、第39回世界遺産委員会は明治産業革命遺産において多数の朝鮮人や他の人びとが強制労働に従事された事実など「歴史全体」を理解できる解釈戦略を講じるように日本政府に勧告しました（39.COM/8B.14）。

これに対して日本政府はユネスコ世界遺産委員会の勧告を忠実に履行することを全世界に約束しました（39.COM/INF.19）。しかし、それから6年が経過して、いまだ日本政府がこの約束を守っていないことに対して私たちは強い憤りを覚えます。

私たちは、2015年以後、明治産業革命遺産に対する数回の現地調査を通じて日本政府が世界遺産委員会の勧告を履行していないことを確認しました。

また、2020年6月に東京で一般公開された産業遺産情報センターの展示が世界遺産委員会の勧告に従っていないことはもちろん強制労働の歴史的事実を否定しているという点も確認しました。

これは、第2次世界大戦中、明治産業革命遺産のサイトにおいて語りきれない苦痛にあった強制労働被害者を侮辱する行為です。また世界市民の知的、精神的連帯を進めることによって平和を求めていくというユネスコの精神にも反することであり私たちは深く憂慮するものです。

私たちは、日本政府に向けて世界遺産委員会の勧告に従い産業遺産情報センターや各サイトにおいて強制動員・強制労働の歴史を展示すること、犠牲者を追悼するための適切な措置を講じること、そして関連当事者との対話を継続することなどを求め続けてきました。

産業遺産情報センターに対するユネスコ－イコモス共同調査団の報告書や報告書の結論を忠実に反映した世界遺産委員会の勧告文は、私たちの切実な意見が正確に反映されています。私たちは今回の報告書に深い感謝の意を示すとともに共同調査団の活動に敬意を表します。

私たちは、改めて第44回世界遺産委員会が日本政府に勧告した内容を強く支持しこの勧告が採択され忠実に履行されることを切実に願います。

私たちは、世界各国の人々が明治産業革命遺産を訪れ強制動員・強制労働の歴史を記憶し犠牲者の苦痛に共感することによって人権を考えともに平和をつくっていく糸口を見つけていくことを願います。そして明治産業革命遺産がユネスコの精神を実現する人類全体の大切な遺産として生まれ変わることを望みます。

2020年7月14日

〈韓国〉民族問題研究所／植民地歴史博物館／太平洋戦争被害者補償推進協議会

〈日本〉強制動員真相究明ネットワーク／強制動員問題解決と過去清算のための共同行動

＜World Heritage 44 COM　WHC/21/44.COM/7B.Add.2＞

http://whc.unesco.org/archive/2021/whc21-44com-7B.Add2-en.pdf

(部分訳)

1．当初2020年に世界遺産委員会によって検討される予定であった世界遺産に登録されている遺産の保全状況報告書

文化遺産

アジア太平洋

30．明治日本の産業革命遺産　製鉄・製鋼、造船、石炭産業（日本）(C 1484)

（以下略）

<u>世界遺産センター、ICOMOS（国際記念物遺跡会議）、ICCROM（文化財保存修復研究国際センター）の分析と結論</u>

　端島については、この構成資産の保全状況が悪いことから登録時に詳細な保全作業計画が求められた。2018 年に締約国から提出された 30 年保全計画では、10 年ごとの 3 段階を想定しておりそのためのアクションプランを長崎市が策定することになっていた。この点に関して進行中の調査と終了した調査は最初の 10 年のアクションプランと同様に歓迎される。しかし、この計画が委員会の求めに応じて事前に世界遺産センターに提出されなかったことは残念である。また優先保全措置の策定にあたって委員会が登録時の勧告 39 COM 8B.14 と同じく諮問機関への助言が求められなかったことに留意する。

　各構成資産への訪問者数の管理は 2016 年からモニターされておりこの結果に基づいて 2019 年に収容能力を含む訪問者管理戦略が策定されたことに留意する。委員会はこの戦略が以前から要請していたにもかかわらず採択に先立って諮問機関による審査のために世界遺産センターに提出されなかったことを遺憾に思うとともに COVID-19 の制限に関連してその成果を再検討するよう当局に促したい。

各遺産の「全体の歴史」を理解できるようにするために委員会から「プレゼンテーションのための解説戦略」が要請された（決定 39 COM 8B.14 参照）。2017 年の「国際的な専門家による監査」を経て、2019 年に「解説戦略」が策定された。この戦略では、すべてのサイトでの解説は OUV に最も貢献した時期すなわち 1850 年代から 1910 年が反映される。一方「全体の歴史」は一部のサイトでは 1850 年代以前の情報を含み他のサイトでは 1910 年を超えるものも含む。2020 年に東京に「産業遺産情報センター」が設立されたがこのセンターの内容に関する情報は開館に先立って世界遺産センターとは共有されなかった。

「1940 年代に多くの朝鮮人などが意に反して連行され、一部の遺産で過酷な条件で働かされていたことや、第二次世界大戦中、日本政府も徴用政策を実施していたことを理解できるような措置をとる用意がある」と日本政府が登録時の声明で示していたことを思い起こさなければならない。物理的に各遺産から遠く離れた産業遺産情報センターの設立は、これまで委員会がそれぞれのサイトにおける全体の歴

11

史の理解を促してきたにもかかわらず、情報センターあるいはデジタル資料を通じて各構成資産における〇UVを手にすることができると委員会が認識する期間中およびそれ以外の期間の「**全体の歴史**」の説明資料がほとんどあるいは全く展示されていないことに対して懸念を表明する。

委員会が促した「関係者間の継続的な対話」(決定 42 COM 7B.10) に応じて開催された会合、特に委員会に対する日本の保全状況報告書の発表後 2020 年 2 月に日本と韓国の外務省の間で開催された会合に留意する。この報告書を受けて韓国はいくつかのノンペーパーや声明を発表しすべての構成資産での遺産の歴史の完全な説明について強い懸念を表明している。したがって委員会は、特に説明への疑問に対して国際的な利害関係者を含むすべての関係者と継続的な対話を行うことを改めて奨励しさらに締約国が 1972 年条約を保全、持続可能な開発、国際協力、対話を支援するためのツールとして利用することを奨励する。

締約国が 2021 年 6 月 7 日から 9 日にかけて行われた産業遺産情報センターへのユネスコ／ICOMOS 共同視察 (mission) を歓迎したこと、そして成果は以下の通りのであることに留意する。

産業遺産情報センターへのユネスコ／ＩＣＯＭＯＳ視察団の報告書の結論

東京の産業遺産情報センターへの視察は、事前の委員会決議とその締約国による事業から生じるいくつかの主要な要因を検討するよう求められていた。これらの要因のそれぞれに関連して視察団の結論は以下のとおりである。

　　・各サイトがいかにして顕著な普遍的価値に貢献しているかを示し、各サイトの歴史の全容を理解できるような解説戦略 *(Decision 39 COM 8B.14)*。視察団は、IHIC で実施されている解説戦略は、各遺産がどのように OUV に貢献しているかを明確に示しており各遺産の個別の解説計画は共通のテーマにしっかりと基づいていると結論づけた。しかしいくつかの遺産の歴史が、OUV の対象期間 (1850 年代〜1910 年) の前後の期間にまで及んでいることは認められているものの視察団の意見では第二次世界大戦に至るまでの期間やその間の期間を簡単にしか扱っていないため全体の歴史として記述することができない側面もある。

・**多数の朝鮮人等が意に反して連行され、過酷な労働を強いられたことと、日本政府の徴用政策を理解するための措置** (登録時の日本側代表団の発言)。1944 年の徴用政策は認識され IHIC に展示されている。大量の韓国人やその他の人々を産業サイトで働かせたかつての政府の施策は話合いの中では視察団に説明されたが研究センター内の書かれた文書資料でしか見られない。展示されている情報からは、当時他国からの徴用労働者は日本国民とみなされおなじ扱いを受けていたという印象を受ける。展示されている口述証言はすべて端島に関するものでありそのような人々が強制的に働かされた例はなかったというメッセージを伝えている。したがって、視察団は意に反して連れてこられ強制的に働かされた人々を理解するための解説上の措置は現状では不十分であると結論づけた。

・**情報センターの設立など犠牲者を記憶するための適切な措置を解説戦略に組み込むこと** (登録時の日本側代表団の発言)。情報センター (IHIC) は 2020 年に開設され口述証言を含む

労働者の生活に関するさまざまな研究資料が展示されているが、視察団は現在までのところ犠牲者を記憶する目的に適った展示はないと結論づけた。

・OUV でカバーされている期間中および期間外の遺産の全体の歴史の解説およびデジタル解説資料において解説戦略に関する国際的な優れた実例（Best international practice）（決定 42 COM 7B.10）。視察団は、OUV 後の期間の全体の歴史に関する解説戦略について同様の歴史を持つ他の産業遺産と比較して人々が強制的に働かされていたことや軍事目的で使われていたことが十分に認識されている国際的な優れた実例に達していないと結論づけた。デジタル解説資料に関しては、IHIC は世界の他の世界遺産のモデルとなりうる国際的な優れた実例を示しているというのが視察団の見解である。

・関係者間の継続的な対話（Decision 42 COM 7B.10）。IHIC は多くの韓国人やその他の出身者を含む関係者と継続的な対話を行ってきたがそのほとんどは（視察団が得た情報では）現在日本に居住しており、また数名の招待された国際的な専門家とも対話を行った。視察団は、2021 年 6 月 30 日以降関係締約国、特に韓国と日本の間で何らかの対話が行われたと結論づけた。視察団チームは WHC から、日本の締約国から提供された日本と韓国の間で行われた会議の一覧表の文書を受け取った。視察団はこれらの会議の内容について何の情報も得ていないがこれらの会議はこれらの関係者の間で実際に対話が行われていることを示すシグナルであると思われる。視察団は今後の対話が重要であり追求すべきであると考えている。

　要約すると、視察団は、委員会の決定における多くの側面が遵守され一部は模範的な方法で遵守され締約国による多くの要求も満たされているが、IHIC は登録時に締約国が行った約束や登録時およびその後の世界遺産委員会の決定をまだ完全には実施していないという結論に達した。

決議案 : 44 COM 7B.30

世界遺産委員会は

1. 文書 WHC/21/44.COM/7B.Add.2 を審査し、

2. 第 39 回会期（2015 年、ボン）および第 42 回会期（2018 年、マナマ）でそれぞれ採択された決定 39 COM 8B.14 および 42 COM 7B.10 を想起し、

3. 2021 年 6 月に東京の産業遺産情報センター（IHIC）で行われた UNESCO/ICOMOS 共同視察（mission）を歓迎する。

4. 　締約国が多くの約束を果たし委員会の関連決定の多くの側面に応えてくれていることに満足しつつ

5. しかし、締約国が関連決定をまだ完全に実施していないことはきわめて遺憾（strongly regrets）である。

6. このような観点から、締約国に対し関連決定の実施にあたって以下の項目を含む視察報告書の結論を十分に考慮するよう要請する。

a)各遺産がどのように顕著な普遍的価値（OUV）に貢献するのかを示し、各遺産の歴史全体を理解できるようにするという解説戦略。

b) 多数の朝鮮人などが意に反して連れてこられ過酷な条件で働かされたことや日本政府の徴用 (requisition)政策を理解するための措置。

c) 情報センターの設置など犠牲者を記憶するための適切な措置の解説戦略への組み込み。

d) そのＯＵＶが扱う時期の内外を含む資産の歴史全体の解説とデジタル解説資料について解説戦略の国際的に優れた実例（best international practice）。

e) 関係者間の継続的な対話。

7. さらに、締約国に対し 2023 年の第 46 回世界遺産委員会での審査のために 2022 年 12 月 1 日までに世界遺産センターに本物件の最新の保全状況報告書および上記の実施状況を提出するよう要請する。

（強制動員真相究明ネットワーク暫定訳）

14

２０２１年９月１３日

内閣総理大臣　菅義偉　様

第44回ユネスコ世界遺産委員会決議の履行を求める要請書

強制動員真相究明ネットワーク
共同代表　庵逧由香　飛田雄一

　2021年7月22日、第44回ユネスコ世界遺産委員会は「明治日本の産業革命遺産　製鉄・製鋼、造船、石炭産業」（以下　明治産業革命遺産）に関するこれまでの勧告を「まだ完全に実施していないことは極めて遺憾(Strongly regrets)」であると決議しました。

　この決議は、日本政府が2015年の世界遺産登録時に「いくつかのサイトにおいて，その意思に反して連れて来られ厳しい環境の下で働かされた多くの朝鮮半島出身者等がいたこと、また第二次世界大戦中に日本政府としても徴用政策を実施していたことについて理解できるような措置を講じる」、「犠牲者を記憶にとどめるために適切な措置を説明戦略に盛り込む」と約束したにも関わらず、その後強制労働を否定し犠牲者を記憶する展示をおこなっていないことによるものです。

　ユネスコ世界遺産委員会はこの決議にあたり、以下の項目を十分に考慮することを要請し、その実施状況を2022年12月1日までに世界遺産センターに報告することを求めています。

　　a)各遺産がどのように顕著な普遍的価値（OUV）に貢献するのかを示し、各遺産の歴史全体を理解できるようにするという解説戦略。
　　b) 多数の朝鮮人などが意に反して連れてこられ過酷な条件で働かされたことや日本政府の徴用(requisition)政策を理解するための措置。
　　c) 情報センターの設置など犠牲者を記憶するための適切な措置の解説戦略への組み込み。
　　d) そのOUVが扱う時期の内外を含む資産の歴史全体の解説とデジタル解説資料について解説戦略の国際的に優れた実例（best international practice）。
　　e) 関係者間の継続的な対話。

　この決議に先立ち、ユネスコとICOMOSは産業遺産情報センターへの視察を実施しました。その「ユネスコ・イコモス視察報告書」の結論では「意に反して連れてこられ強制的に働かされた人々を理解するための解説上の措置は現状では不十分」「犠牲者を記憶するための適切な展示はない」「OUV後の期間の歴史全体に関する解説戦略について同様の歴史を持つ他の産業遺産と比較して人々が強制的に働かされていたことや軍事目的で使われていたことが十分に認識されている国際的に優れた実例に達していない」「（日韓間の）今後の対話が重要であり追求すべき」と記しています。また、報告書では、2008年の「文化遺産の解説と展示に関するICOMOS憲章」（ENAME憲章）の「解説は、遺跡の歴史的・文化的意義に貢献したすべてのグループを考慮に入れるべきである」「異文化的意義は、解説プログラムの策定において考慮されるべきである」という視点を示しています。報告書は、犠牲者を記憶し、産業遺産の負の側面を解説する意義に言及しています。

　この報告書が指摘するように、産業遺産の展示においては産業化を賛美するだけではなく強制労働や軍事目的での使用を含む歴史全体が示されなければなりません。今回のユネスコの決議は日本政府が勧告を「誠実に履行」していないことを改めて指摘しました。

　加藤勝信官房長官は、定例の記者会見で「これまでの世界遺産委員会における決議勧告を真摯に受け止めわが国政府が約束した措置を含めそれらを誠実に履行してきた」と述べています。しかし、日本政府はこの決議を受けて、戦時の強制労働を否定し犠牲者を記憶する措置を反故にしてきたことを反省すべきであり、産業遺産情報センターの展示を改善しなければなりません。

　今回のユネスコ決議を踏まえて日本政府が下記の要請項目について対応することを強く求めます。

記

1. 産業遺産情報センターの展示内容を今回の決議に沿ったものに改めること

2. 展示内容が決議に沿うものに変更されるまで産業遺産情報センターを閉館すること

3. 「明治日本の産業革命遺産」保全委員会の会長（木曽功氏）・副会長（加藤康子氏）を解任し、保全委員会規約の第3条の8「委員会はインタープリテーションの推進等について一般財団法人産業遺産国民会議の助言を受ける」の項を削除すること

4. 公的施設の管理者としての資格を欠く産業遺産国民会議への産業遺産情報センターの運営委託を止めること。

5. 韓国政府や本ネットワークなどNGOも含めて幅広く関係者との対話を行うこと

（決議等の翻訳は強制動員真相究明ネットワークによる暫定仮訳）

連絡先　　兵庫県神戸市灘区八幡町4-9-22（公財）神戸学生青年センター気付
強制動員真相究明ネットワーク
TEL 078-891-3018 FAX 078-891-3019
E-mail shinsoukyumei@gmail.com

沖縄南部土砂埋め立て使用反対の運動が遺骨問題への関心高める
韓国政府を通じた沖縄戦韓国人遺族１７０名の照合要求に続き、
進展しない遺骨交渉に１１名が厚労省に直接集団申請行う

戦没者遺骨を家族のもとへ連絡会　上田慶司

１，軍人軍属の遺骨奉還に関連し２０２０年から２０２１年に２つの大きな局面変化が起きた。

　一つ目はタラワ島の日米韓共同鑑定の進展がもたらしたものである。タラワ島で戦死した６４９７人のうち、日本側の戦死者は４７１３人。実にこの４人に１人の１２００人が韓国・朝鮮から動員された若者であった。今まで米軍管理のアジア系遺骨は日本に移管された後、すべて日本兵として処理され焼骨されてきた。２０１８年９月２１日韓国外交部が米・日に大使館にタラワ島での遺骨の処理に事実確認を開始したのを出発に韓米日の共同鑑定が始まって

遺骨の見つかったタラワ環礁ベティオ島

いく。２０１９年３月韓国はタラワ島の韓国人遺族の DNA 鑑定を全国の保健所で実施、３９１人の遺族を確認しそのうち１８４人が鑑定を行う。２０１９年１０月２４日韓国が１名の遺族と遺骨の合致を発表。その後日米もこれを鑑定し確認。日本は２０２０年４月１日より硫黄島・タラワ島の遺族に鑑定を呼びかける。タラワ島では２７００人に郵送で呼び掛け４００人が鑑定を申請し、２０２０年８月に１人、９月に２人目の遺族が判明した。硫黄島では遺族への郵送通知は行われなかったが２０２０年１２月に２名が判明した。この結果、次のような前進につながっている。日本では２０２１年１０月１日から太平洋地域への遺族の鑑定募集が始まった。韓国でも２０２１年４月に太平洋地域の遺族への DNA 鑑定募集が呼び掛けられた。韓国では米軍所管の遺骨に対応するためと説明されている。日韓とも遺骨をふるさとに帰すための安定同位体比検査を始めると言い出した。韓国は韓国科学捜査院がすでに実施しているようだ。

　二つ目は、日本国内で遺骨問題の関心が大きく広がっている。沖縄県南部土砂を辺野古新基地の埋め立てに使うことを許さない闘いが世論を大きく喚起しているからだ。南部土砂を使うことに反対する地方議会意見書は沖縄県外で１１０議会（２０２１年９月議会時点）を超えている。沖縄戦戦没者への日本政府の扱いに大きな疑問があつま

り、沖縄戦や戦没者遺骨問題への関心が高まっている。韓国人軍人軍属の遺骨奉還を求める闘いは南部土砂反対の闘いに連帯しながら厚労省に要求を突き付けている。

2，沖縄戦韓国人遺族170名の照合要求に加え、11名の韓国人遺族が9月に集団申請した。

　2021年10月から実施される厚労省による太平洋地域のDNA鑑定募集事業が始まった。日本の戦没者遺骨行政の進展を目の前に、韓国人遺族の排除を許すわけにはいかない。2021年9月14日厚労省・外務省・防衛省3省とガマフヤーや日韓遺族との意見交換会が行われた。会場・ズーム・ユーチューブで150名が参加した。南部土砂問題が遺骨問題への関心を大きく高めている。この場でも南部土砂問題についてガマフヤーの具志堅さんが南部土砂を実際に持ち込み遺骨が混じっている土砂の実態を突きつけながら防衛省を厳しく追及した。韓国からも多くの遺

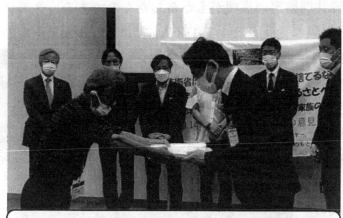

9月14日衆議院第1議員会館で開かれた遺骨問題意見交換会で署名を手渡すガマフヤー具志堅隆松さん

族がズーム参加し、太平洋戦争被害者補償推進協議会のイ・ヒジャ代表は「日本によって家族が破壊された」「交渉して何年もたつが何も変わらない」と厚労省に怒りを示した。コロナで韓国から来られないがズームを使いよりたくさんの遺族が交渉に参加できた。52人の戦没者の日韓遺族は厚労省にDNA鑑定を集団申請し、厚労省はこれを受け取った。NHKが韓国人の11名の集団申請を全国放送でこれを伝えた。意見交換会には10名を超える国会議員が参加した。厚労省は「日本人と差別をするわけではないが、遺骨の返還の仕方について日韓で合意ができておらず鑑定を始められない」と言った。「韓国側から具体的提案がない」と事実に反したことを言ったり、「日本人の成果が出ないと検討できない」など論外な発言から見ると論点は具体的になってきた。しかし、何もやらないことは一切変わっていない。韓国で、主要なメディアは「遺骨になっても韓国人を差別している」と報道した。厚労省が「遺骨の返還の仕方（条件）について、合意ができていないから何もできない」と言うならば、返還の仕方について厚労省・外務省とが議論しなければならない。

2021年5月26日

朝鮮人強制連行に関する政府答弁書への声明
日本政府は強制連行の歴史的事実と強制労働条約違反を認めよ！

強制動員真相究明ネットワーク
共同代表　庵逧由香　飛田雄一

2021年4月16日、馬場伸幸（日本維新の会）衆議院議員が「従軍慰安婦」と「強制連行」「強制労働」という表現に関する二つの質問主意書を菅内閣に提出した。その質問主意書はそれらの表現を政府として使用しないことを求めるものであった。それに対し、菅内閣は4月27日、閣議決定によって「従軍慰安婦」と「強制連行」「強制労働」に関する答弁書をそれぞれ示した。

「従軍慰安婦」の答弁書は、「従軍慰安婦」の表現は、強制連行されたという誤解を招く恐れがあるから「単に『慰安婦』という用語を用いることが適切である」とするものであった。この見解は日本軍の「慰安婦」とされた女性達が、意に反して連行され、軍の監視下で性を強要された事実を隠蔽する見解であり、1993年河野談話にも反する。

「強制連行」「強制労働」に関する答弁書は、朝鮮半島から内地への「移入」の経緯は様々であり、「強制連行された」と「一括りに表現することは、適切ではない」、国民徴用令による朝鮮半島からの労働者の移入は、強制連行ではなく「『徴用』を用いることが適切である」、募集・官斡旋・徴用による労務については、「〔強制労働に関する〕条約上の「強制労働」には該当しないものと考えており、これらを「強制労働」と表現することは、適切ではない」いうものであった。

このような見解は、募集・官斡旋・徴用による動員が全て国家の動員計画により強制的に動員したものとするこれまでの政府の答弁（1997年3月27日、参議院予算委員会）に反するものである。これらの動員は、国家総動員体制による政府の労務動員計画によってなされたものであり、全体を強制連行、強制動員と表現すべきものである。また、徴用とは、国家の強制的な動員により労働を強いることであり、強制労働である。さらに、国際労働機関（ILO）条約勧告適用委員会は1993年に日本による戦時の朝鮮人などの動員を強制労働に関する条約に反するものと認定し、日本政府による被害者救済をも期待している。このように、日本政府の見解は当時の労務動員の実態を否定し、強制労働を隠蔽するものである。また、国際機関による強制労働の認定を無視するものであり、誤っている。

その後の日本維新の会の議員による国会質疑から、これらの質問主意書が、歴史教科書から「日本軍慰安婦」や「朝鮮人強制連行」などの用語を削除させるために出されたものであることがわかる。われわれは、歴史教科書から「日本軍慰安婦」や「朝鮮人強制連行」という用語を消去する動きに強く抗議する。次世代に事実をきちんと伝えることが、平和・友好の基礎となるのである。

日本政府は、朝鮮人強制連行が歴史的事実であること、それが強制労働条約違反であることを認めるべきである。このような誤った答弁書は直ちに撤回すべきである。

＜連絡先＞
兵庫県神戸市灘区八幡町4-9-22（公財）神戸学生青年センター気付
強制動員真相究明ネットワーク　TEL 078-891-3018　FAX 078-891-3019
E-mail shinsoukyumei@gmail.com

| コロナ禍のため郵送にて提出 | | 2021.6.22 |

旧植民地出身労働者無縁遺骨の「合葬」についてご配慮のお願い

公益財団法人　全日本仏教会会長　大谷　光淳　様

強制動員真相究明ネットワーク

共同代表　庵逧由香　飛田雄一

　日頃より私たちの遺骨調査に協力いただき大変感謝しております。私たちは、朝鮮半島出身の労働者の遺骨などを調査している強制動員真相究明ネットワークという市民団体です。当会は、2004年12月の日韓首脳会談を契機に始まった日韓両国政府が行っている「朝鮮半島出身の旧民間徴用者の遺骨」(強制動員被害者の遺骨)の調査について、日本仏教会様にもご協力と連携のお願いをさせていただいた経緯がございます。私たちのメンバーも発足当時から、各宗派と協力し、全国にある強制労働現場の近くにある寺院を調査し多くの旧植民地出身労働者の遺骨を確認してきました。

　日韓両国の合意のもとに政府には2005年に厚生労働省に人道調査室を設置し、貴会とも協力し各宗派の末寺での遺骨や記録の有無を調べられました。その結果、個別性のある遺骨も1018体あるとされています。(厚生労働省調べ)

　しかし、調べて15年もたったのにもかかわらずこれらの遺骨が遺族のもとへ帰れる見込みも立っていません。本来なら国や企業がもっと早い時期に遺骨を責任もって祖国へ返していればこんな事態にはならなかったということができます。

　今、地方では過疎と少子高齢化という二重苦で寺院には遺族のある遺骨が無縁の遺骨となり寺院ではその対策に四苦八苦していると聞きます。

　先日、岐阜県の飛騨地方の旧植民地出身の遺骨のある寺院を回ったとこる三寺院のうち二寺院が無縁仏を合葬する予定があるとのことで供養塔の中に旧植民地出身者の遺骨もそこに入れる予定であると聞き、事情を話して旧植民地出身者の遺骨は合葬を待っていただいたところです。

　個別性のある遺骨は遺族にとってかけがえのないものであり合葬された後に遺族が見つかったことも過去にはあります。これは寺院の責任ではなく日本政府の旧植民地出身者の遺骨に対してなにもしようとしてこなかったことに起因します。このようなことを繰り返さないために一日も早い遺骨の奉還を実現しなければならないと考えます。

　そのために貴会に以下のことを取り組んでいただきますよう要望いたします。

記

1. 旧植民地出身労働者の遺骨の合葬をしないよう各宗各寺院へ働きかけていただくこと。

2. 寺院等にある遺骨を遺族のもとへ返還できるように日本政府へ引き続き働きかけていただくこと。

以上

＜連絡先＞

〒657-0051 神戸市灘区八幡町4-9-22　(公財)神戸学生青年センター内

TEL 078-891-3018　FAX 078-891-3019　担当　下嶌（090-2574-7203）

【強制動員真相究明ネットワーク取り扱い韓国委員会および支援財団発行日本語書籍の紹介】　2021年11月

※金額はカンパ（翻訳活動支援金・送料こみ）です。入手希望の方は書籍名を記入のうえ、前金で郵便振替＜00930-9-297182 真相究明ネット＞に送金してください。

〒657-0051 神戸市灘区八幡町4-9-22 神戸学生青年センター内 強制動員真相究明ネットワーク

　　　　　TEL 078-891-3018　　FAX 078-891-3019

　　　　　URL https://ksyc.jp/sinsou-net/　e-mail　shinsoukyumei@gmail.com

※印は品切れです。

●＜対日抗争期強制動員被害調査及び国外強制動員犠牲者等支援委員会発行の書籍＞

発行所／編集人：大韓民国政府・国務総理所属対日抗争期強制動員被害調査及び国外強制動員犠牲者等支援委員会

No	書籍名	サイズ 頁数	発行年月 （韓国語版）	頒価
1	「日本の長崎県・崎戸町「埋火葬許可証」記載朝鮮人死亡者問題の真相調査」	A5 65 頁	2013.3 （2011）	500 円
2	「シベリアに抑留された朝鮮人捕虜の問題に関する真相調査－中国東北部に強制動員された朝鮮人を中心に」	A5 69 頁	2013.3 （2011）	500 円
3	「広島・長崎 朝鮮人の原爆被害に関する真相調査－強制動員された朝鮮人労務者を中心に」	A5 103 頁	2015.6 （2011）	500 円
4	「日本の長生炭鉱水没事故に関する真相調査」	A5 260 頁	2015.12 （2007）	1000 円
5	「委員会活動報告書」※	変形版 151 頁	2016 （2016）	1000 円

●＜日帝強制動員被害者支援財団発行の書籍＞

日帝強占下強制動員被害真相究明委員会、対日抗争期強制動員被害調査及び国外強制動員犠牲者等支援委員会編
日帝強制動員被害者支援財団・日本語翻訳協力委員会訳

「日帝強制動員被害者支援財団翻訳叢書」（以下、「翻訳叢書」）　企画・発行：日帝強制動員被害者支援財団

No	書籍名	サイズ 頁数	発行年月 （韓国語版）	頒価
1	翻訳叢書①口述記録集「ポンポン船に乗って帰る途中、海の幽霊になるところだったよ」	A5 269 頁	2019.12 （2006）	1000 円
2	翻訳叢書②口述記録集「朝鮮という私たちの国があったのだ」	A5 341 頁	2012.2 （2006）	1000 円
3	翻訳叢書③報告書「朝鮮人BC級戦犯に対する調査報告」	B5 89 頁	2019.12 （2011）	500 円
4	翻訳叢書④「ハワイ捕虜収容所における韓人捕虜に関する調査」	B5 83 頁	2019.12 （2008）	500 円
5	翻訳叢書⑤口述記録集『我が身に刻まれた八月　広島・長崎強制動員被害者の原爆体験』	A5 601 頁	2020.12 （2009）	1000 円
6	翻訳叢書⑥口述記録集『聞こえてる？日本軍「慰安婦」12人の少女の物語』	A5 414 頁	2020.12 （2013）	1000 円
7	翻訳叢書⑦図録『写真で見る強制動員の話－日本・北海道編－』	B5 変形版 182 頁	2020.12 （2009）	1000 円
8	翻訳叢書⑧報告書『南洋群島への朝鮮人労務者強制動員実態調査』	A5 105 頁	2020.12 （2012）	500 円
9	翻訳叢書⑨報告書『端島炭鉱での強制動員朝鮮人死亡者実態調査（1939〜1941）』	A5 158 頁	2020.12 （2009）	500 円

21

強制動員真相究明ネットワーク「強制動員 ZOOM 講座」

●参加費無料、以下のURLに申し込みください。開催日の前日に URL 等連絡します。
●真相究明ネットでは、会員（年会費 3000 円）、募金を募っています。ご協力をお願いします。
送金先：郵便振替＜00930－9－297182　真相究明ネット＞

申込みはこちらから 　　QRコード

https://forms.gle/R36L4yRS9sjijqNX9

＜第２回＞　11月23日（火、休）午後3時～4時半
テーマ　　「産業戦士にされる朝鮮人労働者」
講　師　　木村嘉代子さん（ジャーナリスト）

　木村さんは、戦争責任、働く人の権利などをテーマに執筆活動をされている。「"歴史を掘る"日韓の若者交流―浅茅野遺骨発掘調査」2010.9、「フランス軍専用売春宿 BMC」2016 などを執筆されている。本年8月、『朝鮮人「徴用工」問題を解きほぐす―室蘭・日本製鉄輪西製鉄所における外国人労働者「移入」の失敗』（寿郎社）を出版された。今回は、その中より、「朝鮮人労働者と日本人労務管理者（「特殊労務者の労務管理」他の記述紹介など）／朝鮮人労働者の訓練内容（新幌内鉱業所の訓練日課、八幡製鉄所の教育科目など）／軍需工業・鉄鋼業界に組み込まれた朝鮮人労働者／鉄鋼統制会の錬成会（日本人の精神錬成、朝鮮人労働者の参加）」について報告していただく。

==

【 会 費 振 込 の お 願 い 】

2021年度（2021年4月～2022年3月）の会費の納入がまだの方は振り込みをお願いいたします。
　個人一口 3000 円、団体一口 5000 円
（本ニュースを郵送で受け取られた方は、同封の振込用紙をご使用ください。）
　送金先：[郵便振替口座]
00930－9－297182　真相究明ネット

強制動員真相究明

ネットワークニュース No.20 2022年6月2日

編集・発行：強制動員真相究明ネットワーク

（共同代表／飛田雄一、庵逧由香　事務局長／中田光信　事務局次長／小林久公）
〒657-0051　神戸市灘区八幡町 4-9-22 (公財)神戸学生青年センター内
ホームページ：https://ksyc.jp/sinsou-net/　　E-mail：shinsoukyumei@gmail.com
TEL:078-891-3018 FAX:078-891-3019(飛田)郵便振替＜00930－9－297182　真相究明ネット＞

＜目　次＞

「歴史認識問題研究会」の歴史認識の問題
　　　　　　　　強制動員真相究明ネットワーク　竹内康人　　　　-2-

遺骨返還の早期実現を求める要望書を外務省に提出しました
　　　　　　　　遺骨奉還宗教者市民連絡会 事務局 森俊英　　　　-6-

「笹の墓標展示館」の過去と未来－再建を目指して
　　　　　　NPO 法人東アジア市民ネットワーク代表 殿平善彦　-10-

「記憶 反省 そして友好」の追悼碑を守る闘いの現状について
　　　　　　　　群馬県平和運動センター倉林誠　　　　　　　　-12-

長生炭鉱水没事故 80 周年犠牲者追悼集会報告
　　　小畑太作（おばた・たいさく／「長生炭鉱の水非常を歴史に刻む会」事務局長）　-13-

＜資料＞

「佐渡島（さど）の金山」の世界遺産登録問題
「佐渡島の金山」の世界文化遺産推薦において戦時強制労働などの「歴史全体」の記述を求める要請書　-16-
＜緊急声明＞
日本政府は戦時の朝鮮人強制労働を否定するのではなく認知すべきである
　－ 佐渡鉱山（「佐渡島の金山」）世界遺産登録問題によせて－　　-17-
「佐渡島の金山」世界遺産推薦書などの公開と対話を求める要請書　-19-
＜声明＞
「佐渡島の金山」世界遺産推薦内容の改訂を求める声明　　　　　-20-
「明治産業革命遺産」問題
ユネスコ世界遺産委員会の明治産業革命遺産に関する決議の履行と当会との対話を求める要請書　-22-

会費納入のお願い　　　　　　　　　　　　　　　　　　　　　-23-

「歴史認識問題研究会」の歴史認識の問題

強制動員真相究明ネットワーク　竹内康人

「歴史認識問題研究会」意見広告

　2022 年 2 月 3 日、「歴史認識問題研究会」（西岡力会長）の意見広告「佐渡金山は朝鮮人強制労働の現場ではない、事実に基づく反論を！」が「新潟日報」に掲載された（以下、文中敬称略、〔 〕は筆者による）。その内容を要約すると次のようになる。

　戦時動員期間に、240 万人の朝鮮人が内地に渡航したが、そのうち 60 万人だけが動員で、180 万人は自分の意思による個別渡航。「強制連行」「強制労働」などとは異なる歴史的事実だ。佐渡金山では 1519 人の朝鮮人労働者が動員されたが、約 1000 人は「募集」に応じた者たちだ。残りの約 500人は「官斡旋」「徴用」で渡航したが、合法的な戦時労働動員であって「強制労働」ではない。待遇はみな日本人と同じだった。家族宿舎と独身寮が無料で提供され、会社が費用の一部を負担して安価な食事も出された。終戦時には 1096 人が残っていたが、暴動など起こさず数人の在留希望者以外全員が帰還した。日本政府は〔2021 年〕4 月、朝鮮人労働者の戦時動員は強制労働に関する条約の強制労働には該当していないと明確な閣議決定をした。強制労働に関する条約には、戦時労働動員は国際法違反の強制労働に含まれないと明記している。歴史的資料と証言は多数ある。国際広報につくすべき。事実に基づく反論だけが祖国と先人の名誉を守る道である。朝鮮人戦時労働動員は強制労働ではない。韓国の政府とマスコミは佐渡金山を朝鮮人強制労働の現場と批判するが、歴史的事実ではない。

広告はこのように戦時の朝鮮人の強制労働の歴史を否定するものであるが、その誤りをただして、次のように記すことができる

　日本政府は総力戦体制の下で労務動員計画を立て、1939 年から 45 年にかけて募集・官斡旋・徴用などの名で、約 80 万人の朝鮮人を強制的に動員し、労働を強制した。「強制連行」「強制労働」はこの時期の総動員体制での労務統制の状況を示す歴史的事実である。

　1940 年から 42 年にかけて、佐渡鉱山には約 1000 人が動員されたが、それは甘言による動員であり、約束が違うことから労働争議が起きた。43 年 5 月までに 10 人が死亡し、過半数が再契約を強要された。逃亡すれば、逮捕され、処罰された。のちの官斡旋や徴用による動員では約 500 人が動員され、労働を強制された。

　植民地から、皇国臣民の名により朝鮮人の民族性を奪って動員がなされた。現場では暴力による管理と差別があった。食事は粗末であり、空腹の中で労働を強制された。塵肺による健康破壊も起きた。敗戦時には 570 人ほどの動員朝鮮人がいたが、帰国は 10 月から始まった。

　1999 年、国際労働機関（ILO）の条約勧告適用専門家委員会は戦時の朝鮮や中国からの動員について、「悲惨な条件での、日本の民間企業のための大規模な労働者徴用は、この強制労働条約違反であった」と認定している。国際社会はこの動員が国際法に反する行為であるとし、日本政府が責任をとることを求めている。

　強制労働を示す歴史的資料と証言は多数ある。戦時の朝鮮人の労務動員は強制連行・強制労働だった。佐渡鉱山は朝鮮人強制労働の現場であり、それは歴史的事実である。強制労働を認めることで佐渡鉱山の評価は高まることになる。

「歴史認識問題研究会」セミナー冊子

　歴史認識問題研究会は 2022 年 3 月 23 日、「佐渡金山における朝鮮人戦時労働の実態」というセミナーをもった。そのセミナー冊子がある。読んでみると、戦時の朝鮮人強制労働はなかったという議論であり、事実認識での間違いや史料の恣意的な解釈が多い。

　朝鮮人強制労働の歴史を否定する彼らの発言は、歴史事実を相対化するためものであり、史論として

対置すべきものではない。しかし、そのうごめきを止めるためには、その誤りについて指摘しておく必要があるだろう。冊子に収録された西岡力「朝鮮人戦時労働と佐渡鉱山」の記述から原文を示し、その問題点をみよう。

西岡は次のように記す（以下、1から7の上段はセミナー冊子での記述）。

1「内務省の統計によると戦時動員期間（1939年から45年）に合計約240万人（正確には237万8232人）が内地に渡航したが、そのうちわずか4分の1の60万人（60万4492人）だけが戦時動員（募集・官斡旋・徴用）であって残りの180万人（177万3740人）は自発的個別渡航者なのだ」（冊子2頁）。

「私は内務省統計という一次史料を使って」「〈朝鮮から内地への雪崩のような出稼ぎ渡航があったのだが、それを戦争遂行に必要な事業所に秩序だって送ろうとしたのが戦時動員だった。「強制連行」「強制労働」などとは異なる歴史的事実だ〉と新しい学説を提起して〔古い学説（強制連行）を〕否定した」（5頁）。

西岡は、内務省統計と記しているが、具体的な資料名を記していない。この西岡の数字については西岡編『朝鮮人戦時労働の実態』（30頁）に同様の論がある。そこで、西岡は森田芳夫『数字が語る在日韓国・朝鮮人の歴史』の表「朝鮮人の日本内地渡航・帰還」（72頁）、「日本内地への労務動員」（75頁）から渡航者数と動員者数を抜き出して一つにまとめている。森田はその典拠を内務省（警保局）の『社会運動の状況』および内務省（警保局）資料とする。西岡の数字はこの森田の本からの重引である。森田は1943年から45年にかけての数字を内務省資料としか記していない。西岡はその史料名不明の内務省資料を直接みてはいないだろう。なお、西岡編著では動員数を60万4429人とするが、セミナー用論文での引用に際し、60万4492人と誤記している。

西岡は強制連行や強制労働は歴史的事実ではないとする。しかし、朝鮮人の戦時動員は国家総動員法の下で政府が労務動員計画を立てておこなわれた。その動員は政府の承認を受けた企業によるものであり、朝鮮総督府が関与しての割当動員であった。それは国家権力を後ろ盾とするものであり、強制力をともなうものであった。わたしは当時の一次史料、内務省警保局の内鮮警察の統計、「労務動員関係朝鮮人移住状況調」などを使い、史料名を明示した上で、日本への労務での動員数を約80万人としている。

戦時下、植民地朝鮮の人口の一割近くが流浪を強いられたのであり、それは戦時の植民地統治の過酷さを示すものである。「雪崩のような出稼ぎ渡航」などと記すべき状態ではない。戦時の労務動員は「強制連行」「強制労働」の実態をともなうものであった。

2　「「強制労働」あるいは「強制連行」という言葉は当時なかった。」「1960年代から日本の左派系学者らがその言葉を使い始め、その後に韓国でも使われるようになった。つまり、後世における歴史評価だ」（4～5頁）。

西岡のこの記述は次の事実から誤りであることがわかる。1945年12月8日の「京城日報」には日本帝国主義の下で「強制徴兵」「強制徴用」「強制勤労」されたことが記されている。動員された朝鮮人とって、それは強制であったのである。後に日韓会談で韓国側の一員となる李相徳は、雑誌「新天地」1948年1月号に「対日賠償の正当性」について記し、「強制動員」による被害として、軍人軍属の死亡・傷害などの損害と徴用・勤労奉仕、報国隊の名での「強制労働」の犠牲をあげた。また、動員被害者は「太平洋同志会」を結成し、1948年10月、韓国国会に「対日強制労務者未債金債務履行要求に関する請願」を出している。

このように、「強制徴用」「強制動員」「強制労働」「強制労務」という言葉を用い、当時の被害を示し、被害回復を要求する動きがあったのである。当時から韓国内で使用され、日本でも調査・研究がすすみ、「強制労働」「強制連行」という用語が定着したのである。「1960年代から日本の左派系学者らがその言葉を使い始め、その後に韓国でも使われるようになった」のではない。

3　「一次史料、つまり、戦時労働が実施されていた当時かその直後に現地で書かれた資料、当時の関係者の証言は先の意見広告の注2から4に挙げた三点しかない」（2頁、〔意見広告によれば、注2は平井栄一編「佐渡鉱山史其ノ二」〔佐渡鉱業所1950年〕、注3は佐渡鉱業所「半島労務管理ニ付テ」〔1943

3

年〕、注４は相川町史編纂委員会編「佐渡相川の歴史通史編近現代」〔1995 年〕の３点〕）。

西岡は一次史料が３点しかないというが、戦時の佐渡鉱山の労働状況を示す史料はほかにもある。西岡のいう平井栄一の著書は戦後の社史であって一次史料ではない。「佐渡相川の歴史通史編近現代」も一次史料とするが、自治体史であって一次史料とはいわない。一次史料を利用した著作である。

「半島労務管理ニ付テ」は企業による一次史料であるが、その史料批判は欠かせない。これ以外にも、佐渡鉱山については、特高月報、思想月報、警察公報などの文書や中央協和会、日本鉱山協会、新潟県警察部、新潟司法事務局などの記録、相愛寮煙草配給台帳などの史料がある。また、強制動員された朝鮮人への聞き取り資料や労務係の手記もある。

元労務係杉本奏二は「一方稼働の悪い連中に弾圧の政策を取り、勤労課に連れ来り、なぐるける、はたでは見て居れない暴力でした」。「彼等にすれば強制労働をしいられ、一年の募集が数年に延長され、半ば自暴自棄になって居た事は疑う余地のない事実だと思います」と記している。

樺太庁警察部の「警察公報」（551 号、1941 年 12 月 15 日）には、「団体移住朝鮮人労働者逃走手配」の項があり、三菱佐渡鉱業所から逃亡した朝鮮人４人についても記されている。新潟県警察部は、氏名、出身、身体の特徴、着衣などの特徴を記して、全国に指名手配したのである。政府の労務動員計画で集団移入させられた朝鮮人は、政府（警察）と企業による監視の下で労働を強いられていたのである。

証言や史料からも強制労働の存在は明らかである。西岡は一次史料の概念理解、史料批判、史料調査などが不十分である。

4　「この史料〔平井栄一編「佐渡鉱山史」〕の原本が現在どこにあるのか不明だ。複写版が佐渡市相川郷土博物館と三菱史料館に所蔵されているが、公開されていない。」「歴史認識問題研究会は１月 26 日にある筋から目次と「（九）朝鮮人労務者事情」という項目の写真を入手して、研究会ＨＰで公開した」（2 頁）。

西岡はこのように記すが、平井栄一編「佐渡鉱山史」の原本はゴールデン佐渡（三菱マテリアルの子会社）が所有している。複写版については、新潟県が「近代の佐渡金銀山の歴史的価値に関する研究」で公開している。しかし、複写版では「（九）朝鮮人労務者事情」のうち、動員数を記した主要一頁が削除され、不明のままだった。その部分を含む朝鮮人に関する頁を、2022 年１月 20 日に新潟県の高鳥修一衆議院議員(自民党、保守団結の会)がブログで公開した。１月 27 日には、安倍晋三元首相（保守団結の会)がフェイスブックに同じ写真を示している。

経過から見れば、ゴールデン佐渡から高鳥修一の手に渡り、そこから安倍晋三、西岡力へという流れだろう。西岡は「佐渡鉱山史」の原本の所在を知らないとし、新潟県が部分復刻している史料であることは示さず、社史を一次史料とみなすのである。この史料では、佐渡鉱山への朝鮮人動員数を 1517 人とする。複写版ではその事実を示す頁が抜き取られ、隠されていたわけである。動員数を示せば、その動員の責任が問われるからであろう。

5　「注目したいのは不良送還 25 人だ。つまり、きちんと働かない者は朝鮮に返したのだ。強制労働ならそのようなことはしないはずだ」（3 頁）。

「出来高払いで賃金が計算されていたので最高〔221.03 円〕と最低〔4.18 円〕ではこれほど差が出るが、かなり良い賃金だったことがわかる。これが「強制労働」なのか」（3 頁）。

「転出は 1943 年になって金採掘が停止して戦争物資である銅採掘だけを行うようになり、労働者が余ったため、埼玉県などの工事現場に朝鮮人労働者を送ったものだ」（3 頁）。

西岡は強制労働の概念規定を理解していないか、故意にすり替えている。強制労働とは、処罰の脅威の下に労働を強要されること、自由意志によらないすべての労務をいう。

司法省刑事局「労務動員計画に基く内地移住朝鮮人労務者の動向に関する調査」（「思想月報 79」）の佐渡鉱山争議の記事にあるように、現場で労務統制のために、争議を起こした者は、朝鮮に送り返された。その争議は、甘言による動員のもと、低賃金であり、福利厚生が不十分であり、労働が強制されていたことから生じた。争議の中心人物は排除され、送還された。

賃金の多寡は問題ではない。就労できなければ、一か月に４円程度の収入となり、食費などの控除に

4

より赤字となることもあったのである。労務係の手記にあるように暴力による労務管理がなされており、職場を自由に辞める権利はなかった。

佐渡鉱山は1943年の政府による金山整理により、銅生産に主軸を置くようになった。そのため、細倉鉱山や明延鉱山に転出させられたものもいた。埼玉県や福島県の地下工場建設現場に転送されたのは1945年に入ってからのことであり、銅生産への転換期の43年ではない。

西岡は、「佐渡鉱山史」の社史としての記述の限界をみず、史料の批判をすることもなく、記述を強制労働否定のために利用しているにすぎない。

6 「同書〔平井栄一「佐渡鉱山史」〕も一級の一次史料だ。」「私は一次史料を根拠に強制労働はなかったと書いたのだ。国内の不勉強な勢力に対してもきちんと反論をしつつ、韓国と国際社会に対して佐渡金山では強制労働などなかったという歴史的事実を史料に基づいてきちんと広報しつづけ、ユネスコ文化遺産登録をなんとしても勝ち取らなければならない」(5頁)。

西岡は「〔一次史料から〕佐渡金山では強制労働などなかった」と記す。しかし、総力戦体制の下、「半島労務管理ニ付テ」の記述にあるように、佐渡鉱山に動員された朝鮮人は坑内労働へと集中的に投入され、期間を延長される者も多かった。また、当時の新聞記事に記されているように、「産業戦士」とされ、「決死増産」の掛け声の下、生命を賭けた労働が強制された。さらに労務係の手記にあるように、労務管理では暴力があった。そして警察記録からは、逃亡すれば、指名手配され、捜査対象とされ、逮捕されれば、処罰されたことがわかる。

総動員体制下、労働者としての権利は奪われていたのであり、労務動員での「契約」は自由な契約による労働ではなかったのである。「佐渡金山で強制労働などなかった」ということはできない。

7 強制労働を否定する李宇衍は、この冊子に「佐渡金山における朝鮮人戦時労働の実態」という文を記している。その最後の部分で、李は「〔歴史認識問題研究会の長谷亮介の分析を基に〕労使紛争を含め、朝鮮人の集団行為を警察が武力鎮圧・解散し操業を続行させた事例はない。」「佐渡鉱山でも警察が朝鮮人を武力解散・鎮圧した事はない」と記している(45頁)。〔歴史認識問題研究会は2022年4月末、セミナー報告を自らのウエブサイトに掲載したが、李の報告は前半部分のみの掲載であり、ここで指摘した箇所は掲載されていない。〕

このような記事には、先にみた「思想月報79」での1940年4月の佐渡鉱山争議の記録を示そう。このとき、ストライキで気勢を上げた朝鮮人と日本人に対し、警察が介入し、日本人2人、朝鮮人3人を検束、さらに「徹底的措置」を講じるために12人を検束した。「思想月報79」ではこの行動を「警察側の鎮圧」と明記している。警察が「鎮圧した事はない」のではなく、鎮圧したのである。当時の警察権力による「厳諭」は暴力の行使を含むものであった。李宇衍らはそれを読みこむことができない。

なお、鉱山側は争議の原因として、言語が通じないための「誤解」、「智能理解の程度が想像以上に低き為」に意思疎通が欠けたこと、募集現地の郡面関係者が坑内作業の内容の認識に欠け、労働条件への多少の誤解があったこと、二、三の「不良分子」の煽動に乗じて「半島人特有の狡猾性 付和雷同性」を現わしたことなどをあげている。そして「不良労務者」の「手綱」を「ゆるめざる管理」が必要とする(日本鉱山協会「半島人労務者ニ関スル調査報告」での佐渡鉱山報告)。朝鮮人を人間ではなく牛馬のようにみなしていたということであり、鉱山側の朝鮮人に対する差別と偏見を示す表現といえよう。

歴史認識問題研究会の強制労働否定論は、朝鮮の日本統治は不法な植民地支配ではないとし、動員朝鮮人は合法的な戦時労働者であるとみなす立場からなされている。かれらは、朝鮮人強制労働は「プロパガンダ」であり、戦時朝鮮人労働は強制労働ではなく、2018年の韓国大法院徴用工判決は偏った研究蓄積によるものとするのである。

このような歴史認識自体が問題なのである。

佐渡鉱山のユネスコ文化遺産登録は、朝鮮人強制労働の歴史否定を克服し、その歴史を記すことで実現できる。そうすることで、ユネスコが求める人類の知的精神的連帯、人権と平和の実現に寄与することができるのである。

(2022年5月)

5

遺骨返還の早期実現を求める要望書を外務省に提出しました

遺骨奉還宗教者市民連絡会
事務局　森　俊英

　4月26日、日本政府に要望書を提出しました。当会が日本政府に提出した要望書は「韓国政府と協議を再開し、旧民間徴用者等の遺骨返還を早期に実現することを求めます」との表題です。当稿の最後に要望書全文を転写しています。

　要請団は以下の会員6人で構成されました。

殿平善彦　浄土真宗本願寺派一乗寺　　連絡会世話人　（北海道）
木村眞昭　浄土真宗本願寺派妙泉寺　　連絡会会員　　（福岡県）
西谷徳道　曹洞宗天徳寺　　　　　　　連絡会会員　　（長崎県）
松本智量　浄土真宗本願寺派延立寺　　連絡会会員　　（東京都）
森　修覚　真宗大谷派僧侶　　　　　　連絡会会員　　（東京都）
森　俊英　浄土宗正明寺　　　　　　　連絡会事務局　（大阪府）

　なお、下記の2人の国会議員が同席されました。
白眞勲　　参議院議員（外務省への要請書提出設定に協力・同席）
森山浩行　衆議院議員（遺骨問題に関心を持つ議員として同席）

【要望書提出は次のような流れで行われました】

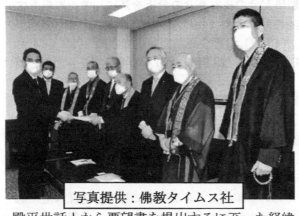

写真提供：佛教タイムス社

外務省からの出席者
外務省アジア大洋州局北東アジア第1課
　　日韓交流室長　地域調整官　武田克利氏

外務省アジア大洋州局北東アジア第1課
　　課長補佐　　千々部克洋氏

　冒頭、殿平世話人から武田調整官に要望書が手渡されました。続いて、当会事務局（森）から連絡会の紹介と要請文の読み上げがあり、その後、殿平世話人から要望書を提出するに至った経緯と、韓国の遺族に1日でも早く遺骨が届けられるべき事、日韓間に懸案があっても人道上の配慮から政治と切り離して遺骨返還はなされるべき事などが語られました。

　次に西谷会員（長崎県　壱岐　天徳寺住職）から、2018年5月に所沢　金乗院から壱岐天徳寺に移管された政府管理下の131体の遺骨に関して、長年日韓の仏教僧侶などによる追悼活動が続けられていること、1日も早く韓国への返還がなされるべきことが訴えられました。

　さらに、天徳寺に保管されている犠牲者の遺品（副葬品）がテーブルに広げられました。紙に包まれた13点の遺品はタカジョウ（労働用の靴）、服などの一部と思われる布、ベルトのバックルなどです。武田調整官は遺品に見入り、「これは何でしょうか？」などと、回りの人に問いかけていました。

外務省の応接室にて広げられた犠牲者の副葬品

副葬品の1つ

事務局（森）が武田調整官に『読売新聞』記事を見てもらい、長年にわたり、日韓の仏教僧侶などによる追悼活動が続けられていることを説明（天徳寺住職と韓国 水谷寺住職の写真）。

　そのあと、日韓政府間に関する私たちの質問に対して、武田調整官は今も日本政府には韓国政府との交渉の窓口が設けられており、日韓政府間では交渉が続けられていること、遺骨返還に関する日韓政府間の合意ができないため、遺骨返還に至っていないという説明がなされました。私たちから早期に返還を実現すべきと要望して懇談は終りました。

　当初、アジア大洋州局の船越局長が要請文を受け取る手はずでした。しかし、韓国次期政権の代表団が来日したため、急きょ武田調整官に変更になりましたが、要請文を公式に政府に手渡すことができました。

　私たちの要請行動が日本政府の政策に直ちに影響するわけではないでしょうが、日韓間において遺骨問題が解決されるべき重要な案件として存在することを政府に伝えることが出来たことは大きな成果だったと思います。

　西谷会員が持参した犠牲者の遺品は、死者と共に海中から引き揚げられたものであり、武田調整官の心に死者の思いとなって届いたのではないでしょうか。

　翌日、北海道新聞朝刊に記事が掲載されました。その後も数社から記事として報道されました。滞っている遺骨問題があることを世論に訴える力になると思われます。

以上

【提出した要望書（全文）】

2022 年 4 月 26 日

内閣総理大臣　岸田文雄様

遺骨奉還宗教者市民連絡会

連絡先（当会事務局）

〒590-0964

大阪府堺市堺区新在家町東 4-3-15

浄土宗　正明寺内　森　俊英

電話　090-6979-2661

FAX　072-222-0797

韓国政府と協議を再開し、旧民間徴用者等の遺骨返還を
早期に実現することを求めます

　岸田文雄総理大臣におかれましては日々、政務にご奮闘のことと拝察申し上げます。私共は戦時下に日本に残された朝鮮半島出身者のご遺骨をご遺族や故郷へ返還する取り組みを行っている宗教者・市民の集まりです。

　早速ですが、以下のことを要望申し上げます。

　2004 年 12 月、鹿児島県指宿で開催された日韓首脳会談の席上、盧武鉉大統領から「（日本国内に）韓国人の徴用者らの遺骨が多く残っているが、（略）調査が完全に終わらなくても、確認された部分だけでも返還されればとおもう」という発言があり、小泉純一郎総理大臣が可能な限り対応することを約束して遺骨返還の取り組みが始まりました。翌年、日本政府は企業や地方自治体に続いて、全日本仏教会に全国に散在する遺骨の調査を依頼し、依頼を受けた仏教教団は綿密な調査を実施しました。その結果、日本政府は朝鮮半島出身の民間徴用者等の遺骨 2799 体の所在が明らかになったとし、そのうち 1018 体を実地調査において確認したと聞いております。

　この間、日韓政府は交渉の窓口を作り、遺骨問題の話し合いを続けました。その結果、旧日本軍の朝鮮人軍人・軍属の遺骨返還は進みましたが、民間徴用者等の遺骨返還は実現せず、結局、小泉・盧会談から 18 年が経過した今日も日本国内に残された徴用者等の遺骨は両政府間の協議を通しては 1 体も返還に至っていません。日韓両国間には諸懸案が存在しますが、日本国内に残されている民間徴用者等の遺骨返還は政治の動向と切り離して、人道上の課題として実現が可能ではないでしょうか。

8

日本・韓国間における遺骨に関する協議を再開・進展させて、直ちに遺骨返還を実現していただくよう以下のことを強く要望します。

① 日本政府がこの間、全日本仏教会などと協力して調査してきた、全国に散在する朝鮮半島出身の民間徴用者などの遺骨1018体は韓国へ返還可能な遺骨と聞いています。戦後76年が過ぎて遺族は高齢化し、亡くなられる方も多いでありましょう。遺族の思いに応えるべく遺骨は1日でも早く届けられなければなりません。

　調査結果には遺族へ返還可能な氏名が書かれた遺骨が含まれると思われます。私たちの調査でも韓国内に遺族が判明しているにもかかわらず、日本の寺院に残されている遺骨があることを知っています。返還に際しては、長年遺骨を異郷に留まらせた日本側からの遺族への誠意ある対応が大切ですが、その点は両政府間で話し合いが可能ではないでしょうか。

　時間とともに記憶や記録も曖昧になり、合葬などの危機に瀕する遺骨も少なくありません。遺骨の所在が見失われることのないように1日でも早く返還を実現するべく強く要望します。

② 2018年5月末に厚労省管理下の「朝鮮半島出身民間徴用者等」の遺骨131体が埼玉県所沢市金乗院から長崎県壱岐天徳寺に移管されて4年になろうとしています。この遺骨は太平洋戦争直後に朝鮮半島に帰ろうとした帰国希望者の船が台風で転覆して死亡し、壱岐と対馬の島民によって引き上げられた死者の遺骨です。この遺骨は荼毘に付され固有の氏名を明らかにすることは困難でありましょうが、朝鮮半島の故郷を目指して乗船した人々の遺骨であることは確実です。

　政府間協議が進まないため、今も遺骨は壱岐の地に留まったままですが、日本政府が管理している遺骨ですから、日本政府が返還の意志を表明すれば返還はすぐにでも可能と思われます。壱岐天徳寺に安置されている遺骨返還の実現を強く要望します。

　壱岐においては20年以上も日韓の宗教者・市民による返還を願う交流事業が続けられていることを申し添えます。

　日本、韓国両政府は人道的立場に立ち、遺骨返還の協議を推進し、全国に散在する遺骨の返還を実現していただきたい。両国関係が困難な時こそ、遺骨問題に取り組んでいただきたいと心から要望します。

以上

「笹の墓標展示館」の過去と未来－再建を目指して

NPO法人東アジア市民ネットワーク代表　殿平善彦

　北海道幌加内町朱鞠内に1995年オープンした強制労働犠牲者を追悼する資料館「笹の墓標展示館」が、2000年冬、雪の重みで完全倒壊に至りました。25年間続いた展示館の歴史に幕が下ろされました。

　展示館の建物になった旧光顕寺本堂（真宗大谷派寺院）は1934年に朱鞠内の浄土真宗信者によって建築された寺院です。創建されて間もなく、アジア太平洋戦争下に始まった雨龍ダム、深名線鉄道工事（1935年～43年）では過酷なタコ部屋労働がおこなわれ、寺院が工事現場からほど近い場所にあったことから、犠牲者の遺体が頻繁に運び込まれたのでした。死者は住職から

東アジア共同ワークショップ（１９９７年）

のお経の後、木片で作られた位牌を残して山中に運ばれ、次々と土中に埋められていきました。現在までに日本人、朝鮮人併せて200人を超える犠牲者の名前が判明しています。地元住民と空知民衆史講座の手で始まった強制労働犠牲者の遺骨発掘は1980年から中断しながら2001年まで6次にわたって行われ、24体の遺骨が土中から発掘されました。1997年からは日本人とともに韓国人、在日コリアン、アイヌの若者たちが発掘に参加した日韓共同ワークショップ（2001年から東アジア共同ワークショップと改称）が始まり、発掘は若者たちの手によって行われようになりました。ワークショップで出会った日韓の若者たちは一回性の出会いに終わらず、継続して出会い続け、ワークショップは今日まで25年間続いて開催されてきました。延べの参加者は3000人近くなります。

　犠牲者の遺族を調査して、遺骨を遺族に届けようとする活動は1980年以後、空知民衆史講座の人々によって続けられてきました。

　1982年に初めて韓国を訪問したメンバーは韓国僧侶の手引きで慶尚南道や忠清北道の遺族を訪ね、連行されたまま、帰らない人を待つ遺族の存在に気づきます。日本の植民地支配の傷跡は犠牲者の遺族の心の中になまなましく残り続けていました。ワークショップに参加して発掘に臨んだ日韓の若者たちも遺族を訪ねる旅をします。参加者は犠牲者の帰りを待つ遺族の存在に衝撃を受け、証言を聞きながら涙します。遺骨発掘で死者と出会い、遺族探しで遺族の存在に気付いた若者たちは相互のナショナリズムを越えて共同の歴史への認識を育てていきます。彼ら、彼女らはやがて相互に留学し、就職し、恋愛から結婚に至る若者も少なくありませんでした。若者たちは越境して出会い続け、朱鞠内を拠点に小さくとも確かな友情に包まれた"東アジアの共同体"が育っていったのでした。

遺骨返還の旅

　犠牲者の遺族への遺骨返還を伴う戦後補償の責任は日本国家と強制連行・強制労働を強いた企業にあることは明らかです。政府や企業に対して遺族への謝罪と補償を要求し、日本と東アジアの国々との和解を実現しようとする運動は訴訟などで粘り強く続けられてきました。しかし、日本国内での訴訟の多くは敗訴になり、和解への歩みは困難を極めています。北海道の遺骨発掘は政府や企業の責任を求めながらも、遺骨の発掘に参加した人がその遺骨の遺族に連絡し、遺骨を受け取ってもらいたいと語りかけ、遺骨を届ける活動を続けて来ました。日韓の若者は戦後に生まれ、犠牲者の遺骨に直接の責任を負うわけではないが、遺骨に出会うことで、過去の植民地支配の歴史に触れ、歴史への"連累"の自覚を育てたということができるでしょう。（テッサ・モーリス＝スズキ「過去は死なない」参照）

　2015年9月、朝鮮半島出身の犠牲者の遺骨（北朝鮮出身者の遺骨を除く）とわかる115体の遺骨を日韓のワークショップ参加者が共同の努力で韓国に返還する旅を行いました。北海道を出発した遺骨はバスに積まれ、海路と陸路を下関まで走り、玄界灘を越えて韓国に運ばれました。犠牲者が70年前に連行された道を逆にたどって遺骨は故郷に向かったのでした。

再生運動と遺品巡回展

　日韓市民の共同の努力で遺骨返還が実現して5年後、2020年冬、遺骨を安置し、遺品を展示してきた「笹の墓標展示館」がその役割を終えたように倒壊しました。本堂の隣に残された庫裏（宿泊施設）が2022年12月、雪下ろしの際の失火で焼失し、旧光顕寺の建物はすべて失われてしまいました。再建を決意した私たちは6000万円の募金を目標に訴えを皆さんに届け、今日までに4000万円を超える支援が寄せられました。さらにご支援を訴え、展示館の再建を果たす決意です。

倒壊した「笹の墓標展示館」

　展示館に収蔵、展示されてきたお位牌、お骨箱、発掘遺品などは幸いにも焼失を免れ、無事でした。残された遺品を多くの方々に見ていただきたいと考えた私たちは「笹の墓標展示館巡回展」を企画し、町々で展示会を開催する取り組みを始めました。2021年10月に北海道滝川市で始まった巡回展は、旭川市、帯広市、室蘭市で開催され、現在札幌で開始中です。

　この後、6月9日～15日・新潟市新潟国際情報大学、6月19日～26日・名古屋市真宗大谷派名古屋別院、7月26日～8月1日・富山市真宗大谷派富山別院で開催されます。さらに9月22日～30日・大阪市北御堂（本願寺津村別院）、10月5日～13日・東京築地本願寺、10月17日～25日・京都市西本願寺での開催が決まっています。強制連行や強制労働がなかったという言説が横行する今、死者の残したお位牌やお骨箱など遺品が歴史の事実を語り掛ける声に耳を傾けたい。秋以降も各地での開催を呼びかけ、その地方での課題も共に展示する集いになればと思います。開催の可能性をぜひお伝えください。

「記憶 反省 そして友好」の追悼碑を守る闘いの現状について

群馬県平和運動センター　倉林　誠

「記憶 反省 そして友好」の碑

　県立公園群馬の森にひっそりとたたずむ追悼碑、その存在を多くの県民は知らなかったでしょう。その追悼碑が今回の裁判によって、まるで政争の具のように映しだされているのは、本来の建立の意味とは程遠い形となっており残念でなりません。

　いま、連日報道されているロシアによるウクライナへの軍事侵略、しかしメディアは70数年前に日本が東北アジアに侵略したことを伝えていません。いつの世も戦争の犠牲になるのは、多くの市民であることを忘れてはならないと思います。

　さて、追悼碑は昨年8月の東京高裁「逆転不当判決」以降、9月に上告提起、上告受理申立てを行い、10月には上告理由書、上告受理申立理由書を提出しました。そして本年1月、最高裁第2小法廷から、記録到着通知書が届いています。審理期間の平均は3カ月程度でありますが、原判決（高裁）が破棄される場合は6カ月を超えることが多いと言われています。

　今後、最高裁が上告受理決定をするかどうか、口頭弁論を指定するかどうかでありますが、弁護団と追悼碑を守る会・裁判を支える会は、追悼碑の存続を実現するために最高裁を包囲する闘いを取り組むことを確認しています。

　この間、2016年には「ヘイトスピーチ解消法」が成立し、川崎では罰則付きの条例、大阪市や東京都では「差別を許さない条例」が施行されています。そして追悼碑裁判の発端ともなった歴史修正主義団体「そよ風」の集会での発言で東京都は、「差別的発言」と認定しました。またTBS報道特集で「強制連行をめぐる追悼碑撤去の波紋」と題する取材報道が全国放映されました。

　弁護団は、本年4月に口頭弁論指定要請書、「歴史学界では通用しない判決」と竹内康人氏の意見書、TBS報道特集を提出しました。さらに7月末までに市川正人教授の追加意見書及び、上告理由補充書を提出する予定です。

　私たちは4月23日、第18回追悼集会を開催し、県内外から100名を超える皆さんにお集まりをいただきました。そして集会後の、守る会2022年定期総会では、最高裁に向けて「県内の強制連行現場と私たちの闘い（仮称）」の冊子を作成し、6月20日には参議院議員会館で全国的な集会を開催、併せて署名運動や、最高裁での口頭弁論を開かせる運動を拡げていくことが確認されました。是非、全国的なご支援・ご協力をよろしくお願いします。

長生炭鉱水没事故 80 周年犠牲者追悼集会報告

小畑太作（おばた・たいさく／「長生炭鉱の水非常を歴史に刻む会」事務局長）

●はじめに

　山口県宇部市の海底炭鉱、長生炭鉱において、沖合約 1 キロメートルの坑道天盤が崩落、出水、水没したのは 1942 年 2 月 3 日の朝でした。坑内労働者の 183 名が水没死しました。炭鉱労働者における朝鮮半島出身者の構成率が、群を抜いて高かったのが長生炭鉱でした。事故当時の長生炭鉱におけるその率は、全国平均が約 15%のところ約 80%もあり、事故の死亡者数の 74%の 136 名が朝鮮半島出身者となりました。また、その他の 47 名の「日本人」にも、沖縄を含め、各地からの出稼ぎ労働者が少なからずいたことからは、戦時下における民

旧長生炭鉱の 2 本のピーヤ（排気・排水筒）

衆の経済的格差が広がる中で、炭鉱業をはじめとする軍需産業の「繁栄」が伺えます。私の大叔母も当時、宇部のいずれの炭鉱かは不明ですが、福井から出稼ぎに来ていたようです。

　事故は人災的側面が強かったと言えます。事故に至る以前から度々、漏水事故が報告され危険が囁かれていたのであり、またそれ以前から安全基準に反しての、浅部への掘進、残しておくべき擁壁の払掘、また支柱の割愛が行われていたようです。海底炭鉱については、それまでも幾度も起きていた出水事故を受けて、監督官庁からは三回、その度毎により安全を優先した採掘制限が課せられていたのにも関わらずです。安全基準違反は、事故後にも経営者自身が、事故の原因は法令違反であったことを述べていることからも明らかだと言えます。

　しかしここで留意しておきたいのは、その過失の重大が経営者にあることは無論のことですが、事故に至る責任の所在は、単に一経営者だけにあるのではないという点です。すなわちその違法行為は、社内をはじめ相当数の人が気付いていたはずなのであり、しかしそれを言う自由を奪う、戦争遂行・協力のためのある種の「正しさ」が強制力として作用していたということです。引いてはそれが人々をあの愚かな戦争へとかり出してもいたわけです。加えて、朝鮮半島出身者への差別です。先述した長生炭鉱における朝鮮半島出身者の異常とも言える構成率の高さは、そこが危険な炭鉱であったことに加えて、差別と強制の実際を物語ってもいます。

　そしてこの不自由と差別は、事故後も、更には敗戦後も継続するのです。事故当時、新聞は小さなベタ記事で捏造された情報を報じるに留まり、司直の調べも結果も明らかにされることなく時は過ぎ、従って忘却も加わる中で、事実を採掘しはじめた山口武信（当会初代代表）が小論を著したのは 1976 年でした。しかし具体的な取り組みは更に時を経て 1991 年の「長生炭鉱の水非常を歴史に刻む会」（以下「刻む会」）の発足を待たねばならなかったのです。「刻む会」発足を機に、1992 年に韓国で遺族会が結成され、翌 1993 年にその遺族による追悼式を中心とした第 1 回追悼集会が開催されることになります。事故から 51 年目の時です。長い沈黙から徐々にではありますが自由を求める声が上げられてきたのだと思います。

以後、「刻む会」は追悼集会を毎年事故の日近くに開催するのですが、次にここで言う「追悼」について記したいと思います。

● 「刻む会」による追悼の意義と限界

追悼集会の様子

　当会による追悼集会以前に、追悼に類するものが何もなかったわけではないのです。1982年、事故から40年目には、現場近くに「殉難者之碑」が地元有力者により建立され、次のように刻まれました。「永遠に眠れ／安らかに眠れ／炭鉱の男たちよ」と。そして地元仏教者による法要が催され、1991年には「50回忌法要」が催されてはいたのです。しかし、死という事実のみを切り取り、そこから慰めを醸し出そうとすること、言わば断片化された事実と、それによる抽象化は、一歩間違えば靖国神社や護国神社のように、被害者を顕彰し、加害の事実をうやむやにし、更には正当化することにもなりかねないのです。少なくとも、断片化と抽象化は、事故を単に過去に置いてしまうことに寄与していることは確かなのです。

　「刻む会」が目指した追悼とは、そうした欠けを顧みたところから出発しました。すなわち、加害の事実の反省を以て、より事実を明らかにする中で、同じ過ちを繰り返すことのない平和な未来への指針を示し続けることを目的としたものでした。

　とは言え、「刻む会」は追悼の意義を画一化しようというのではありません。何故ならば、追悼とは第一義的には遺族の行為であり（血縁を前提とするこれ自体もいつかは考える時が来ると思いますが、とりあえず現時点では）、そして実際の遺族は多様だからです。当会の歴史観に同意する遺族もありますが、被害者を顕彰することで慰めを得たい遺族もある訳です。申し上げたいことは何が正しいかと言うことではなく――もっとも根源的にそれは課題なのですが――、それぞれのその想いは先ずは尊重されるべきだということです。その意味においては、183名を一括して追悼するということ自体に、自ずと限界があるとも言えるのです。当会の追悼集会を知りながら関心を払わない遺族もいれば、当会の追悼集会に継続しない遺族もいるのです。「刻む会」は、追悼碑建立以来、被害者全員の名を以て追悼しているのですが、それは必ずしも遺族の思いと等しいのではないことを覚えています。そうでなければ、ここで「刻む会」自身が、ある種の「正しさ」を押しつける不自由を作り出していることになりかねないからです。

　そもそも死者に接することは、極めて慎重を要することであり、追悼とはまさしくその限りである、と同時に限りない未来への指針でもあるということです。

● 80周年追悼集会

　そうした意義と限界を念頭に、今年は事故から80年目の追悼集会を2022年2月12日に開催しました。会場は従前通り、午前の第一部は事故現場近くの追悼碑が建つ「長生炭鉱追悼ひろば」と、午後の第二部は市街地にある「ヒストリア宇部」での二部構成で開催することに加え、感染症状況により来日できない韓国遺族等のためにオンライン配信も試みました。オンライン配信は、第一部のライブ配信が叶わず録画配信となりましたが、いずれの会場も80周年ということや、事前のマスコミ報道

もあり、予想を超える多くの参加者が集いました。YouTube は以下より視聴並びに配付資料がダウンロードできます。

第一部 https://youtu.be/SZoM8Puaejg
第二部 https://youtu.be/UGPKOJBsGc4

海岸に並べられた追悼のろうそく

第一部では、この度は 80 周年を節目とするべく特別に、「80 周年特別メッセージ」の発表、被害者名簿朗読を盛り込みました。また、地元若者による日韓交流を育み続けている団体「プチョン・山口青少年いきいき交流計画」からの提案を受け、同会の若者等による追悼メッセージの披露が加えられ、更に第一部終了後には、オプションとして現地海岸にて被害者名を記した LED キャンドルを灯しての「183 本のろうそくキャンペーン」が実施されました。オプションとしたのは、時間的なことが主な理由ですが、私見では、前述した追悼の限界に鑑みる時、慎重を期す意味もあったかと考えています。

第2部のシンポジウムの様子

第二部は、来日できない韓国遺族会からのビデオメッセージを上映した後、第一部で発表した「80 周年特別メッセージ」において改めて表明した、被害者遺骨と返還への取り組みの進展をより具体化するために、それぞれの現場で長らく取り組まれてきた、上田慶司さん（「戦没者遺骨を家族の元へ」連絡会）、吉栁順一さん（NPO法人国際交流広場無窮花堂友好親善の会理事長）、殿平善彦さん（北海道一乗寺住職）、森俊英さん（遺骨奉還宗教者市民連絡会事務局長）をパネリストとして迎えてのシンポジウムとして開催しました。それぞれの経験からの洞察を以て、長生炭鉱被害者遺骨の収集と返還のために、貴重なご提言をいただき、また課題と取り組みの必要、その為のいくつかの方途の認識を参加者と共有することが出来たのではないかと思います。

●おわりに

　徴用者の遺骨については、ご承知の通り、2004年の日韓両首脳の約束以降、具体的返還事業は滞っています。法令の整備は皆無であり、海底坑道に放置されたままの長生炭鉱水没事故被害者の遺骨については、未だ議論の俎上にもないのが現状です。今後の方途の検討をしつつ、今、わたしたちとして為せることを為していく所存です。現時点では、国会の厚生労働委員会の委員を主とした国会議員へのアプローチを試みる準備をしているところです。

　今後とも、皆様方のご支援とご鞭撻を仰ぎながら、平和な世界の樹立に向けて、共に歩めることを願っています。

２０２１年１２月１０日

文化庁長官　　都倉俊一　様

「佐渡島の金山」の世界文化遺産推薦において戦時強制労働などの「歴史全体」の記述を求める要請書

強制動員真相究明ネットワーク
共同代表　庵逧由香　飛田雄一

　新潟県・佐渡市は「佐渡島の金山」（以下、佐渡鉱山と記す）の名でユネスコ世界文化遺産への登録をめざしています。年内に文化審議会世界文化遺産部会の答申を受け、来年２月までにユネスコへ推薦書を提出する予定で作業を進めるとされています。

　産業遺産の世界遺産登録は、国際産業遺産保全委員会（TICCIH）の「ニジニータギル憲章」（2003年)と「産業遺産を継承する場所、構造物、地域および景観の保全に関するICOMOS－TICCIH共同原則」（2010年)に則り、イコモスの「文化遺産のインタープリテーション（解説）及びプレゼンテーション（展示）に関するイコモス憲章」（ENAME憲章、2008年）に依拠しなければならないとされています。

　三菱合資会社(後の三菱鉱業、三菱マテリアル)は1896年に明治政府から佐渡鉱山の払い下げを受けて経営し、1989年まで操業を続けました。佐渡鉱山は江戸期だけでなく、近代日本の鉱山史を象徴する産業遺産です。そこでは、部屋制度（納屋制度）による労務支配があり、労働争議が起きています。三菱による産金は過酷な労働や珪肺などの労働災害を伴うものでした。そして戦時の総動員体制の下で植民地朝鮮から1939年から45年にかけて1200人（判明分）の朝鮮人が強制動員されました（佐渡鉱山と朝鮮人労働者（1939〜1945）広瀬貞三　新潟国際情報大学情報文化学部紀要第3号）。

　佐渡鉱山では「戦国時代末から江戸時代」をその「顕著な普遍的価値」の対象時期としています。しかし、ユネスコの掲げる理念、世界遺産の原則と憲章に依るならば、対象をその時期だけとするのではなく、近代を含むものとし、解説や展示では「歴史全体」が示されなければなりません。近代の鉱山労働者の状態や戦時の強制労働の歴史も記されなければならないのです。

　2015年に世界遺産に登録された「明治日本の産業革命遺産 製鉄・製鋼、造船、石炭産業」は登録に際して、戦時の朝鮮人強制労働を含む「各サイトの歴史全体についても理解できるインタープリテーション戦略とすること」が勧告されました。しかし、日本政府が勧告に従わなかったため、今年の第44回ユネスコ世界遺産委員会は「強い遺憾の意」を示し、各遺産の歴史全体が理解できるように解説すること、当時の日本の徴用政策や強制労働の状態が理解できる措置を講じること、犠牲者を記憶するための適切な措置を行うこと等を決議しました。

　明治以降の産業近代化のなかで、日本各地の炭鉱や鉱山での労働は過酷なものであり、事故により多くの死者がでました。また各地で労働争議が起きています。さらに戦時中の総動員体制下においては朝鮮人・中国人・連合軍捕虜による強制労働が行われています。佐渡鉱山においても、鉱山労働、戦時の朝鮮人強制労働などを含む歴史全体が記述されることが必要です。それによって世界文化遺産としての価値は深まります。

　なお、世界遺産の「候補の選定に関する事項」は文化審議会世界文化遺産部会において非公開（令和3年5月10日文化審議会世界文化遺産部会決定）とされています。この決定は、世界遺産の候補決定過程の透明性と公平性を担保するものではありません。主権者に対して、文化審議会の会議内容や議事録、推薦書等は公開されなければならないものです。

　つきましては、今回の佐渡鉱山の登録推薦に当たり、下記項目について要請致しますので１２月２８日までに回答くださいますようお願い申し上げます。

記

1. ユネスコへの推薦書及び文化審議会世界文化遺産部会の議事録等を公開すること

2. 推薦書の提出に当たっては、近代以降の歴史、戦時強制労働を含む「歴史全体」を記述すること

緊急声明

日本政府は戦時の朝鮮人強制労働を否定するのではなく認知すべきである

－ 佐渡鉱山（「佐渡島の金山」）世界遺産登録問題によせて －

2022年1月25日
強制動員真相究明ネットワーク
共同代表　庵逧由香　飛田雄一

　佐渡鉱山（「佐渡島の金山」）のユネスコ世界遺産登録に関し、日本政府は2022年1月21日の記者会見で、「佐渡の金山に関する韓国側の独自の主張につきましては日本側として全く受け入れられない」（木原官房副長官）と述べ、昨年末、韓国外交部に抗議したことを明らかにしました。日本政府は公式に韓国側の戦時の朝鮮人強制労働に関する主張を否定したのです。

　2021年、日本政府は明治産業革命遺産での産業遺産情報センターの展示に関し、ユネスコから歴史全体を示し、強制労働についても解説するように求められましたが、改めてはいません。また、菅内閣は朝鮮人の強制連行や強制労働の用語を「適切ではない」と閣議決定し、今後使用する教科書から「強制連行」の用語を削除させました。

　しかし、日本による総力戦体制の下、戦時の労務動員政策によって朝鮮半島から日本へと約80万人が強制的に動員されたことは歴史の事実です。佐渡鉱山が強制労働の現場だったという韓国側の主張は事実です。それを「独自の主張」として「受け入れられない」とする姿勢は、強制労働の歴史を否定するものです。日本政府は歴史を否定せず、この機会に強制労働の事実を認めるべきです。韓国側の批判を問題とするような対応は、間違いです。

　『新潟県史 通史編8近代3』（1988年）には、「強制連行された朝鮮人」の項があり、「昭和14年（1939年）に始まった労務動員計画は、名称こそ「募集」、「官斡旋」、「徴用」と変化するものの、朝鮮人を強制的に連行した事実においては同質であった」と指摘しています。この新潟県史の記述を受け、新潟県相川町（現、佐渡市）の『佐渡相川の歴史 通史編近・現代』（1995年）は、朝鮮人動員の具体的な状況をあげ、「佐渡鉱山の異常な朝鮮人連行」について記しています。佐渡鉱山への朝鮮人強制連行は自治体も認知してきた歴史事実です。佐渡では1992年に強制連行被害者を招請した証言集会も開催されています。

　動員された朝鮮人は相愛寮に収容されましたが、その「煙草配給台帳」や他の動員関係資料から強制動員された500人以上の朝鮮人名簿を作成できます。佐渡鉱山への朝鮮人動員数は1500人を超えるものとみられます。1945年になって佐渡鉱山に徴用で動員された慶尚北道蔚珍郡100人の名簿も残っています。現場から逃亡すれば、労務調整令違反で検挙され、犯罪とされました。8・15解放後の朝鮮人1140人分の未払金231,059円の供託史料も残っています。三菱鉱業佐渡鉱業所の史料や特高警察の史料などからも、強制連行・強制労働は歴史の事実です。

　戦後、80年を迎えようとするのに、自治体史にも明記されている朝鮮人強制労働の事実を日本政府は認定しないのです。その姿勢に問題の根源があります。韓国が悪いのではなく、歴史事実を否定して恥じない日本政府に問題があるのです。

　ユネスコの「人類の知的・精神的連帯に寄与し、平和と人権を尊重する普遍的な精神をつくる」という理念の下に、ユネスコの世界遺産があります。その産業遺産は「ニジニ―タギル憲章」（国際産業遺産保全委員会TICCIH、2003年）、「産業遺産を継承する場所、構造物、地域および景観の保全に関するICOMOS－TICCIH共同原則」（2010年）をふまえたものでなければなりません。その遺産の解説では、「文化遺産の解説とプレゼンテーションは、より広い社会的、文化的、歴史的、自然的な文脈と背景に関連させなければならない」（「文化遺産の解説及び展示に関するイコモス憲章」2008年）という原則に依らなければならないのです。世界遺産とは、特定の時期を取り上げて国家主義的に宣揚する、あるいは観光利益を求めるものではなく、強制労働などの負の歴史を含めた歴史全体を示し、人類の教訓とするものなのです。

ユネスコやイコモスが掲げる原則や憲章に依るならば、世界遺産登録にあたっては「歴史全体」が示されなければならないのです。日本政府が強制動員の歴史を否定したまま登録を推進するならば、これまで鉱山の歴史的価値を広めようと登録を推進してきた関係者や強制連行の歴史の事実に向き合って取り組んできた人々と連行被害者の尊厳を踏みにじることにもなります。

　当ネットワークは、佐渡鉱山（「佐渡島の金山」）の世界遺産登録問題に際し、日本政府が戦時の朝鮮人強制労働を否定するのではなく、認知することを求めます。

兵庫県神戸市灘区八幡町 4-9-22（公財）神戸学生青年センター気付
強制動員真相究明ネットワーク
TEL 078-891-3018　　FAX 078-891-3019
E-mail shinsoukyumei@gmail.com

2022 年 4 月 27 日

内閣総理大臣　　岸田文雄　　様
文部科学大臣　　末松信介　　様
外務大臣　　　　林芳正　　　様

「佐渡島の金山」世界遺産推薦書などの公開と対話を求める要請書

強制動員真相究明ネットワーク
共同代表　庵逧由香　飛田雄一

　　私たちは 2021 年 12 月 10 日、文化庁長官宛に「『佐渡島の金山』の世界文化遺産推薦において戦時強制労働などの「歴史全体」の記述を求める要請書」を提出しました。そこで、1. ユネスコへの推薦書及び文化審議会世界文化遺産部会の議事録等を公開すること、2. 推薦書の提出に当たっては、近代以降の歴史、戦時強制労働を含む「歴史全体」を記述することを要請しました。

　　しかし、議事録等は非公開であり、歴史全体を記述する姿勢はみられません。日本政府は本年 2 月 1 日にユネスコ世界遺産センターに「佐渡島の金山」を登録するために「推薦書」を提出しましたが、その推薦書は非公開です。

　　世界遺産の推薦にあたっては、その作業が公開され、関係団体から意見を収集する対話が必要です。私たちは戦時の強制労働に関する調査をおこなっている市民団体です。世界遺産の推薦にあたっては、その情報を収集し、意見を表明する権利を有すると考えます。

　　よって、以下を要請します。

記

1. 「佐渡島の金山」に関する文化審議会世界文化遺産部会の議事録、世界遺産推薦書等を公開すること。
2. 「佐渡島の金山」の世界遺産登録に関して、当会と対話する場を設定すること。
3. 　イコモス等の「佐渡島の金山」調査の際、当会と対話できるよう調整すること。
4. 「佐渡島の金山」の世界遺産登録に際し、戦時の強制労働など「歴史全体」を展示すること。

以上

※ 　一か月以内に文書でご回答くださいますようお願いします。

連絡先　兵庫県神戸市灘区八幡町 4-9-22（公財）神戸学生青年センター気付
強制動員真相究明ネットワーク

TEL 078-891-3018 FAX 078-891-3019
E-mail shinsoukyumei@gmail.com
担当　小林　久公　090-2070-4423

2022 年 5 月 9 日

「佐渡島の金山」世界遺産推薦内容の改訂を求める声明

強制動員真相究明ネットワーク
共同代表　庵逧由香　飛田雄一

　2022 年 1 月末、日本政府は佐渡鉱山を「佐渡島の金山」の名でユネスコ世界遺産登録への推薦を決定し、世界遺産委員会に推薦書を送付した。しかし、その段階で推薦書の詳細な内容は市民に公開されなかった。

　すでに佐渡鉱山は、新潟県と佐渡市が世界遺産登録をめざすなかで、2010 年に「金を中心とする佐渡鉱山の遺産群」の名で世界遺産暫定一覧表に記載され、世界遺産の候補となっていた。ところが、2020 年にその名を「佐渡島（さど）の金山」と変え、対象を相川鶴子金銀山と西三川砂金山の 2 つの鉱山とした。この案をもとに、日本政府・文化庁の審議会は 2021 年 12 月末、日本政府内で総合的に検討することを条件に、世界遺産の推薦候補として選定した。当初、日本政府は韓国による戦時の強制労働に関する批判から推薦見送りを検討していた。しかし、与党自民党内の朝鮮人強制労働を否定する国家主義者達が、「国家の名誉に関わる事態」などと圧力をかけたことにより、推薦を決定したのだった。

　日本政府の推薦書（資産概要）には、次のように記されている。

　「佐渡島の金山」は「金に関する鉱山」であり、19 世紀半ばまで「伝統的手工業のみによる採掘」がなされ、鉱山地区と生産組織を伝える集落地区が残るものとして「世界で唯一の鉱山遺跡」である。坑道や排水路などの生産技術、鉱山集落や奉行所跡などの生産体制の双方を示す遺構が「現在でも良好な状態で保全されている点でも世界に類をみない」。「佐渡島の金山」は「手工業による人類の金生産システムの最高到達点」である。全盛期には「世界最大級・最高品質の金を生産した世界に類のない鉱山遺跡」である。

　佐渡金山の生産技術は、「機械化鉱山を上回る純度と世界最大級の生産量」をもたらした「高い掘削技術や精錬技術」であり、世界遺産登録基準の人類の歴史の重要な段階を物語る技術的な集合体に合致する。佐渡金山の生産体制は「徳川幕府による長期的・戦略的な鉱山経営」によるものであり、「民衆に育まれた鉱山由来の文化」があり、登録基準の文化的伝統の証拠にあたる。遺跡の価値を裏付ける豊富な歴史史料も存在する。

　しかし、このような遺産の説明には大きな問題がある。

　第 1 に、金の生産に限定することで、銀、銅を産出した歴史が排除される。第 2 に、期間を江戸期に限定することで、歴史全体を示そうとしない。第 3 に幕府の封建的管理体制が肯定的に描かれ、その下での強制労働や身分制の問題点が示されない。第 4 に伝統的手工業を賛美しているが、その技術が西洋由来であることが示されない。第 5 に「世界に類のない」「金生産システムの最高到達点」などという誇大な評価、賛美である。

　つまり推薦書では、世界遺産登録をすすめるために、佐渡鉱山の歴史を、江戸期、佐渡の金生産での手工業の技術史へと歪め、縮めているのである。それにより、江戸期の佐渡相川の鉱山町での民衆の歴史、近代に入っての三菱資本と労働者の歴史、戦時の朝鮮人強制労働の歴史が示されない。江戸後期の鉱山の衰退にはふれず、「徳川幕府による長期的・戦略的な鉱山経営」、「金生産システムの最高到達点」などと賛美され、民衆文化については鉱山関連の神事、祭礼などを付け足しているにすぎない。

　ほんらい、佐渡鉱山の説明においては、金、銀、銅が産出された場であることが示されねばならない。佐渡鉱山での製錬技術の灰吹法は朝鮮経由で伝わり、水銀による製錬法はスペインが南アメリカの鉱山で開発したものが伝えられた。排水のための水上輪（アルキメディアン・スクリュー）という装置も、佐渡の南沢疎水道（排水用坑）の測量術も西洋の技術である。佐渡での伝統的手工業の技術は西洋由来、中国・朝鮮経由のものが多いのである。江戸期の幕府による鉱山経営は周辺農民からの過酷な税収奪をともなうものであり、それは佐渡での農民の一揆につながった。幕府による身分制度は人間外の身分を固定化し、幕府はその身分を利用し、鉱山での治安管理や刑務を担わせた。幕府は江戸期後半、鉱山での排水労働のために江戸などから無宿人を駆り集め、鉱山に連行し、労働を強制した。幕末には 28 人が坑内火災により死亡する事故も起き、その追悼碑も残る。鉱山の労働者は珪肺や煙害、事故により短

20

命のものが多かった。

　このように江戸期の佐渡鉱山の歴史では、産出品目、鉱山技術の国際移入、幕府による税収奪と身分制による統治、幕府による強制労働、鉱山労働者の歴史などが多面的に記されねばならない。にもかかわらず、「佐渡島の金山」の説明では、それがなされていない。また、現地には、竪坑や選鉱場など近代の鉱業遺産が数多く残っているにもかかわらず、近代の佐渡鉱山の歴史には全く触れようとしないのである。

　このような内容で推薦をすすめるなか、日本政府は戦時での朝鮮人の強制労働について、「韓国側の独自の主張は受け入れられない」（2022年1月末）とし、強制労働を否定する立場を明確にした。また、朝鮮人の強制労働を否定する歴史否定論者の喧伝が強められた。しかし、80年前の戦時に、日本政府が労務動員計画を立て、佐渡鉱山へと朝鮮人1500人以上を動員したことは歴史的事実である。それが植民地朝鮮の民衆にとって強制的な動員であり、その労働が強制であったことは否定できない。佐渡での江戸期の金生産の賛美と戦時の朝鮮人強制労働の否定とは一体の関係にあるのである。

　歴史否定論の側に立つ日本政府の姿勢は植民地主義の継続を示すものであり、植民地統治を経験し、その克服をめざす世界の国々に不信感を与えるものである。また、過去の侵略戦争を反省して設立されたユネスコの理念にも反する行為である。

　以上のような見地から、私たちは「佐渡島の金山」の推薦内容の抜本的な改訂と全ての推薦関係資料の市民への公開、そして、日本政府による朝鮮人強制労働の認知を求めるものである。

連絡先　兵庫県神戸市灘区八幡町 4-9-22（公財）神戸学生青年センター気付
強制動員真相究明ネットワーク
TEL 078-891-3018 FAX 078-891-3019
E-mail shinsoukyumei@gmail.com

21

2022 年 4 月 27 日

内閣総理大臣　岸田文雄　様
文部科学大臣　末松信介　様
外務大臣　　　林芳正　　様

ユネスコ世界遺産委員会の明治産業革命遺産に関する決議の履行と当会との対話を求める要請書

強制動員真相究明ネットワーク
共同代表　庵逧由香　飛田雄一

　私たちは 2021 年 9 月、日本政府に「第 44 回ユネスコ世界遺産委員会決議の履行を求める要請書」を提出し、以下を要請しました。
1. 産業遺産情報センターの展示内容を今回の決議に沿ったものに改めること
2. 展示内容が決議に沿うものに変更されるまで産業遺産情報センターを閉館すること
3. 「明治日本の産業革命遺産 」保全委員会の会長（木曽功氏）・副会長（加藤康子氏）を解任し、保全委員会規約の第 3 条の 8 「委員会はインタープリテーションの推進等について　般財団法人産業遺産国民会議の助言を受ける」の項を削除すること
4. 公的施設の管理者としての資格を欠く産業遺産国民会議への産業遺産情報センターの運営委託を止めること
5. 韓国政府や本ネットワークなど NGO も含めて幅広く関係者との対話を行うこと。

　しかし、いまも情報センターの展示内容は改善されず、決議は履行されていません。政府は、展示を批判する関係国や団体との対話や協議を行ってはいません。
　本年 2 月、「稼働資産を含む産業遺産に関する有識者会議」、3 月「明治日本の産業革命遺産」保全委員会が開催されましたが、改善の動きはみられません。第 44 回ユネスコ世界遺産委員会関連決議での日本が「未だ十分には実施していないことを強く残念に思う」という指摘は無視されたままです。
　このまま推移するならば、本年 12 月 1 日までに提出する政府による「保全報告書」の内容は極めて不誠実なものとなりかねません。
　よって私たちは再度、「第 44 回ユネスコ世界遺産委員会決議」の履行を求め、前回、要請した事項の実現を求めます。そして、日本政府が本ネットワークと対話し、協議する場を設定することを要請します。

以上

※　　一か月以内に文書でご回答くださいますようお願いします。

連絡先　兵庫県神戸市灘区八幡町 4-9-22（公財）神戸学生青年センター気付
強制動員真相究明ネットワーク
TEL 078-891-3018 FAX 078-891-3019
E-mail shinsoukyumei@gmail.com
担当　小林　久公　090-2070-4423

【会費振込のお願い】

2022年度（2022年4月～2023年3月）の会費の振り込みをお願いいたします。

個人一口 3000 円、団体一口 5000 円（本ニュースを郵送で受け取られた方は、同封の振込用紙をご使用ください。）

送金先：[郵便振替口座]
00930－9－297182　真相究明ネット

強制動員真相究明ネットワーク
　2005年結成。朝鮮人強制動員問題の調査・研究に取り組む市民団体。研究集会開催、日本政府への要請、ニュース発行、声明文発表などを行っている。『朝鮮人強制動員 Q&A』(2012.10)、『BC級バタビア裁判・スマラン事件資料』(2014.8)、『福留範昭さんの全軌跡―戦後70年-日韓・過去問題の解決にかけた』(2015.5)、『日韓市民による世界遺産ガイドブック「明治日本の産業革命遺産」と強制労働』(2021.10)、『佐渡鉱山・朝鮮人強制労働：日韓市民共同調査報告書』(2022.10)などを発行。日帝強制動員被害者支援財団（韓国）発行の資料集、証言集の翻訳事業を行いこれまで22冊の書籍を刊行している。
連絡先：〒657-0051 神戸市灘区八幡町4-9-22　神戸学生青年センター内
　　　　TEL 078-891-3018 FAX 078-891-3019
　　　　URL https://www.ksyc.jp/sinsou-net/　e-mail　shinsoukyumei@gmail.com
　　　　共同代表：庵逧由香、飛田雄一　事務局長　中田光信

ISBN978-4-906460-78-6
C0036　¥1000E
定価＝本体1000円＋税

強制動員真相究明ネットワーク・ニュース合本 第二分冊
11号（2018年5月26日）～20号（2022年6月2日）

2025年4月20日　第1刷発行
編者　強制動員真相究明ネットワーク
発行　公益財団法人 神戸学生青年センター
　　　〒657-0051 神戸市灘区八幡町4-9-22
　　　TEL 078-891-3018 FAX 078-891-3019
　　　URL　https://www.ksyc.jp　e-mail　info@ksyc.jp
印刷　神戸学生青年センター（簡易印刷）
定価　１１００円（本体１０００円+税）

ISBN978-4-906460-78-6 C0036 ¥1000E